Noûs

Prendre une décision

PETER LANG

Bruxelles • Bern • Berlin • New York • Oxford • Wien

Mathew Lipman

Traduction et adaptation :
Nicole Decostre

Noûs
Prendre une décision

Bibliographic Information published by the Deutsche Nationalbibliothek
The Deutsche Nationalbibliothek lists this publication in the Deutsche Nationalbibliografie; detailed bibliographic data is available online at http://dnb.d-nb.de.

Traduction d'un ouvrage précédemment publié en anglais : Matthew Lipman
Noûs, IAPC (Institute for the Advancement of Philosophy for Children), Montclair State College, Upper-Montclair, N. J., 1986.

ISBN 978-2-8076-1609-7
E-ISBN 978-2-8076-1610-3 (ePDF) • E-ISBN 978-2-8076-1611-0 (EPUB)
E-ISBN 978-2-8076-1612-7 (MOBI) • DOI 10.3726/b17489
D/2020/5678/53

© P.I.E. PETER LANG S.A.
Éditions scientifiques internationales
Bruxelles, 2021
1 avenue Maurice, B-1050 Bruxelles, Belgique

Tous droits réservés.
L'ouvrage dans son intégralité est placé sous la protection de la loi sur les droits d'auteurs. Toute exploitation en dehors des étroites limites de la loi sur les droits d'auteurs, sans accord de la maison d'édition, est interdite et passible de peines. Ceci vaut en particulier pour des reproductions, traductions, microfilms, l'enregistrement et le traitement dans des systèmes électroniques.
Il a été revu par des pairs avant sa publication.
www.peterlang.com

Préface[1]

Comme une pierre tombant dans un étang éprouve la résistance de l'eau et dessine des cercles s'élargissant, une histoire insolite nous interpelle, même sous une apparence naïve et nous incite à penser de plus en plus largement.

On croit connaître Matthew Lipman mais, avec cette suite à *Pixie*, il réussit à nous surprendre par un récit original qui séduit les jeunes lecteurs par sa fraîcheur. Subtilement, il suggère une réflexion approfondie sur des thèmes plus que toujours d'actualité tels que l'identité, l'exclusion, l'émigration, la violence, l'empathie et nombre de valeurs en soulignant le délicat problème de leur évaluation.

La philosophie, dès lors, se mue plus que jamais en art de vivre, se fondant sur l'esprit critique, l'autocritique et le questionnement. Étonnement et compréhension se répondent, animent l'art d'argumenter et donc de choisir les critères les plus pertinents, les ‹bonnes raisons› de se perfectionner en dépit des facilités, des modes et des coutumes. L'autonomie morale, la pleine conscience, la véritable liberté imposent un effort soutenu de réflexion pour aboutir au jugement adéquat dont la pertinence ne peut être que circonstancielle. Voilà bannis « toujours » et « jamais » !

Ce faisant, se révèlent les pièges des mots, des émotions, des intentions et même des idéaux. Par exemple, on ne peut limiter le terme ‹care› au simple souci de l'autre. Matthew Lipman insiste : il s'agit bien de « caring thinking », c'est-à-dire d'une vigilance intellectuelle, sociale et philosophique qui tend à inclure dans le raisonnement tous les éléments concernés, même le sous-entendu et le non-dit.

Ainsi, héberger, scolariser, acculturer une petite girafe – même géniale comme Noûs – provoque beaucoup de problèmes qui révèlent vite leur complexité : l'altérité, la différence, la compréhension, l'adaptation, la sympathie, la solidarité, le dévouement, la prise de risque, etc., évoquent

---

[1] Voir mes préfaces de *À l'école de la pensée* (De Boeck), *Mark*, *Lisa* et *Pixie* (Peter Lang).

les drames des migrants de par le monde ou nos rapports avec les animaux et découvrent les préjugés et les hantises à vaincre. La maman de Pixie risque même d'évoquer Noûs en « réfugiée politique » qui demande « l'asile ».

C'est l'occasion pour notre astucieux philosophe de poser la question essentielle : « Comment devrions-nous vivre ? » Et, par conséquent, d'affûter l'outil principal d'une vie réussie : le jugement adéquat. Y arriver suppose une délibération libre et judicieuse avec soi-même et si possible avec d'autres qui enrichiront notre information comme notre réflexion. Et c'est ici que le philosophe se mue en pédagogue averti dont l'outil principal est la ‹communauté de recherche philosophique› (CRP) qui devrait structurer toute réunion et partant, toute classe. On devine l'application à la vie active du citoyen soucieux de défendre la qualité de la démocratie.

Ainsi s'amuse-t-il à opposer dans le récit un cours de formation morale traditionnel qui engendre chez les élèves une frustration certaine avec un cours selon son projet qui, lui, enthousiasme la classe et dynamise l'entendement (chap. 4 et 7). Une conception de l'éthique qui nous renvoie à *Lisa*. Une bonne mise en scène de la CRP.

La situation de Noûs qui participe à la classe de Pixie est aussi l'occasion de dénoncer le conformisme social, la pression voire la dictature, du groupe, de la tribu, sur l'individu qui, dès qu'il sort de la norme reconnue, paraît ‹déloyal› et même traître ou incivique méritant un châtiment sévère. Les originaux et les esprits indépendants en souffrent souvent les conséquences dramatiques. Noûs signifie en grec l'esprit, l'intelligence. Hélas, ce n'est pas le lot le plus commun ! (Chap. 5)

Une tentative de remède gîte dans les exercices toujours aussi nombreux et variés[2]. Ils constituent un précieux entraînement mental, mais aussi un moyen précis de stimuler la recherche, d'éveiller la curiosité ou d'élargir son vocabulaire et partant, sa culture. Une aide significative pour clarifier les choix éthiques qui parsèment notre vie dont il importe de découvrir la variété et la pertinence de leurs composantes. (Chap. 8)

Dans le récit, la question se corse quand les protagonistes découvrent que Noûs doit prendre une décision difficile et capitale. Une énigme qui soutient habilement la narration, par ailleurs animée par les humeurs et

---

[2] Il ne s'agit pas de les faire tous mais plutôt d'y avoir recours pour mieux comprendre ou pour avancer en cas de difficulté.

les extravagances de Pixie qui nous rappellent la psychologie abrupte de nombreux jeunes adolescents. Les parents revivront quelques scènes !

L'introduction de Matthew Lipman pose clairement la question qui motive ce volume : « Comment enseigner les valeurs de façon à améliorer le caractère moral de l'enfant ? » On reconnaîtra un des problèmes majeurs des familles comme de notre actualité où on ne cesse de déplorer l'égocentrisme, la violence ou l'incivilité, quand ce n'est pas le périlleux désintérêt pour les réalités de la vie ou la conscience du binôme nécessaire des droits et des devoirs.

Se constituer comme une personne et la faire respecter est une construction complexe mais passionnante qui requiert savoir, courage et volonté. Encore et toujours, l'exercice d'une pensée philosophique est l'ouverture à un art de vivre. « La recherche éthique est l'investigation dans la <u>pratique</u> de la moralité. »

Une fois de plus, Lipman insiste sur l'erreur vitale de figer, de hiérarchiser arbitrairement, d'abolir la curiosité, l'étonnement et le dialogue par le dogmatisme ou l'enseignement frontal. « Un des aspects uniques qu'il y a à faire de la philosophie avec les enfants, c'est que l'adulte peut apprendre autant que l'enfant peut apprendre de l'adulte. » Comme Pixie de Noûs…

La recherche par le dialogue ouvert et franc de CRP ne doit pas nécessairement aboutir à une conclusion, une ‹vérité›. Elle peut se clore par un compromis respectueux de chacun(e). Et même « suspendre le jugement en attendant une nouvelle recherche ». Comme dans l'histoire des sciences, le progrès est à ce prix.

D'autre part, le raisonnement ne doit pas non plus annihiler l'imagination. Lipman recommande ce qu'il appelle ‹l'imagination morale›, riche d'affectivité, qui peut nous aider à nous ouvrir au monde ou à nous dépasser : se décentrer, développer la sympathie, entrer dans une œuvre, anticiper, contextualiser, s'ouvrir aux conséquences, etc. Il s'agit de se libérer du carcan des habitudes comportementales ou intellectuelles. L'éducation ne peut être un dressage !

Pour affronter la vie en général et les circonstances les plus ardues en particulier, il est bon d'être armé de ce qu'on appelle un caractère. Matthew Lipman remarque que la formation du caractère, c'est un sujet « peu traité dans les programmes ». Voilà la différence, qui peut se révéler tragique, entre instruction et éducation ! D'où sa question essentielle : « Comment enseigner les valeurs de façon à améliorer le caractère moral de l'enfant ! » Sans moralisme ! Comment l'inciter à en percevoir la nécessité et la responsabilité de s'y impliquer lucidement et courageusement ? Comment éviter le piège des fausses évidences qui flattent notre insouciance et notre paresse ? « L'éducation morale bien menée est tout, sauf facile. » À l'ouvrage et bon courage !

Marcel Voisin
Président de PhARE
(Analyse, Recherche et Éducation en Philosophie pour Enfants)
Mai 2020

TABLE DES MATIÈRES

NOÛS

Chapitre 1	19
Chapitre 2	27
Chapitre 3	35
Chapitre 4	41
Chapitre 5	51
Chapitre 6	59
Chapitre 7	67
Chapitre 8	79
Chapitre 9	93

Prendre Une Décision

Introduction	107
I. Éducation morale dans la formation du caractère	107
II. La recherche éthique – Approche de l'éducation morale par la Philosophie pour Enfants	109
IDÉES DIRECTRICES	115
CHAPITRE I –	115
1. Bien	115
2. Mentir	117
3. Composer des histoires	119

4. Avoir des droits 121
   5. L'équité 124
   6. Du dedans et du dehors 125
   7. Inventé ou réel 126
   8. Possible 127
   9. Croissance et changement 128
   10. Les cadeaux 129
   11. Intelligent 130
   12. Apprendre 131
   13. Enseigner 133
   14. Être traité(e) comme une personne 134
   15. Pratique et réalisation 135

CHAPITRE II – 139
   1. L'amitié 139
   2. Penser 140
   3. Les humains 143
   4. Mettre d'autres en danger 144
   5. L'importance 145
   6. Questions et réponses 146
   7. Comprendre 147
   8. Se sentir rejeté 148
   9. Réfugiés politiques et demandeurs d'asile 149
   10. Innocemment 150
   11. Conséquences 151
   12. Conséquences légales 155

CHAPITRE III – 157
   1. Prendre des décisions 157
   2. Être heureux 159
   3. Le sauvetage 161
   4. Qu'est-ce que la philosophie ? 162
   5. La philosophie à l'école primaire 162
   6. Les voleurs 164

  7. Se vanter 165

CHAPITRE IV – 167
  1. Comment vivre ? 167
  2. Bien et mal 168
  3. Satisfaction 172
  4. Comment se sentir à propos de bien agir ? 173
  5. Qu'est-ce qui a de la valeur ? 174
  6. Moral 177
  7. Être fier/fière 178
  8. Se demander, s'étonner, être émerveillé 179
  9. La délibération 182
  10. Points de vue théoriques prédominants de l'éthique 182
  11. Considérations et critères 186
  12. Accident ou coïncidence 187
  13. Partager 188
  14. Les alternatives 188
  15. Honnête 189
  16. Les vertus et les vices : des dispositions 190
  17. Le caractère moral 192
  18. Les émotions 194
  19. Raisonner 195
  20. Les jugements 198
  21. Imagination et imagination morale 198

CHAPITRE V – 203
  1. Les mutants 203
  2. Être déloyal ou trahir 203
  3. Préserver 204
  4. Intégration et solidarité 205
  5. L'individualité 206
  6. Le sacrifice 207
  7. Révéler 208

8. Beau/belle 209
9. Humain 211
10. Saint(e) 212
11. La punition 212
12. Être prêt 214
13. Les bonnes raisons 216
14. Vrai 218
15. Bien 222
16. Les standards 223

CHAPITRE VI – 225

1. Faire du mal 225
2. Les intentions 226
3. Le bénéfice 229
4. Tout a-t-il une raison ? 230
5. Les objectifs 232
6. Pourrait-on être trop humain ? 233
7. Compter sur les autres 235
8. La raisonnabilité 236
9. Pour toujours 237
10. Éducation morale et styles d'enseignement 238

CHAPITRE VII – 241

1. La recherche éthique 241
2. Méthode d'instruction morale de Melle Merle 242
3. Première liste de vertus de Melle Merle 248
4. Les obligations 253
5. L'intégrité 254
6. Chacun à son tour 255
7. Les qualités intellectuelles 256
8. La conversation 256
9. Le critère de pertinence 257

Table des matières

CHAPITRE VIII – 261
    1. Théorie des émotions et des perceptions selon Isabel 261
    2. Se soucier de 261
    3. Les relations 262
    4. Les communautés 265
    5. La règle d'or 266
    6. Liste des vertus et des vices selon Geraldo 267
    7. Force, empressement, disposition 269
    8. Le caractère 270
    9. Les analogies 271
    10. Le jugement 275
    11. Le raisonnement moral 276
    12. L'imagination morale 277
    13. Tenir compte des circonstances 278
    14. Principes moraux ou maximes morales 279
    15. Élimination de la cruauté : un idéal moral 280
    16. L'adoption 281
    17. Les procédures 282

CHAPITRE IX – 285
    1. Kidnapper 285
    2. Être vigilant 285
    3. La modestie 286
    4. L'éducation 287
    5. Justifier ses décisions 290
    6. La cohérence 292
    7. La nature 295
    8. Se libérer et être libre 296
    9. Les idéaux 298
    10. L'amitié 300
    11. Parole et langage 302
    12. La perfection 303
    13. La réflexion 304
    14. « Connais-toi toi-même » 305
    15. La persuasion 307

16. Les obligations 308
17. Les enseignants 308
18. Concessions et compromis 309
19. "Caring" 310

Noûs

Chapitre 1

I.

Vrai, me revoilà, c'est moi, Pixie ! Je suis tellement heureuse de me retrouver ici !

Quoi ? Vous ne vous souvenez pas de moi ? Comment pouvez-vous m'avoir oubliée ? Ne vous rappelez-vous pas la créature mystère et l'histoire mystérieuse, l'excursion au zoo et Brian qui ne disait jamais rien et aussi ma meilleure amie Isabel et ma sœur Miranda ?

Qu'est-ce que j'ai entendu dire, que j'aurais tout inventé ? Mentirais-je ?

Inventer des histoires ou mentir, c'est très différent. Moi j'imagine simplement des histoires.

Bien sûr, que j'invente une histoire n'implique pas que vous ayez le droit de l'entendre. Tout de même, je pourrais vous la raconter.

C'est que je viens d'en imaginer une nouvelle. Ce n'est pas la même que mon ‹histoire mystère› : c'est autre chose. Et j'aimerais vous la raconter.

Son titre ? *Noûs*.

C'est-à-dire ? Vous allez le découvrir. Un peu de patience !

En plus, que voulez-vous que je fasse, que je vous la raconte tout de suite, comme ça ? Peut-être une peinture pourrait-elle le faire alors qu'une histoire doit se dérouler, ce qui prend du temps.

J'adore inventer des histoires et les voir se dérouler. C'est encore plus marrant que d'écouter celles qui sont inventées par d'autres. Particulièrement celles écrites par les adultes pour les enfants. Beurk ! On ne dirait pas qu'ils ont jamais eux-mêmes été enfants !

Il y a même ces adultes qui, se faisant passer pour des enfants, imaginent des histoires pour d'autres enfants ! Quelle horreur !

Bon, pour être honnête, je dois admettre que cela peut parfois se faire. Je veux dire : prenons les enfants qui ne parlent pas, quelqu'un doit bien essayer de le faire pour eux !

Voyez Brian ! Il n'a pas dit un mot pendant des années ! Quelqu'un aurait dû essayer de parler pour lui. Je sais que j'aurais aimé raconter son histoire. Mon amie Isabel m'a dit que c'était mal de mettre mes mots dans la bouche de quelqu'un d'autre. Je ne vois pas en quoi c'est mal.

Ainsi, l'histoire que je m'apprête à vous raconter, est-ce mon histoire à propos de Noûs ou est-ce l'histoire de Noûs ? En réalité, c'est une histoire à propos de Noûs et elle n'est pas exactement telle que Noûs la raconterait.

Pourquoi pas ? Chaque personne, chaque lieu, chaque chose possèdent une histoire qu'ils sont les seuls à pouvoir raconter de l'intérieur. Tous les autres ne peuvent les raconter que d'un point de vue extérieur.

Que voulez-vous dire par « Noûs existe-t-elle vraiment ? » Et moi, suis-je réelle ? Et vous, l'êtes-vous ? EN ÊTES-VOUS SÛRS ?

Chapitre 1

Prouvez-le ! <u>Prouvez-moi que vous n'êtes pas simplement un personnage dans l'histoire de quelqu'un d'autre.</u> Pas facile, hein ?

Quoi qu'il en soit, j'avais à vous dire certaines choses en guise d'introduction à mon histoire. Mais… comment savez-vous que je ne suis pas <u>déjà</u> en train de vous la raconter ? Peut-être mon introduction débouche-t-elle directement dans l'histoire. C'EST POSSIBLE.

Comme je le disais, il ne s'agit pas de mon histoire mystère, ni de l'histoire de la manière dont est née mon histoire mystère. Comme il s'agit de choses qui se sont passées après l'excursion au zoo, c'est donc une histoire différente.

Évidemment, les personnages de cette nouvelle histoire sont les mêmes que ceux de la précédente. Peut-être un peu plus âgés. Toutefois, dans la nouvelle, Brian est toujours Brian, je suis toujours moi et notre relation n'a pas changé.

Je dois admettre qu'à partir de l'excursion au zoo, quand Brian s'est mis à parler, il est devenu plus ou moins comme nous tous. Mais en même temps, il a commencé à agir de plus en plus mystérieusement. Une fois l'école finie, il s'encourait. Où il allait et ce qu'il faisait restait toutefois pour nous un mystère. Peu après, nous avons rencontré quelqu'un d'encore plus mystérieux que lui. Nous étions ainsi face à des mystères sur des mystères ! Cela nous faisait une montagne de mystères !

II.

Tiens, je vais vous raconter ce qu'il m'est arrivé la nuit dernière. Bien que cela ne fasse pas partie de ma nouvelle histoire, je ne peux rater l'occasion de vous le raconter tant que c'est encore frais dans ma mémoire.

Hier soir, nous avons eu la visite de la sœur de ma mère, Tante Marie. Et vous savez comment sont les tantes : dès son arrivée, elle nous a offert des cadeaux. Pour moi, un foulard en soie que je ne porterai jamais, au grand jamais et, pour ma sœur, une boîte de chocolats que Miranda a refusé de partager avec qui que ce soit et qu'elle a emportée dans notre chambre.

M'étant réveillée en pleine nuit, je me suis demandé quelle heure il était. Je n'ai pas de réveil près de mon lit et l'horloge de la cuisine me semblait vraiment loin. Pourquoi alors ne pas jeter un coup d'œil au réveil de Miranda ?

Le réveil de Miranda était sur la petite table de nuit auprès de son lit, juste derrière la boîte de chocolats. J'ai marché sur la pointe des pieds jusqu'à son côté. Pour bien voir le cadran, j'ai dû bouger la boîte, ce qui, je ne sais comment, a coincé un morceau de chocolat entre mes doigts. À ce moment-là, Miranda, réveillée, s'est mise à hurler. La surprise m'a fait bousculer la boîte qui est tombée, faisant rouler sur le sol tous les chocolats.

En voulant retourner de mon côté, je n'ai réussi à ramasser que deux ou trois chocolats alors que Miranda a sauté sur toute la boîte ! Trouvant qu'elle n'avait pas besoin de hurler aussi fort, je lui ai à mon tour crié de se taire car elle allait réveiller toute la maisonnée.

J'ai sauté dans mon lit, ma couverture et ma couette sur la tête. Je me suis alors mise en boule et j'ai englouti un chocolat. Il se fait que c'était ma sorte préférée : une truffe ! Comme c'était bon !

Pendant ce temps, Miranda essayait de me frapper. Mais l'épaisseur de ma couette l'a empêchée de me faire mal. Je suis donc restée ainsi, calmement, la truffe fondant lentement dans ma bouche tandis que ses coups me faisaient penser à une pluie qui tambourinait doucement sur le toit. Pendant quelques minutes, c'était le paradis !

III.

Ça va, maintenant je peux revenir à mon histoire. Cette partie sera vraiment la partie de l'histoire de Brian telle qu'il me l'a racontée. C'est son histoire avec la girafe.

Il m'a dit l'avoir rencontrée pour la première fois il y a un an, le jour de notre visite ensemble au zoo. Depuis lors, pratiquement chaque jour après l'école, il s'est arrêté au zoo en rentrant chez lui, passant un moment avec cet animal devenu son amie.

Tandis qu'il me racontait cela, je pensais : « Quelqu'un de sensé passerait-il tout ce temps avec un girafon ? Ce que je veux dire, c'est que les girafes, ça va si on aime les longs cous ; à part ça, je ne vois pas ce qu'elles ont de très captivant. Tout ce qu'elles font, c'est marcher et manger, comme des oies. »

Brian me disait avoir de la girafe une tout autre impression. Lors de notre excursion au zoo, la petite girafe n'était âgée que de quelques jours. (Une heure seulement après sa naissance, elle avait réussi à se mettre debout !) Au début, elle chancelait très fort, ses pattes et son cou semblaient trop longs pour sa tête et son corps. Ce qui l'avait le plus impressionné, c'étaient ses grands yeux avec leurs longs, longs cils.

Voici ce qu'il m'a raconté : « La première fois que je m'étais trouvé devant la clôture, ma présence avait éveillé la curiosité de la petite girafe qui s'était approchée pour m'observer. Je l'avais saluée d'un : "Bonjour toi !" en lui tendant la main. Elle m'avait répondu en étendant une patte avant vers moi, comme le fait un chien. Nous avions ainsi en quelque sorte échangé une poignée de main. Elle m'avait jeté un regard intelligent avant de s'éloigner en trottinant. Un moment après, elle était revenue. Elle avait émis un joli son qui faisait un peu penser au "Bonjour toi !" que je lui avais fait. Elle m'avait à nouveau tendu sa patte avant pour que je la prenne. Elle s'en était allée en galopant pour revenir aussitôt et se frotter à mon front.

C'est alors que j'ai eu l'idée de lui apprendre quelques mots. Sortant une carotte de ma poche, je lui ai dit : "Mange !" J'ai alors coupé la carotte en deux et nous en avons mangé chacun une moitié. Le lendemain, je lui ai dit : "Cours !" en me mettant à courir. Elle a fait de même. Après quelques essais, elle courait chaque fois que je lui disais de le faire. Tout ce que je me faisais faire à moi-même, elle le faisait après moi.

Qu'elle apprenne un mot par jour ne me satisfaisait pourtant pas. Je lui ai dit : "Fais un effort ! Je n'arrêterai pas de t'aiguillonner tant que tu ne parleras pas aussi bien que moi." Entendant cela, la petite girafe m'avait regardé tristement. Deux grosses larmes avaient coulé sur ses joues. Elle avait émis une espèce de petite toux, comme pour s'excuser. Marchant lentement vers l'autre côté de son enclos, elle s'était couchée en tournant son cou et en déposant sa tête sur son dos. Elle avait alors fermé ses grands yeux merveilleux et, même si elle paraissait endormie, la tristesse restait sur son visage.

J'ai pensé aux années que j'avais passées muré dans mon silence. Je savais que, du fond du cœur, la girafe souhaitait échapper à son sort, tout comme moi j'avais souhaité échapper au mien. J'ai donc décidé de continuer à lui apprendre à parler. »

D'accord, je sais ce que vous pensez : vous ne croyez pas que Brian ait pu apprendre à parler à une girafe. Tout de même, votre famille <u>vous</u> a bien appris à parler, un mot à la fois, non ? Quelle est alors la différence entre vous et une girafe intelligente ? Peut-être cette girafe est-elle <u>une personne</u> ! Peut-être le sont-elles <u>toutes</u> !

Peu importe, revenons à ce que m'a raconté Brian. Après tout, ma nouvelle histoire se base sur la sienne, ce qui signifie que je dois vous raconter d'abord la sienne avant de vous conter la mienne.

Brian a alors poursuivi son récit, racontant comment, pendant des jours et des semaines, lui et la girafe avaient travaillé ensemble très durement. C'était presque comme si la clôture entre eux avait complètement disparu.

Quand la girafe en avait assez d'essayer de parler, elle demandait à Brian de lui raconter des histoires. Il lui avait d'abord raconté toutes celles qu'il connaissait déjà. Après quoi, il s'était efforcé d'en inventer une série de nouvelles. Puis il avait commencé à lui donner de l'information sur le monde, appelant cela *L'Histoire du monde*.

Petit à petit, la girafe a pu mettre des mots ensemble et, après beaucoup de travail et de pratique, elle est arrivée à construire des phrases entières.

Voilà tout ce que Brian m'a raconté de la façon dont la jeune girafe avait appris à parler. Vous voyez : c'est là en quelque sorte que finit son histoire et que commence la mienne. En terminant son récit, il m'a demandé d'un air timide : « Aimerais-tu la rencontrer ? »

« Brian, » lui ai-je répondu, « comment pourrais-je refuser une occasion qui ne se présente qu'une seule fois en un million d'années et plus ? »

Il m'a regardée de ses yeux clairs, ses yeux de loup, tout en passant sa main dans ses longs cheveux abondants qui pendaient dans son cou. C'est alors que j'ai remarqué qu'il parlait d'elle au féminin. « Oh, Brian, » me suis-je écriée, « c'est comme si je me trouvais une nouvelle sœur ! » J'ai immédiatement essayé de m'imaginer comment je pourrais l'échanger avec Miranda.

Voilà ! Nous voici arrivés à la fin de l'introduction de mon histoire. Dès lors, mon histoire peut commencer. Êtes-vous prêts ?

CHAPITRE 2

I.

Mon cerveau bouillonne de questions. « Brian, » lui ai-je demandé, « ta girafe a-t-elle un nom ? »

Il m'a regardée de cet air écœuré qu'il prend parfois avant de me répondre : « Tout d'abord, ce n'est pas <u>ma</u> girafe. Mets-toi bien ça dans la tête, Pixie. Et deuxièmement, si tu veux connaître son nom, demande-le-lui toi-même quand tu la rencontreras. »

« Brian, » ai-je réagi, « je ne peux croire que tout cela se passe vraiment ! »

Son air écœuré réapparut sur son visage. « Cela ne se passera pas vraiment, Pixie, si tu le racontes <u>à n'importe qui</u>. Comprends-tu cela ? En outre, tu dois accepter de l'écouter très attentivement parce qu'elle est en grande, très grande difficulté et a besoin de quelqu'un qui puisse l'aider pour son problème. Ce dont elle a besoin, c'est de quelqu'un qui se soucie vraiment d'elle, quelqu'un qui soit désireux de prendre des risques pour elle. »

Son discours m'avait rendue très sérieuse. « Mais Brian, cette personne dont tu parles, n'est-ce pas toi ? »

Brian secoua tristement la tête : « C'est tout ce que je puis faire pour elle. Nous avons besoin de quelqu'un d'autre et j'ai pensé que ce pourrait être toi. »

J'ai pris une grande bouffée d'air pour lui demander : « <u>Moi </u>? Que puis-je faire ? » tout en me disant : « Quelle bête question ! On va te dire ce que tu peux faire, Pixie. On va te le dire ! » Là-dessus, nous nous sommes mis en route en direction du zoo.

II.

À l'approche de la zone du zoo où se trouvent les girafes, j'aperçois un certain nombre d'entre elles groupées à l'ombre de quelques arbres. J'en vois alors une jeune, debout près de la clôture, toute seule. Soudainement, j'ai l'impression que les autres ne souhaitent pas avoir quelque chose à voir avec l'amie de Brian. On dirait qu'elle ne leur appartient pas. Et je me dis : « Ce doit être pénible d'être mis à l'écart par tous les siens. Pas étonnant que Brian comprenne si bien sa situation ! »

Les autres girafes nous voyant nous approcher stoppent toute activité pour nous observer. Grâce à son long cou, l'amie de Brian réussit à passer au-dessus de la clôture et à frotter son nez contre lui. Elle me regarde. Son regard est interrogateur mais pas hostile.

Ensuite, elle se met à parler vraiment. Secouant la tête dans ma direction, elle dit : « Bonjour Pixie. Je suis heureuse que tu aies pu venir. » Je n'arrive presque plus à respirer tant je suis abasourdie d'entendre parler réellement un animal ! Mes bras et mes jambes en sont paralysés !

Je persiste à croire que c'est une illusion, que Brian est peut-être ventriloque. Mais comme j'ai confiance en lui, je ne pense pas qu'il voudrait me berner.

Comprenez-moi bien. J'ai toujours pensé que les animaux ne peuvent apprendre à utiliser notre langage et que les girafes sont même incapables du moindre son. C'est donc particulièrement choquant pour moi. En réalité, j'ai ce sentiment bizarre que cette girafe parle <u>pour toutes les girafes</u>. Quand elle me regarde, c'est comme si toutes les girafes du monde me regardent par ses yeux. Et quand elle me parle, c'est comme si toute la partie du monde restée muette jusque-là parle maintenant avec l'autre partie qui se croyait seule à pouvoir s'exprimer.

J'admets qu'elle ne parle pas parfaitement. Elle a une manière un peu hachée, ayant du mal à prononcer les mots parce que sa langue et ses lèvres ne sont pas vraiment faites pour le langage. Mais à quoi peut-on s'attendre après une année seulement ?

Et là, certains élèves de ma classe ne prononcent pas tellement mieux les mots. Comme Neil par exemple : « Oh, à la façon dont il parle, on pourrait penser qu'il a été élevé par un troupeau de girafes ! »

Elle me demande alors : « Brian t'a-t-il dit mon nom ? » Devant mon signe de tête négatif, elle me dit : « C'est <u>Noûs</u>. C'est ainsi que sont appelées toutes les girafes dans notre tribu. »

Interloquée, je lui demande : « Veux-tu dire que tu n'as pas un nom qui t'est personnel ? »

À ce moment-là Brian intervient : « Pixie, je suis sûr que tu aimerais avoir une longue conversation avec Noûs et qu'elle te raconte l'histoire de sa vie, mais nous devons absolument nous presser. Elle pourra te raconter tout cela une autre fois. »

Tout en reconnaissant que je n'arrive pas à le prendre au sérieux, je demande à Brian : « D'accord. Quel est son problème ? » Comment un animal pourrait-il avoir un problème ? Il n'y a que les humains qui ont des problèmes. Tout de même, si je me trompais ?

Brian me répond : « Je vais très vite devoir t'expliquer tout ça. Les autres girafes n'ont rien à voir avec Noûs. Elles pensent que, parce qu'elle peut parler, elle est une sorte de monstre. »

Hochant la tête, Noûs déclare d'une manière hachée : « Je-crois-que-les-autres-veulent-se-débarrasser-de-moi-et-que-dès-que-je-serai-endormie-elles-vont-me-frapper-et-ce-jusqu'à-m'avoir-tuée. »

J'en ai le souffle coupé. Je lui pose alors cette question : « Noûs, veux-tu dire que tu es réellement en danger ? »

Noûs répond : « Oui. J'en ai bien peur. »

Brian ajoute : « Pixie, il nous faut sortir Noûs d'ici. Elle ne peut plus rester ici plus d'un jour ou deux. Je l'accueillerais volontiers chez moi mais, tu sais, mes parents ne le permettraient jamais. Ils me supportent à peine. Alors, seul avec une girafe, <u>en plus</u>…

Je lui murmure : « C'est donc une question de vie ou de mort ! Allons-y ! Vite ! Vite ! »

III.

Juste avant le souper, Brian arrive chez moi. J'appelle tout le monde : Maman ! Papa ! Miranda ! Venez vite ! C'est important ! Nous devons avoir une réunion de famille !

Tout en bâillant, Miranda dit de sa voix traînante : « Oh non, Pixie ! Pas de nouveau ? Tu veux toujours nous réunir et ce n'est jamais pour quelque chose d'important. »

Mon père me demande : « Brian et toi allez-vous nous annoncer vos fiançailles ? » Là-dessus, il se frappe le genou en éclatant de rire comme s'il avait dit une phrase très marrante.

« Vite alors ! » dit ma mère. « Quel est le problème ? »

Tout à coup, je comprends que ce n'est pas à moi à parler de Noûs. En effet, j'ai perdu toute crédibilité, comme le gamin qui crie « au loup ! ». Me tournant alors vers Brian, je le prie de donner lui-même l'explication. Ce qu'il fait. Il raconte tout depuis le début, exactement comme il l'avait fait pour moi.

Ma famille commence par prendre cela comme une grosse farce mais, graduellement, ils cessent de rire. Quand Brian a terminé, ils demandent s'ils peuvent aller faire la connaissance de Noûs.

Brian répond : « Je ne pense vraiment pas que ce soit une bonne idée. Nous ne devrions pas attirer davantage l'attention sur Noûs en ce moment, ce que provoquerait certainement un nombre plus important de visiteurs. Mais si vous acceptez de la faire venir ici, nous pourrions essayer de l'amener ce soir. »

Ma mère, mon père et ma sœur s'écrient tous ensemble : « Ce soir ? » Et mon père demande : « Même si nous acceptons de la recevoir ici, comment allons-nous pouvoir la sortir du zoo ? »

« Tout cela est réglé », répond Brian. « Comme les gardes savent que la girafe est un animal gentil, ils ne se soucient jamais de fermer leur enclos. Et leur logement se trouve justement près d'une sortie latérale du zoo. J'ai bien étudié la situation et la garde à l'entrée change à

10 h. C'est du moins ce qui, en théorie, est censé se passer mais, en pratique, celui qui part s'en va toujours à l'avance et son remplaçant arrive toujours en retard. Nous disposons ainsi d'au moins quinze minutes pour sortir la girafe avec sa paille par la porte latérale et l'installer dans votre break. »

Repoussant son fauteuil en faisant une grimace, mon père déclare : « Pour moi, ce sont de telles sornettes que je me demande pourquoi je reste là à les écouter. »

Je proteste : « Mais Papa, dès que tu auras entendu parler Noûs, tu nous croiras, c'est sûr. Ne peux-tu vraiment nous faire confiance pendant quelques heures ? »

Il pose alors la question que j'avais moi-même posée : « Brian serait-il ventriloque ? » Brian et moi échangeons un regard paniqué parce que je sais qu'il a <u>effectivement</u> souvent travaillé avec des marionnettes et des poupées. Nous décidons finalement de laisser sans réponse cette question.

Mais plutôt, Brian prend la parole : « J'aimerais vous faire comprendre la situation. Noûs est rejetée par les autres girafes. Le zoo ne souhaite pas continuer à la protéger : ils craignent d'avoir des problèmes si la presse découvre qu'un individu à intelligence humaine est enfermé dans un zoo. »

J'ajoute, sans trouver le mot juste : « Noûs est vraiment... »

Maman suggère : « Une réfugiée politique ? »

Je réponds : « Merci, Maman. Et elle nous demande... »

« Asile ? » enchaîne-t-elle.

Je la remercie une nouvelle fois tandis que Papa se moque de nous : « Ce que je sais, c'est qu'après, c'est un éléphant né avec le cerveau d'Einstein qu'on me demandera d'héberger ou un humain né avec un corps de puce. » Et comme personne ne pipe mot, il demande : « Qu'aurons-nous pour souper ? »

« Mais Papa, » m'écriai-je, « veux-tu dire que tu ne vas vraiment pas nous aider ? »

« Ai-je dit ça ? » demande-t-il innocemment. « Je suis seulement prudent, c'est tout. C'est ainsi que je me comporte chaque fois qu'on me dit qu'on va installer chez moi une girafe qui parle, que je prends des risques et apporte mon aide pour la libérer du zoo. Je veux en envisager les conséquences possibles. » Et me jetant un regard vraiment sérieux, il poursuit : « Les conséquences <u>légales</u>, par exemple, Pixie ! »

Lui sautant au cou pour l'embrasser, je hurle : « Mais tu n'as pas dit que tu ne le feras pas, Papa ! » J'embrasse aussi Maman et même Brian. Tout de même pas Miranda qui comprend parfaitement pourquoi.

J'entends alors ma mère murmurer à mon père : « Ralph, j'espère que tu n'as pas l'intention de les laisser tomber, ces gosses. »

Chapitre 3

I.

Après le souper, on décide que pour éviter la suspicion et laisser davantage de place dans la fourgonnette, seuls mon père et Brian iront au zoo. Pendant ce temps-là, ma mère et moi – et même Miranda – vivons des heures d'anxiété dans l'attente de leur retour.

Finalement, le bruit d'une voiture se fait entendre dans notre allée. Très vite, tous trois entrent en file dans la pièce : mon père, fatigué mais radieux ; Noûs semblant épuisée et hésitante mais s'efforçant de sourire un peu comme Brian le lui a appris ; et enfin Brian, rayonnant.

Noûs porte la grande cape d'hiver de ma mère. Maman et moi l'emmenons à l'étage pour l'habiller de jeans et d'un T-shirt de Maman. Une fois redescendue, Papa l'installe dans son fauteuil, vous imaginez ? Alors que la position assise ne lui semble pas confortable, elle refuse notre invitation à s'asseoir sur le sol. Elle dit que les fauteuils sont simplement des objets auxquels elle doit s'habituer.

Pendant tout le reste de la soirée, Brian et Papa nous racontent avec force détails cette évasion du zoo. Parfois même, ils parlent en même temps : comment le verrou de la maison de la girafe étant coincé, Papa a dû le forcer ; comment les gardes les ont presque surpris pendant la relève à 10 h ; et comment une voiture de police les a arrêtés presque à la sortie du zoo alors que Noûs était déjà sur le sol de la fourgonnette, recouverte de sacs de jute, de sorte que la police ne l'a pas remarquée.

Pendant tout ce temps-là, Noûs est très calme tandis que je remarque que Maman meurt d'envie de lui parler. Finalement, après que le récit de cette épopée nous ait été raconté une fois de plus, ma mère peut s'éclaircir la gorge pour demander : « Maintenant, Noûs, soyons pratiques. As-tu une idée de ce dont tu auras besoin tant que tu vivras avec nous ? » Oui, je sais bien que la question de Maman est importante mais, en même temps, elle a voulu signifier clairement à Noûs qu'elle ne doit pas s'attendre à rester avec nous indéfiniment.

Noûs hoche la tête. Rien que pour avoir été plongée dans nos conversations pendant toute cette soirée, parler lui est déjà devenu plus facile. C'est-à-dire que son débit est devenu moins haché. Elle répond : « Tout ce qui sera bon pour vous le sera pour moi. Mais... puis-je aller à l'école ? Avec Pixie et Brian ? »

Je sais gré à ma mère : elle ne bronche pas ! Elle se contente de dire : « Pourrait-il y avoir meilleure coïncidence ! Demain matin, j'ai justement un rendez-vous avec le proviseur pour un tout autre problème. Pourquoi ne lui dirais-je pas un mot de ceci en même temps ? »

Là-dessus, essayant de ne pas me montrer trop indiscrète, je lui demande tout bas : « Maman, pourquoi vas-tu voir le proviseur demain ? Est-ce à mon sujet ? »

« Non, ma chérie. Ce n'est vraiment rien. C'est tout simplement que l'Association de Parents m'a demandé d'aller discuter avec eux de certains problèmes. »

Je ne peux m'empêcher de demander : « Par exemple ? »

« Eh bien, c'est que certains sujets sont enseignés dans d'autres écoles primaires et pas dans la nôtre. Nous voudrions savoir si quelque chose peut être fait à ce propos. »

La regardant d'un air intrigué, je lui demande : « Lesquels ? »

Tout en me caressant la tête, Maman me répond : « Oh Pixie ! » Mais sans dire comme d'habitude : « Faut-il toujours que tu saches tout ? » Se contentant de soupirer, elle dit : « Eh bien, la philosophie notamment. »

Tapant du pied, je m'écrie : « Maman, ce n'est pas l'Association de Parents, c'est toi qui veux ça, non ? Tout simplement parce que tu as aimé ce bête sujet quand tu étais dans le secondaire, tu voudrais nous faire l'étudier déjà au primaire ! Pas vrai ? »

Alors que je m'apprête à poursuivre, Maman m'interrompt en me disant : « Pixie, tu as une invitée dans ta chambre pour cette nuit. Permets-moi de te rappeler que tu dois t'occuper d'elle et t'assurer qu'elle est bien confortable, sans essayer de provoquer une dispute avec moi ! »

Reconnaissant que ma mère a raison, je vais dans ma chambre. Je vois que le lit de Miranda a été donné à Noûs et que Miranda s'est installée dans la nouvelle chambre d'amis non encore terminée. C'est pour moi une surprise : j'avais pensé que c'est Noûs qui occuperait cette chambre-là. Je suppose que Miranda a bien plaidé sa propre cause : c'est dire à quel point elle a besoin de vie privée.

De toute façon, je suis heureuse de la manière dont tout cela se passe. Qui d'autre a une girafe comme amie et en même temps comme camarade de chambre ?

II.

Le lendemain matin, un problème se pose. En effet, tous doivent partir, ce qui signifie que Noûs devra rester seule à la maison. Elle nous rassure : tout ira bien. Malgré tout, nous sommes très angoissés. Nous lui recommandons de n'ouvrir <u>à personne</u>. Finalement, avec grande appréhension, nous partons.

Tout d'abord, dans notre hâte, si nous pensons à fermer la porte avant, nous oublions de fermer celle de l'arrière. Et deuxièmement, plusieurs vols ont eu lieu récemment en pleine journée dans notre quartier ! Et, tenez-vous bien, c'est ce matin-là que les voleurs, ou plutôt les voleuses, choisissent pour pénétrer chez nous !

Il s'agit de deux gamines de l'âge de Miranda faisant l'école buissonnière. Entendant l'ouverture de la porte arrière et des pas dans l'escalier, Noûs fait la seule chose imaginable pour elle : elle s'engouffre dans mon cabinet de toilette en fermant la porte derrière elle. Malheureusement, cette porte ne reste pas fermée à cause de ma veste de pyjama pendue à la clenche et Noûs est terrifiée à l'idée d'être découverte.

En outre, mon cabinet de toilette est très petit. Quand elle veut se glisser, elle s'emmêle dans les vêtements qui pendent et qui lui tombent tous sur la tête. De sorte qu'avec mon jeans sur ses oreilles et ma bonne chemise bleue emberlificotée autour de son visage, elle ne peut rien voir !

Chapitre 3

Entre-temps, des pas montent l'escalier. Ils ne font que se rapprocher !

Ils entrent d'abord dans la chambre des parents !

Puis dans celle de Miranda !

Et finalement, ils arrivent dans <u>ma</u> chambre. Noûs entend quelqu'un ouvrir les tiroirs de ma commode !

Juste au moment où l'une des cambrioleuses arrive à mon cabinet de toilette et ouvre toute grande la porte, sort cette tour mobile de vêtements avec les bruits les plus étranges. Les deux filles hurlent et s'enfuient en courant. Elles descendent quatre à quatre les premières marches de l'escalier et les dernières en roulant, avant de se retrouver dehors.

Rentrée peu après, ma mère trouve Noûs essayant de rependre mes effets à leur place, ce qui est très dur pour elle. Ce n'est pas facile quand on a des sabots à la place des mains et qu'on veut à la fois tenir un vêtement et le pendre. Maman la félicite pour son courage.

Quand je reviens, Noûs me raconte ce qui s'est passé et me demande : « Est-ce que c'est ainsi tous les jours ? »

Me disant que c'est là une belle occasion pour me vanter, je lui réponds : « Bien sûr, nous avons des voleurs ici quasi chaque jour mais, habituellement, j'arrive à les chasser. »

J'entends Miranda qui se trouve là tout près chuchoter : « Incroyable ! »

Tout de même qui lui a demandé de croire n'importe quoi ? Je lui dis : « Miranda, c'est à mon amie que je parle. ÇA TE <u>dérange</u> ? »

Ici, une personne ne peut échapper à <u>rien</u> !

Chapitre 4

I.

Aujourd'hui, c'est le premier jour d'école pour Noûs. Premier jour aussi où Maman sera notre professeur de philosophie. Pourquoi faut-il que les deux événements se passent en même temps ? Je pense que je peux survivre à l'un mais pas aux deux à la fois.

Tous les enfants se sont attroupés autour de Noûs. Certains tentent de l'amener à leur parler. D'autres se contentent de la regarder. Elle est très patiente avec eux, beaucoup plus que je ne le serais si j'étais entourée d'un troupeau de girafes étonnées et curieuses.

Le cours de Maman a lieu à la première heure. (Notre institutrice, Melle Merle, qui a une réunion, ne peut y assister.) Comme Maman a dû s'y préparer, elle s'est couchée très tard. Son visage est rouge et elle semble très tendue. Pauvre Maman ! Ce ne doit pas être facile pour elle ce premier cours de philosophie et, en plus, perturbée par la présence d'une girafe parmi ses élèves !

Elle nous a fait mettre nos sièges en une sorte de cercle, elle-même s'y incluant, tout près du tableau. Elle remue un tas de notes. Ce qui nous rend tous nerveux.

Elle finit par nous dire « Bonjour ! » et nous lui répondons : « Bonjour ! » Elle se remet à farfouiller dans ses notes, laisse tomber des papiers, les ramasse en disant : « Ça va, nous pouvons commencer. »

Nous étions prêts : nous n'attendions plus qu'elle.

Je lance un regard vers Noûs qui se contente de regarder Maman comme quelqu'un qui n'a jamais vu un professeur de sa vie.

Maman commence : « Ceci est une classe de philosophie. En philosophie, nous parlons beaucoup et pensons beaucoup. La question par laquelle je voudrais commencer, c'est *Comment devrions-nous vivre ?* C'est une question morale. » Silence de mort dans la classe. Certains ne savent que dire et d'autres n'osent pas dire ce qu'ils pensent.

Maman attend. Après un long moment, elle finit par demander : « Personne n'a-t-il une suggestion sur la manière dont nous devrions vivre ? » Quelques mains commencent à se lever. Maman leur donne la parole et écrit au tableau leurs propositions. Le premier à avoir levé la main, Tommy, répond par un seul mot. Du coup, les autres aussi répondront par un seul mot.

— Tommy : « Qualité. »
— Jenny : « Bien. »
— Brian : « Honnêtement. »
— Kate : « Pleinement. »
— Isabel : « Avec affection. »

Geraldo chuchote à Neil : « Qu'est-ce qu'elle a dit ? » et Neil lui répond par un chuchotement assez fort pour que tous l'entendent : « Avec infection. »

Maman fait comme si elle n'a pas entendu : « Tommy et Jenny, quand vous dites "qualité" et "bien", voulez-vous dire la même chose ? »

Tommy répond : « Ce que j'ai voulu dire, c'est que nous devrions essayer de vivre une vie de qualité. »

« Pour moi, » dit Jenny, « vivre bien, c'est être heureux, c'est avoir une vie satisfaisante et plaisante. »

Maman se tourne vers Brian qui s'explique : « Vivre honnêtement signifie vivre selon les règles de l'équité. »

Robert s'esclaffe : « As-tu jamais vu ces règles quelque part, Brian ? »

« Non, mais tout le monde les connaît », répond Brian avec un haussement d'épaules. « Par exemple, une personne en vaut une autre, ni plus ni moins. »

Kate intervient : « À moi maintenant. Une bonne vie est une vie complète. Une vie dans laquelle on fait tout ce qu'on peut et seulement ce qui est juste. »

Isabel : « Il ne suffit pas de faire ce qui est juste. Il faut surtout <u>aimer</u> ce qui est juste. J'aurais peut-être dû dire "avec passion" plutôt que "avec affection". »

« Tu voulais parler de toi et de Robert, n'est-ce pas Isabel ? » s'écrie Rusty tandis qu'Isabel rougit sans répondre.

Se penchant vers moi, Noûs murmure : « Pixie, tu ne peux savoir à quel point cette discussion m'intéresse ! »

« Que veux-tu dire ? »

« C'est que je viens de comprendre que j'ai à prendre une décision importante. Je suppose que c'est ce que ta mère appellerait une "décision morale" étant donné qu'elle concerne la bonne manière dont je dois vivre. »

Noûs en aurait dit davantage mais, à ce moment-là, Robert lève la main et Maman lui accorde la parole. Il prononce lentement, comme s'il cherchait son chemin dans une pièce sombre : « Voilà comment je vois ça. Prendre une décision suppose une <u>action</u>. Supposons que je doive fabriquer une table. C'est une action. Que dois-je faire d'abord ? Il me semble que je devrais commencer par me faire une idée de ce à quoi ressemblerait la table. Je rassemblerais alors tout ce qu'il me faut pour la faire. Tu vois ce que je veux dire ? Le bois, les clous et la colle. Puis je choisirais mes outils : une scie et un marteau, par exemple. Ainsi, je pourrais faire ma table. Ici, on me demande de prendre une <u>décision sur une manière de vivre</u>. Jusqu'ici, nous disposons de quelques suggestions. Je veux maintenant savoir de quoi d'autre nous avons besoin pour réaliser une telle décision. Quels matériaux ? Quels outils ? Quelles compétences ? »

Noûs murmure à mon oreille : « Oh, Pixie, comme tout cela est merveilleux ! C'est exactement le genre de choses que j'ai besoin de savoir. » Bougeant gracieusement et fièrement la tête, elle se tourne vers les autres pour leur dire : « J'ai besoin de votre aide à tous ! J'ai besoin de vous pour arriver à comprendre quels outils et quelles habiletés nous sont nécessaires pour arriver à une décision morale. Alors, apprenez-moi ce que vous avez découvert ! »

J'ai passé mon bras autour de ses fines épaules. Elle tremble d'excitation. Je l'embrasse en lui disant : « Noûs, tu dois en savoir plus que tout simplement comment prendre une décision. S'il s'agit de comment nous voudrions vivre, on a besoin d'une éducation morale complète. C'est ce que Melle Merle ne cesse de nous répéter. Faut que j'en parle à Maman. »

Je me demande quelle est cette grande décision que Noûs prétend devoir prendre. Et je l'observe du coin de l'œil. Elle est si excitée ! Elle boit chaque parole. Son visage est brillant comme un potiron d'Halloween avec une bougie ! Ce qui m'épate, c'est à quel point elle est prête à réfléchir à la façon dont elle devrait vivre !

Elle veut poser une question. Peut-être cela me donnera-t-il une clé à propos de son problème. Mais elle se contente de dire : « Je ne comprends pas ce qu'est la philosophie. Est-ce cette discussion que nous venons d'avoir ? »

Rusty claironne : « Oh, ce n'est rien d'autre que penser bien ! »

« Une pensée bonne qui commence par l'étonnement » enchaîne Willa Mae.

« Et qui comporte un important questionnement » ajoute Kate.

« Cela peut-il t'aider, Noûs ? » demande Maman.

« Oui, mais quelle aurait été ta réponse à toi ? »

Ce qui fait rire Maman : « Il me semble que j'aurais insisté sur la délibération : élaborer des jugements à propos de concepts après examen minutieux. » Elle fait une pause pour voir si personne ne veut rien ajouter, puis elle reprend : « Vous vous demandez probablement quel est le lien entre la philosophie et la question que j'ai posée tout à l'heure : "Comment devrions-nous vivre ?" Eh bien, c'est que l'éthique est une branche de la philosophie et qu'elle est même sa préoccupation essentielle. »

Je commence à comprendre que Maman a tant à nous dire à propos de la philosophie et de l'éthique et de tous ces machins-là qu'elle saute d'un sujet à l'autre. Tout de même, tout ce que souhaite savoir Noûs, c'est comment arriver à une décision morale. Elle n'a pas besoin de tout ce bazar. À mon avis, les besoins de Noûs sont primordiaux, ils passent avant tout autre chose. Je n'ai même pas envie de lever la main. Je me contente d'annoncer avec éclat : « Ça suffit avec ce sujet ! Passons au vrai problème ! Nous voulons apprendre comment prendre une décision morale. Nous ne pourrons pas le faire sans connaître les choses essentielles à prendre en compte. Maman, comment appelle-t-on ces choses-là ? »

Maman répond doucement : « Des <u>considérations</u>, Pixie. » Elle écrit le mot au tableau et le souligne. Et au-dessus, elle écrit un titre : « Arriver à des décisions <u>morales</u>. » Se tournant alors vers la classe, elle demande : « Des suggestions ? »

Silence de mort. Si personne ne bronche, c'est que personne ne sait que dire.

C'est Maman qui prend alors la parole : « N'avez-vous jamais eu de problème d'aucune sorte ? Réfléchissez à ce que vous avez pu avoir comme problème et à ce dont vous avez dû tenir compte pour le résoudre ! »

À nouveau aucune réponse. Finalement pourtant, une main hésitante se lève. C'est Tommy : « L'autre jour, j'étais avec Geraldo et j'ai vu un homme qui a laissé tomber accidentellement quelque chose sur le trottoir. J'ai couru pour voir ce que c'était et c'était un billet de dix euros. »

Maman frappe dans ses mains : « Tu te trouvais donc devant un problème moral ! »

« Tout à fait ! » répond Tommy. « Mon problème, c'était : vais-je garder les dix euros pour moi ou vais-je les partager avec Geraldo ? »

Robert, sarcastique : « Tommy, c'était très généreux de ta part d'envisager de partager avec ton ami l'argent de quelqu'un d'autre ! »

« Robert ! » hurle Neil. « Un peu de sérieux ! Laisse parler Tommy ! »

Isabel : « Il ne t'est pas venu à l'idée de rendre ses dix euros à cet homme ? »

Tommy : « Nous n'avons pas pensé à cette <u>alternative</u> avant d'avoir eu dépensé cet argent. »

« D'accord, » dit Maman. « <u>Alternatives</u> ! Lorsqu'on se trouve devant un problème moral, on doit envisager les différentes options possibles d'agir moralement. » Elle écrit *alternatives* au tableau.

Nous attendons. Nous attendons encore. Finalement, Robert prend la parole : « Ne devrait-on pas souligner le fait que ce que vous avez fait, les gars, était malhonnête ? C'est ce que j'ai voulu dire tout à l'heure. »

Tommy se défend : « Cet homme n'était pas privé puisqu'il était riche et qu'il était ivre. »

« Ça ne change rien ! » dit Robert qui s'enflamme. « Ce n'était pas honnête. »

« Cet argent a été dépensé par deux personnes qui étaient fortement dans le besoin, c'est-à-dire nous », dit Geraldo malicieusement, ce que Tommy approuve de la tête.

Isabel demande : « Peut-on être honnête si on chipe ou prend ce qui ne nous appartient pas ? »

Tommy enchaîne : « Voilà pourquoi l'honnêteté est considérée comme une valeur morale. »

Maman écrit *valeurs morales* au tableau.

Je demande : « Donc, qu'est-ce qu'une valeur morale ? »

À quoi Robert répond : « Il y a les valeurs morales et il y a le mal. Une personne possédant des valeurs morales possède la capacité de bien agir et de résister à faire le mal. Une personne sans moralité peut agir mal et résister au bien. »

Maman change *valeurs morales* en *valeurs morales et mal*.

Jenny demande : « <u>De quoi</u> moralité et immoralité sont-elles faibles ou fortes ? Elles doivent bien l'être de quelque chose. »

Isabel : « Ce sont des faiblesses et des forces de <u>caractère</u> ! »

« De caractère <u>moral</u> » commente Chita. Maman ajoute au tableau *caractère moral*. Chita ajoute : « Les gens qui ont un bon caractère moral choisissent de bien agir. »

Hésitant, Neil intervient : « Parfois ce sont simplement nos <u>émotions</u> qui nous font choisir. Par exemple, la semaine passée, un gars énorme m'a arrêté et m'aurait frappé si un élève du secondaire n'était passé à côté de moi, n'avait eu pitié de moi et ne l'avait chassé. Il ne l'aurait pas fait s'il n'avait pas éprouvé de sympathie pour moi. »

« Merci, Neil, » dit Maman qui écrit alors au tableau *émotions*.

Robert, toujours railleur : « Caractère ! Émotions ! Est-ce qu'on ne fait pas ce qu'on doit quand on se trouve devant un problème et qu'on tente d'y réfléchir en se basant sur une information fiable ? »

Maman : « Puis-je inscrire _raisonnement_, Robert ? » Celui-ci marque son accord d'un signe de tête.

Brian lève la main : « Il y a encore un autre mot. C'est-à-dire quand on prend tout en considération et que l'on choisit comment agir. C'est ce qui aide à prendre une décision pour faire ce qu'il faut, au bon moment, au bon endroit. »

« Je sais ! Je sais ! » m'écriai-je. « C'est le jugement ! »

Alors que Brian ne m'en veut pas de l'avoir dit la première, Jenny dit en retroussant son nez : « Oh ! Qui est-ce qui ne sait pas ça ? »

Isabel intervient : « Moi je ne le savais pas ! » pendant que Maman ajoute *jugement* à sa liste.

Comme plus personne ne semble pouvoir proposer d'autres idées et que Maman s'apprête à mettre fin à cette session de philosophie, je lève la main pour dire : « Il y a quelque chose que nous avons laissé de côté. Je pense que ce garçon plus grand a aidé Neil parce qu'il a pu se mettre à sa place et ressentir ce que ça lui ferait d'être battu sans raison. Et je suppose que si Geraldo et Tommy s'étaient mis à la place de l'homme à qui ils ont pris cet argent, ils le lui auraient rendu. »

Brian lève la main et crie d'une voix rauque comme la mienne : « Je vois ! Je vois ! Cela s'appelle l'imagination morale ! » Tout le monde est content et Maman complète sa liste par *imagination morale*.

À la fin du cours, Geraldo s'exclame : « Oh ! C'que c'est dur la philosophie ! »

Tommy lui répond : « Pour certains peut-être, mais pas pour nous tous ! »

Chapitre 5

L'heure suivante devait être une heure de cours.

Certains ont demandé à Mlle Merle si nous pouvions l'utiliser pour discuter avec Noûs. Elle a accepté et a même proposé d'enregistrer le dialogue. Le voici :

Melle Merle : « Noûs, acceptes-tu que les élèves et moi-même t'interviewions pendant cette heure de cours ? »

Noûs : « Pas de problème. »

Melle Merle : « Et cela te dérangerait-il que j'enregistre cette interview ? »

Noûs : « Pas du tout. »

Melle Merle : « Alors, commençons par un tour de table et que chacun pose une question à Noûs. Rusty, veux-tu bien commencer ? »

Rusty : « Comment se fait-il que tu saches parler alors que les autres girafes ne savent pas ? »

Noûs : « Je n'en sais rien. Mais quand j'étais au zoo, certaines girafes avaient une théorie selon laquelle une fois sur une longue période, par exemple un million d'années, une girafe naissait très différente des autres. Ce qu'elles appelaient une "mutante", disant que ces "mutants" étaient "rares mais réguliers" dans notre histoire. Peut-être en suis-je une ? »

Chita : « Tu dis que les girafes avaient une théorie. Cela veut-il dire qu'elles ont un langage qui leur est propre ? »

Noûs : « Toutes les girafes pensent sans communiquer entre elles comme le font les humains. Au contraire, tout ce que pense chacune d'elles, c'est ce qu'elles pensent toutes, de sorte que nous avons toutes les mêmes connaissances et le même langage. Toutefois, si l'une d'elles pense un peu différemment, les autres ont le choix entre penser comme elle ou pas. »

Geraldo : « Alors, bien que tu ne sois pas dans le zoo en ce moment, peux-tu penser ce que pensent les autres girafes dans le zoo ?

Noûs : « Bien sûr. »

Jenny : « Si les girafes sont gentilles comme elles en ont la réputation, comment se fait-il qu'elles t'en aient tellement voulu ? »

Noûs : « Elles me voient comme déloyale. Elles pensent que je les trahis. La loyauté envers elles signifie que chacune doit être comme toutes les autres. Même si nous ne pensons pas la même chose, nous devons toutes agir de la même manière. On doit partager leur point de vue : elles pensent que c'est ce qui leur a permis de survivre. Elles croient que si chaque girafe voulait faire à sa guise, le troupeau serait mangé par des lions et autres bêtes sauvages en moins de temps qu'il ne faut pour le dire. »

Neil : « Partages-tu cet avis ? »

Chapitre 5

Noûs : « En partie seulement. Je pense qu'elles ont raison en disant que nous devons préserver l'unité de la société des girafes. Par contre, je ne suis pas d'accord avec l'idée qu'une telle unité puisse être mise en danger par des individus qui ont leur propre mode de vie, du moment qu'ils ne blessent pas les autres. Voilà ce que nous avons été obligés de sacrifier : nous n'avons ni art, ni science, ni philosophie, ni amitiés personnelles ! Je ne serais pas surprise d'entendre des gens dire que nous ne sommes même pas civilisées ! »

Robert : « Noûs, je voudrais, si ça ne te dérange pas, éclaircir un petit point. Tu as dit tout à l'heure que chaque girafe pense en principe la même chose que toutes les autres du troupeau. Cela signifie-t-il que les girafes d'aujourd'hui ont exactement les mêmes idées que leurs ancêtres ? »

Noûs : « Absolument ! »

Tommy : « Noûs, que signifie ton nom ? »

Noûs : « Ma mère m'a expliqué qu'utilisé comme nom, il signifie une forme d'intelligence mais que, comme verbe, il signifie quelque chose comme : ‹s'apercevoir de›[3]. »

Brian : « Noûs, la première fois que nous nous sommes rencontrés, qu'as-tu pensé ? »

Noûs : « Oh ! C'était si étrange ! Vraiment impressionnant ! Souviens-toi : je me suis approchée de toi et j'ai frotté mon nez sur

---

[3] Cf. *Noûs* et *noein*.

ton front. Maintenant, sache qu'en langage girafe, cela signifie penser "Tu es si beau !" Ce qui est vraiment le cas ! C'est exactement ce que je me suis dit. Et c'est alors que tu m'as dit tout haut : "Tu es si belle !" À ce moment-là, je ne savais pas ce que tu voulais dire mais je l'ai deviné ! Penser la même chose qu'un humain, au même moment, au même endroit, m'avait totalement bouleversée ! »

Isabel : « Noûs, apprendre notre langage a dû être extrêmement difficile pour toi. Peux-tu nous en dire un mot ? »

Noûs : « Je sais que Pixie vous a parlé de la difficulté que j'avais eue à apprendre à parler. Même Brian a parfois perdu patience avec moi alors qu'ordinairement, il a une patience d'ange.

Comprenez bien que j'étais très malheureuse pendant cette période. À cause de mon lien avec Brian, les autres girafes ne voulaient rien avoir à faire avec moi. Si j'avais été une girafe ordinaire, cela ne m'aurait probablement pas gênée beaucoup mais, pour moi, c'était comme une forme cruelle de châtiment. Cela m'a fait beaucoup souffrir. En échange, cette souffrance m'a fait penser que, peut-être, je n'étais pas une girafe mais un humain. Peut-être mes sentiments étaient-ils des sentiments humains et non des sentiments de girafe. Et ce que je ressentais à propos de Brian était peut-être aussi humain. C'est, en tout cas, ce que je me disais.

Brian était le seul fil qui me reliait à la rationalité et j'étais constamment paniquée à l'idée qu'il puisse m'abandonner. Je ne puis vous dire combien de fois, pour pouvoir prononcer plus facilement les mots, j'ai pratiqué les exercices de la langue et de la lèvre qu'il m'avait donnés. Il a malgré tout fini par s'énerver sur moi. Un jour, il s'était même fâché, me croyant paresseuse. Il m'avait avertie de ce qu'il ne parlerait plus à sa famille et à ses amis jusqu'à ce que je me sois améliorée. Tout de même, ce que je ne savais pas, c'est qu'il avait <u>déjà</u> cessé de parler. Cela m'avait bouleversée. Il était prêt à se couper des humains pour rester en contact avec moi. Ce qui m'avait frappée, c'est que quelqu'un qui voulait faire cela <u>pour moi</u> faisait preuve du même souci de moi que celui que j'avais de lui. Après cela, j'ai essayé avec acharnement de prononcer comme il le voulait les mots qu'il m'avait donnés et j'y suis parvenue.

Ce n'est que quelques jours plus tard qu'il m'a avoué avoir déjà cessé de parler aux autres. Cela m'a d'abord déçue puis fâchée. (Remarquez qu'une série de sentiments personnels commençaient à faire surface en moi.) Je me suis alors demandé pourquoi je devenais nerveuse et voilà la réponse à laquelle je suis arrivée. Je ne sais pas s'il est correct de dire que Brian m'avait <u>menti</u> mais il avait certainement tronqué un peu la vérité. Et voyez-vous, avec nous, les girafes, même ce petit peu n'est pas permis. Nous ne racontons jamais de bobards parce que nous ne savons dire que la vérité. Les girafes ne peuvent tout simplement imaginer que l'on puisse <u>volontairement ne pas dire la vérité</u>.

Une girafe ne pourrait non plus en <u>blesser</u> une autre intentionnellement sans une bonne raison ou faire quelque chose que d'autres pourraient considérer comme <u>mal</u>. On dirait que nos ancêtres sont toujours là sur nos épaules comme pour nous rappeler, chaque fois que nous parlons ou que nous agissons, que nous devons vivre selon les critères du beau, du vrai, du bien.

Vous devez comprendre que ce ne fut pas facile pour moi de frotter mon nez sur le front de Brian le jour de notre rencontre parce que, pour les girafes, cela signifie que j'appelais beau ce qui, selon leurs critères, est laid. C'est-à-dire que, en vertu de leurs critères, c'est une tromperie. Je pouvais m'imaginer les discussions des autres girafes à son sujet : "Regardez ce petit cou, court et vilain !" ; "voyez comme il se tient toujours sur ses pattes arrière en laissant pendouiller ses deux pattes avant !" ; "voyez les horribles expressions de son visage !" Il a fallu que je comprenne que les seules normes que j'avais connues jusque-là étaient typiques uniquement du monde des girafes et qu'il me fallait apprendre celles du monde des humains. Le moment où j'ai vu Brian comme quelqu'un de beau fut pour moi un moment de <u>révélation</u>. C'est comme si un rideau s'était ouvert dans ma tête et que, pour la première fois, je pouvais voir des choses auxquelles toutes les autres girafes restaient aveugles. »

Kate : « Noûs, on parle toujours de gentilles girafes. Est-ce bien vrai ? Ne se battent-elles jamais ? Et si oui, comment font-elles ? »

Noûs : « C'est peu courant pour des girafes de se battre mais cela arrive. Quand elles se battent, elles balancent leur tête et leur cou comme une massue. »

Melle Merle : « Noûs, nous sommes déjà en retard. En tout cas, grand merci pour avoir donné à la classe cette superbe interview ! »

Pixie : « J'ai dû attendre que chacun ait posé sa question et maintenant je ne peux même plus poser la mienne ! »

Melle Merle : « Nous avons dépassé le temps, Pixie. Personne ne s'acharne sur toi. En outre, tu n'es pas la seule de la classe à ne pas avoir eu l'occasion de poser une question. Va à la récréation maintenant ! »

Plus tard, Isabel me dit : « Pixie, ne cherche pas noise à Melle Merle. Elle est toujours bienveillante à ton égard. Elle est équitable avec <u>chacun</u> ! Et elle ne transforme pas les choses : elle les dit toujours telles qu'elles sont. En plus, c'est la plus belle des enseignantes de toute l'école ! Elle est ce dont Noûs nous parlé il y a un moment : le bon, le beau et le vrai, le tout rassemblé en une seule personne. Pas étonnant que tout le monde l'aime. »

Avant ces paroles d'Isabel, je ne pense pas que j'appréciais vraiment Melle Merle. C'est réellement une belle personne. Elle doit donc être bon professeur. À moins que ceci ne soit pas un très bon raisonnement...

Chapitre 6

I.

« Pixie, » dit tout bas Maman qui semble craindre d'être entendue, « sans vouloir t'inquiéter, nous voulons simplement te préparer à certaines difficultés. Le zoo veut faire arrêter ton père pour vol. Un dossier l'accusant d'avoir dérobé un de leurs animaux a été constitué. »

Papa la rassure : « Ne t'inquiète pas trop, Pixie ! J'ai rédigé un contre-rapport. Rappelle-toi qu'en tant que président de l'Association Nationale des Vétérinaires, j'ai le droit de venir en aide à un animal en danger ou en détresse. Je pense donc que nous pourrons garder Noûs chez nous jusqu'à ce que ces questions juridiques soient résolues. »

Les lèvres pincées, Maman ajoute : « Écoute, Pixie, je ne suis pas capable de raconter à Noûs ce qui se passe. Elle est déjà assez perturbée. Il y a tout de même certaines choses dont <u>toi</u>, <u>tu</u> dois bien avoir conscience. Le directeur de l'école a promis de la protéger et d'empêcher que du mal lui soit fait tant qu'elle est sur le territoire de l'école. Ailleurs, elle peut donc se trouver en danger. »

« En danger ? » ai-je demandé. « Et de quoi ? »

« Les gens commencent à comprendre qu'elle constitue quelque chose de rare et précieux. Un éditeur lui a proposé un million d'euros si elle accepte d'écrire sa vie. Un directeur de cirque lui a offert deux millions si elle accepte de travailler dans son cirque. L'Université d'Harvard lui a offert une bourse et Hollywood lui propose un rôle de star dans un film. Tout cet intérêt prouve qu'elle pourrait parfois être en danger à cause de gens qui ne sont pas animés à son égard de bonnes intentions. »

Je retourne dans ma chambre. Mon amie, cette célébrité, dort à poings fermés.

Les choses deviennent vraiment très, très compliquées.

II.

C'est jeudi, jour d'une nouvelle séance de philo...

Melle Merle, occupée avec un groupe de jeunes enfants à la bibliothèque, n'est pas présente.

Maman prend la parole : « La fois dernière, nous avons parlé de choses qui jouent un rôle important dans la prise de décision morale. En avez-vous d'autres à proposer aujourd'hui ? » Et tout en parlant, elle écrit au tableau la liste de nos propositions de l'autre jour.

Je propose « <u>intentions</u> ». Maman m'en demande la raison : j'explique qu'on peut faire quelque chose de mal sans être pour autant condamnable si l'on peut prouver qu'on n'avait pas d'intention mauvaise. Elle ajoute *intentions* à la liste.

Willa Mae demande alors : « Eh bien, si cela est <u>vrai</u>, qu'en est-il des <u>conséquences</u> ? Je veux dire qu'il arrive souvent que quelqu'un fasse une chose qui semble inoffensive alors que toutes sortes de choses mauvaises en résultent. Ou bien, une personne peut faire quelque chose que des tas de gens estiment mauvais mais dont les conséquences sont bénéfiques pour tout le monde. »

Maman ajoute alors à la liste le mot *conséquences*. Comme personne n'a d'autre proposition, elle demande : « Comment allons-nous procéder pour discuter de tout ceci ? »

Jenny suggère : « Pourquoi ne pas nous répartir en groupes ? Chaque groupe discuterait de trois propositions. » Cela s'est révélé plus compliqué qu'il n'y paraissait à première vue. Certains voulaient parler de choses qu'ils n'avaient pas proposées alors que d'autres ne voulaient pas parler de choses qu'ils avaient proposées. Une autre difficulté fut de décider dans quel ordre on discuterait des sujets. Maman restait calme et, finalement, nous sommes arrivés à un ensemble de groupes et de sujets de discussion ressemblant à ceci :

Groupe 1, Neil, Geraldo, Isabel, Rusty : émotions, vertus et vices, caractère.
Groupe 2, Chita, Robert, Pixie, Jenny : intentions, raisonnement, imagination.
Groupe 3, Tommy, Willa Mae, Brian, Kate : alternatives, jugement, conséquences.

Glissant alors bruyamment nos chaises sur le sol pour former trois groupes, nous nous sommes mis à discuter. Les résultats de nos discussions seront communiqués à la prochaine séance.

III.

Jusqu'à présent, Noûs a été déconcertée au point d'être incapable de mettre sa perplexité sous forme de questions. Toutefois, en rentrant de l'école avec moi, elle me questionne sur tout. Et si je ne donne pas directement une raison, elle me regarde comme s'il pouvait ne pas y avoir de raison. « Pourquoi a-t-on besoin d'éducation ? » – « Pourquoi utilise-t-on l'éclairage électrique ? » – « Pourquoi vider, son assiette ? » Elle ne prend rien comme allant de soi. On dirait qu'elle veut savoir, à tout propos, pourquoi c'est ainsi et pas autrement.

Elle a aussi un tas de questions à propos de la façon dont fonctionnent les choses. Elle vient de découvrir l'appareil de TV et je n'arrive pas à l'en écarter. Comme elle est convaincue qu'il s'agit d'une boîte contenant un monde de petits humains et animaux qui agissent, dansent et chantent, elle va tout le temps derrière pour tenter de trouver la porte qui leur permet d'entrer et de sortir.

Quand j'ai eu fini d'essayer de lui expliquer son fonctionnement, elle a voulu en connaître l'utilité. « Elle sert tout simplement à nous distraire », lui ai-je répondu. Ce n'était pas assez : elle voulait savoir pourquoi nous ressentons ce besoin de distraction.

Elle s'en est expliquée : « Là d'où nous venons, nous, les girafes, n'avons jamais besoin de distractions. La vie est toujours amusante. Ce n'est que quand on nous met dans des zoos que nous nous ennuyons. » Elle fronce les sourcils, ce qu'elle a appris à faire en observant Maman donner cours et elle ajoute : « Pour en revenir aux raisons, je suis sûre qu'il y a une raison pour tout ce qui arrive. Si les choses ont un but, c'est cela leur raison. Par exemple, si les arbres existent, c'est pour donner de l'ombre et pour fournir des feuilles à manger aux girafes. S'il y a des lignes sur le melon, c'est pour montrer comment le découper en portions équitables. Et la raison pour laquelle vous, les humains, avez un nez, c'est pour avoir de quoi faire reposer vos lunettes. »

« Ah ! » me suis-je exclamée pensant que Noûs était une farceuse, « je comprends maintenant pourquoi les océans ont des vagues sur leurs rivages : c'est pour garder les plages propres ! Et maintenant aussi je comprends pourquoi le soleil se lève chaque matin : c'est pour nous donner la lumière ! Et le soir tombe afin de permettre aux gens de mieux dormir ! Comme tu as raison, tout a sa raison ! » Je ne me rends pas compte que Noûs prend au sérieux tout ce que je dis.

Miranda, restée dans l'entrebâillement de la porte, avait écouté notre conversation. Noûs remarquant que Miranda a l'air un peu bizarre, lui demande : « Tu vas bien, Miranda ? » Cette dernière s'en va, se contentant de hocher la tête.

En regardant par la fenêtre, je vois une foule de gens massés dans l'allée. Ils espèrent sans doute pouvoir apercevoir Noûs. Je grommelle : « Ils n'ont vraiment rien d'autre à faire. »

Je comprends que dorénavant nous allons être assaillis par une foule de curieux. Tout le monde estime avoir une bonne raison pour envahir notre espace privé. Je vois maintenant ce que doit être la vie dans un zoo.

IV.

Noûs a été malade cette nuit : mal de tête et vertiges. J'essaie de plaisanter avec elle : « Si ma tête était aussi loin du sol que la tienne, moi aussi j'aurais le vertige. » Même si elle s'efforce de sourire, cela ne l'aide pourtant pas beaucoup.

Nous savons ce qui la perturbe : ce sont les menaces qui arrivent par courrier. Pourquoi les gens ne peuvent-ils s'occuper de leurs affaires ?

Je suppose, sans en être sûre, qu'elle a d'autres raisons d'être énervée. Elle demande : « Est-ce bien jeudi aujourd'hui ? » À ma réponse affirmative, elle me demande : « Aurons-nous philosophie ? » Je lui réponds que oui.

Elle se tait un moment, roulée en boule sur le sol, sa tête reposant sur son dos.

Puis elle me dit : « Pixie, pourquoi n'ai-je pas été mise dans un des groupes ? »

M'exclamant : « Oh Noûs ! Je ne m'en étais pas rendu compte ! »

« Ta mère aurait-elle pu penser que je n'étais pas assez intelligente pour discuter de ces questions ? »

« Non, Noûs, ce n'est pas cela ! » lui ai-je répondu en lui caressant l'oreille. « Je ne sais vraiment pas ce que nous avons pensé ! Peut-être nous sommes-nous dit que tu préférais regarder plutôt que te joindre à notre discussion. » Je me sentais très mal à l'idée que Noûs puisse croire qu'elle avait été traitée injustement.

« Noûs », lui dis-je très doucement, « personne n'a eu l'intention de t'ignorer. Je t'en prie, excuse-nous. » Puis j'ai ajouté : « Nous ne sommes que des humains, tu sais. Je me dis parfois que nous sommes même <u>trop</u> humains. »

Relevant un peu la tête, elle dit : « J'imagine bien, Pixie, que personne n'a voulu me blesser. » Et posant sa tête sur mon épaule : « C'est juste que je crains que le cours de philosophie suive inlassablement son cours sans qu'aucun problème ne soit résolu, alors qu'entre-temps je dois prendre cette décision terriblement importante et que je ne sais pas comment faire. »

« Pourquoi ne nous laisses-tu pas t'aider ? »

« Pixie, c'est un problème auquel je dois réfléchir moi-même. Je dois me faire ma propre idée. Et j'ai l'impression étrange d'être seule dans ceci : je ne peux compter sur personne alors que chacun compte sur moi. »

« Tu as pourtant déjà pris une décision importante quand tu as été d'accord pour quitter le zoo », lui ai-je fait remarquer.

« C'est vrai ! » dit-elle, « mais, à ce moment-là, je n'avais pas <u>réfléchi</u>. Maintenant, je veux pouvoir raisonner. Je veux pouvoir faire ce qu'il faut, au bon moment, au bon endroit. Le problème, c'est que le temps passe pour moi et que je dois prendre ma décision d'ici un jour ou deux alors que le cours de philo progresse avec une telle lenteur… »

« Je sais : la philosophie prend un temps fou. Tu as raison. »

« Pixie, je sais que nous devons partir à l'école mais redis-moi : que faisons-nous dans ce cours et à quoi sert-il ? »

Je lui réponds : « Je pense que ce que Maman a en tête, c'est que nous devrions passer en revue les considérations importantes à envisager lorsque nous avons à résoudre un problème moral. Elle ne pense sûrement pas que, dans le court laps de temps dont nous disposons, nous puissions faire beaucoup plus. »

Noûs s'exclame alors : « Il ne reste que le cours d'aujourd'hui ! J'ai une date limite. Comment pouvons-nous envisager en aussi peu de temps tout ce qu'il y a à prendre en considération ? »

« Pas tout », ai-je essayé de lui dire doucement. « Pas tout. Simplement le plus important. » En même temps, je me disais : « Elle sait ! Elle est bien consciente que nous ne pouvons l'aider. Bien sûr, elle peut nous demander notre avis mais <u>nous</u>, que savons-nous ? Tout ce que nous pouvons faire, c'est l'aider à comprendre ce qu'elle a à affronter. Et comment pouvons-nous le faire si nous ne savons pas en quoi consiste la décision qu'elle doit prendre ? »

La foule de gens étonnés, silencieux, qui défilent dans la rue chaque jour devient de plus en plus nombreuse. Je vois avec plaisir que Noûs garde la tête haute sur tout le chemin de l'école. Et en classe, je peux voir à quel point elle se sent beaucoup plus heureuse entourée des élèves qui portent tous le T-shirt brun et blanc la représentant qu'ils se sont fait faire.

Soudainement, une chose me frappe : Maman sait-elle que Mlle Merle nous a déjà donné un cours d'éducation morale ? Mlle Merle pense-t-elle que Maman s'apprête à occuper le même terrain ? Si c'est le cas, ce ne sera pas la faute de l'enseignante : elle était la première ! Mais tout de même, qui peut le plus aider Noûs : Maman ou Mlle Merle ?

Encore une chose : tous, moi y compris, mourons d'envie de savoir quelle est cette grande décision qu'elle doit prendre. Je leur dis que c'est une chose privée, personnelle. Combien de temps pourrai-je les empêcher d'importuner Noûs à ce propos ?

Chapitre 7

I.

Maman sait que nous sommes à court de temps pour Noûs. Je ne sais pas comment, mais elle le sait. Je suis contente que, cette fois, Melle Merle soit présente au cours aujourd'hui ! Il faut que Maman et elle se parlent.

Maman a frappé dans ses mains, à la militaire : « Alors, allons-y ! Allons ! Le groupe 1, au tableau ! »

Je me sens rougir. « Maman, comment peux-tu… ? » me dis-je.

Neil, Geraldo, Isabel et Rusty se disputent le petit espace entre Maman et le tableau. Ils n'ont pas de place pour s'asseoir. Ils restent donc debout, inconfortables.

Melle Merle arrive. Elle et Maman se mettent dans un coin pour parler et rigoler ensemble. J'aimerais savoir ce qu'elles se disent !

Elles reviennent devant la classe. Maman nous explique comment il se fait que nous avons deux cours d'éducation morale : « Quand on m'a dit que j'allais vous enseigner la philosophie, je n'avais pas l'intention de commencer par l'éthique et je ne savais pas que Melle Merle avait commencé son cours d'éducation morale. Je suis désolée s'il y a eu là une certaine confusion. »

« C'est pareil pour moi », dit Melle Merle en souriant. « Et je suis certaine que les deux approches vont se renforcer mutuellement. »

Brian lève la main, la baisse puis la lève à nouveau. Ensemble, Maman et Melle Merle lui accordent la parole. Doucement, il demande : « S'il existe deux cours différents, avec deux approches différentes, cela veut-il dire qu'il existe deux méthodes pour enseigner l'éducation morale ? »

Melle Merle et Maman se regardent, plutôt embarrassées. Elles se mettent à parler en même temps, toujours souriantes. Melle Merle s'arrête aussitôt tandis que Maman poursuit : « Je suppose que ce que je fais peut s'appeler "faire de la philosophie" ou mieux, de la "recherche éthique". »

« Et moi je suppose que je pourrais appeler ma méthode "instruction morale" » dit Melle Merle. « Elle est très simple. Je choisis cinq qualités à la fois, j'en parle ou je lis des histoires qui les illustrent. Vous souvenez-vous des qualités du premier groupe de l'autre jour ? »

Nous crions à la cantonade : « Compassion. Responsabilité. Courage. Honnêteté. Loyauté. »

Melle Merle écrit ces mots au tableau en lettres majuscules.

« Voilà cinq valeurs importantes », dit Maman, s'adressant aussi bien à nous qu'à Melle Merle. Et, à Melle Merle : « Comment instruisez-vous les enfants de cela ? »

Avec un petit sourire, l'enseignante répond : « Rien qu'à savoir ce que sont ces valeurs nous rend meilleurs. »

Nous ne disons rien. Même pas ceux qui estiment que ce que les gens pensent à propos du bien et du mal devrait se fonder sur des tonnes de discussions.

Mlle Merle ajoute : « La méthode d'instruction comporte des règles, des habitudes et un entraînement. » Se tournant alors vers les quatre élèves au tableau : « Pourriez-vous d'abord nous dire le rôle des <u>règles</u> dans l'éducation morale ? Neil, par exemple. »

Neil, qui s'embrouille un peu puis se remet : « Il existe une règle pour toute situation. Par exemple, elle est souvent sous la forme d'une maxime. Ce que je veux dire, c'est que, si en faisant mon travail à toute vitesse, je fais plein de fautes, je me dirai : "Rien ne sert de courir, il faut partir à point." Par contre, si je trouve que je dois me presser, je me dirai : "Le monde appartient à ceux qui se lèvent tôt." »

Brian l'interrompt : « Comment savoir quelle valeur mettre en tête ? Par exemple, il pourrait y avoir conflit entre courage et loyauté. Comment savoir lequel est plus important ? »

Neil répond par un haussement d'épaules.

Melle Merle : « On peut le déduire d'une situation. Supposons que vous soyez en situation dangereuse et que vous ayez peur : il est clair que la qualité dont vous avez besoin, c'est le <u>courage</u>. C'est là qu'une instruction morale préalable peut être utile. Une fois que je vous aurai expliqué ce qu'est le courage, vous pouvez être courageux en dépit de votre peur. Voyez les pompiers, bien qu'ils aient peur ils sont courageux.

Isabel proteste : « Melle Merle, je ne pense vraiment pas que les pompiers deviennent courageux parce qu'on leur a expliqué ce qu'est le courage. »

Melle Merle lui répond : « Voilà pourquoi il faut installer des habitudes. Au début, les pompiers peuvent ne pas être courageux, mais j'ai appris qu'une fois qu'ils sont habitués à lutter contre le feu et que s'est installé un quasi-réflexe, ils cessent d'avoir peur. Ils ont fait du courage une règle, une routine. »

Geraldo : « C'est aussi ce que me dit ma mère, Mademoiselle : "Si tu fais tes tâches ménagères machinalement, sans y penser, tu ne te plaindras plus de devoir les faire." Mais aujourd'hui, en voyant ce qui se passe dans l'incinérateur de notre immeuble, on aurait peur d'y porter nos poubelles. Je le fais chaque jour et chaque jour ça me fait peur. Que ce soit routinier ne fait aucune différence. »

Mlle Merle : « Peut-être n'est-ce pas le meilleur exemple. C'est ici qu'intervient l'entraînement. Entraîner les élèves à devenir moraux, c'est comme les entraîner à faire de l'arithmétique. C'est une question d'étude et de drill. »

Arrive un moment de silence. Je pense que tous regrettent qu'il y ait si peu de discussions au cours d'éducation morale de Mlle Merle. Comment peut-on croire ce qu'on nous dit si nous ne pouvons en vérifier les raisons et les preuves ? J'adore Mlle Merle. Les autres aussi je pense. C'est simplement que, dans cette classe, elle semble avoir peur de nous laisser discuter.

Tout à coup, Noûs remue opiniâtrement son sabot dans l'air. Mlle Merle lève la tête vers elle qui, même assise, nous dépasse tous et lui donne la parole.

Noûs : « Par certains côtés, cette liste des cinq valeurs morales peut m'aider à prendre ma décision et, par d'autres, elle ne le peut pas. Quand je pense aux autres girafes, certaines de vos recommandations, comme la <u>compassion</u>, la <u>responsabilité</u> et la <u>loyauté</u> me semblent être des obligations dont je dois tenir compte. Toutefois, il y a en plus d'autres obligations que j'ai envers la famille de Pixie et mes camarades de classe. Ces cinq qualités ne semblent donc pas pouvoir m'aider à voir clair dans ma tête. »

On fait une interruption.

Noûs se tourne alors vers Brian : « Brian, t'es-tu déjà demandé ce que tu deviendras comme adulte ? »

Brian fait un signe de tête affirmatif : « Oui, souvent. »

« Et es-tu arrivé à des conclusions ? »

« Je pense que j'aimerais devenir enseignant. »

J'ai d'abord pensé que Brian et Noûs blaguaient pour comprendre ensuite que ce n'était pas le cas. Ils étaient très sérieux.

C'est lui qui reprend la parole : « Du fait de ce par quoi je suis passé. Cette pensée m'obsède. Il y a d'autres voix qui ont été étouffées comme l'a été la mienne. Je dois essayer de les aider. »

Du coin de l'œil, je vois Noûs qui épie très discrètement le visage de Brian.

Melle Merle, revenue depuis quelques instants, s'adresse à Maman : « Si vous voulez, vous pouvez avoir demain une séance supplémentaire. » Maman la remercie.

II.

Je vais vous raconter une chose qui s'est passée et que vous devez entendre. Tard dans l'après-midi, alors que nous étions tous rentrés de l'école, nous avons découvert que Tante Marie nous avait une nouvelle fois rendu visite. Elle nous avait laissé des cadeaux, un pour Miranda et un pour moi.

J'ai immédiatement ouvert le mien. C'était un bateau à moteur, tout à fait idéal pour naviguer dans notre baignoire. J'ai appelé Noûs : « Noûs, aimerais-tu me voir piloter mon bateau ? »

Elle est arrivée en courant. Nous avons essayé de remplir la baignoire mais l'eau continuait à couler d'un petit espace juste sous le bouchon. « Je sais ce que je vais faire, » dis-je. « Je vais boucher ce petit trou avec une serviette. » J'ai ainsi pu remplir la baignoire.

Au lieu de faire attention au niveau d'eau, j'ai dû répondre à quelques questions de Noûs à propos de Mlle Merle. Entre-temps, la baignoire avait débordé et l'eau couvrait le sol de la salle de bains.

Tandis que Noûs et moi la ramassions avec des serviettes, un hurlement nous est parvenu d'en bas : « Il pleut dans la cuisine ! » C'était Miranda : l'eau dégoulinait.

Miranda a grimpé l'escalier à toute vitesse en hurlant. Ses grosses chaussures faisaient sur les marches le bruit rythmé d'un cheval d'attelage. Je l'attendais à la porte de la salle de bain : « Tout est sous contrôle, Miranda, » lui ai-je dit calmement. J'avais gardé tout mon sang-froid !

Elle m'a repoussée d'une main comme quelqu'un qui repousse un chat assis sur ses genoux. « N'as-tu pas assez de tête pour fermer le robinet ? » a-t-elle hurlé.

Une chose pareille ne nous était évidemment encore jamais arrivée. Tout de même, je n'allais pas accepter cela de la part de ma sœur. Je lui ai dit le plus innocemment possible : « Nous savons bien, Miranda ! Que crois-tu, que nous sommes stupides ou quoi ? »

Entre-temps, Miranda a fermé le robinet et enlevé le bouchon de la baignoire. Je lui hurle : « Qu'est-ce que ça fait que nous n'ayons pas fermé le robinet ? Nous avons tout de même épongé l'eau avec nos serviettes, non ? »

Je jette un regard vers Noûs. Elle secoue la tête vers moi, pour me signifier que j'en ai dit assez.

Miranda quitte la salle de bains et descend. Soudain, nous entendons un nouveau hurlement. « Qu'y a-t-il encore ? » dis-je à Noûs. Et on entend à nouveau les pieds de plomb dans l'escalier. Miranda reparaît tenant dans la main une boîte de biscuits. Bon, c'était une boîte de biscuits.

C'étaient sûrement les biscuits apportés en cadeau à Miranda par la tante Marie. Elle avait ouvert la boîte et l'avait posée sur le comptoir de la cuisine, là où l'eau avait dégouliné.

Noûs s'étonne du comportement de Miranda. Seule Maman a pu la calmer. Noûs me demande tout bas : « Est-ce que toutes les sœurs sont comme ça, Pixie ? » « Non » ai-je répondu en murmurant aussi. « Seulement les sœurs aînées. »

III.

Une fois que nous nous sommes finalement retrouvées seules dans notre chambre, la porte fermée, Noûs m'a demandé : « Pixie, qu'est-ce que Miranda attend de toi ? »

J'ai immédiatement répondu : « Ce qu'elle souhaite, c'est que je dise à tout le monde combien elle est plus intelligente et plus belle que moi et que et Papa et Maman la préfèrent à moi. C'est tout ce qu'elle veut. Rien de plus. »

« Et toi, qu'attends-tu d'elle ? »

« Je veux être invitée à sa première fête de jeune fille. »

« Quand doit-elle avoir lieu ? »

« Dans six mois. Elle est déjà en train de l'organiser. Avec ses amis. »

« Donc, si tu la flattes, elle t'invitera. »

« C'est certain. »

Noûs soupire avant de me demander : « Pixie, que préfères-tu comme friandises ? »

« Les friskos. »

« Alors, Pixie, suppose qu'en entrant dans le magasin de crème glacée, il n'y ait plus ces barres que tu aimes. Ne vois-tu pas que tu n'aurais pas de glace, mais que tu aurais encore ton argent ? »

Je proteste : « Je ne te suis pas. »

Elle m'explique : « Si tu cesses de vouloir aller à la fête de Miranda, tu ne devras pas la flatter. Tu ne pourras y assister mais tu auras gardé ton intégrité. »

Tout en regardant ses longs cils, ses longues oreilles, son long cou, ses grands yeux, je me laisse imprégner de ses paroles. Puis je lui dis : « Quelle <u>belle</u> idée, Noûs ! Personne ne nous apprend des choses pareilles à l'école ! Noûs, tu es un vrai professeur d'éducation morale ! Cela m'en fait trois ! »

Noûs fait dans sa gorge un bruit doux, une sorte de gloussement. Elle prononce calmement ces mots, à moitié pour moi et à moitié pour elle-même : « Les autres girafes me disent qu'il ne me reste que quelques heures pour prendre ma décision. »

Je tente de la rassurer : « Mais Noûs, elles ne peuvent rien te faire. Comment le pourraient-elles ? »

« Elles peuvent me faire rester loin d'elles », murmure-t-elle. « Pour une girafe, c'est une grande punition. »

Je lui dis : « Essaie de dormir ! »

« J'essaie, j'essaie », m'a-t-elle répondu.

IV.

En bas, le téléphone sonne. J'arrive à temps pour entendre Maman dire à Brian que je dors. Je proteste : « Maman ! C'est peut-être <u>important</u> ! Laisse-moi lui parler et voir de quoi il s'agit ! »

Maman me passe le téléphone d'un air mécontent : « Nous pouvons parler à Brian chacune à notre tour. » « Brian ! » je hurle. « J'espère que tu as une bonne excuse pour appeler aussi tard ! »

Brian rit. « Pixie, c'est vraiment à ta mère que je voulais parler mais j'ai perdu mon sang-froid. Comme dirait Mlle Merle : j'ai manqué de <u>courage</u>. Quoi qu'il en soit, je voulais lui parler de la liste des cinq valeurs morales de Mlle Merle. C'est donc à toi que je vais dire ce que j'en pense et tu le lui diras <u>toi-même</u>. »

« Grand merci, Brian ! Par quoi commences-tu ? » ai-je bougonné.

« Premièrement, il n'y a rien de faux dans cette liste. Mais il y a des dizaines et des dizaines d'autres valeurs tout aussi importantes. Comme les caractéristiques de quelqu'un qui pense bien. »

« Nous sommes tous d'accord sur ce que sont les qualités. Quoi d'autre ? »

Brian répond : « Ce qu'il y a d'autre, c'est que, comme je l'ai dit en classe ce matin, notre professeur ne nous a pas donné de méthode pour nous <u>décider</u>, pour choisir <u>parmi</u> les valeurs rivales. »

Maman m'ôte alors doucement le téléphone de la main et me renvoie au lit. Arrivée au milieu de l'escalier, je me retourne et la vois en grande conversation avec Brian. Je capte une de ses phrases : « Moi aussi je souhaite une éducation morale à l'école, mais je suis d'accord avec toi, je ne voudrais pas qu'elle me soit prêchée. » Je pense que je commence à comprendre certains des problèmes de l'enseignement et de l'étude d'un cours d'éducation morale.

Noûs est encore éveillée. Je lui dis tout bas : « Mlle Merle ne cesse de nous dire qu'il est important que nous soyons responsables. Pourtant, cela ne veut-il pas dire que nous devrions partager la responsabilité de notre éducation morale ? Et cela ne signifie-t-il pas que c'est l'approche de Maman qui a le plus de chances de faire de nous des gens responsables ? »

Noûs me répond : « Voilà comment je vois ça, Pixie. Nous sommes bien d'accord avec la liste de Mlle Merle. En réalité, elle peut nous donner encore bien plus et nous n'aurons pas davantage de problèmes. Pourtant, quelles sont les qualités morales nécessaires dans une situation donnée est une question de <u>jugement</u>. Nous avons à envisager les circonstances et à décider lesquelles sont les plus appropriées en fonction de la situation. C'est pourquoi la méthode de recherche est préférable à la méthode instructive. »

Noûs est toujours bien éveillée. Elle me promet : « Nous discuterons de tout cela demain, Pixie. »

C'est marrant. Elle me donne presque l'impression d'être un de mes parents.

Chapitre 8

I.

Nous voici à nouveau en classe. Geraldo lève la main : « J'ai oublié », dit-il en faisant une sorte de grimace. « Que sommes-nous censés faire aujourd'hui ? »

Maman le regarde d'un air impatient. « Hier, » explique-t-elle, « Mlle Merle nous a parlé d'un ensemble de cinq valeurs morales que nous aimerions vous voir adopter et elle nous a aussi parlé de la méthode utilisée pour vous les approprier. Melle Merle fait un signe de tête approbatif.

« D'accord, » poursuit Geraldo, « mais alors, qu'allons-nous faire aujourd'hui ? »

Maman intervient : « L'autre jour, vous avez relevé un certain nombre de choses que vous trouviez importantes à utiliser au cas où il vous faudrait avoir à prendre une décision morale. Certaines consistaient en vertus, celles de la liste de Melle Merle notamment ; d'autres en procédures, comme le raisonnement et le jugement ; d'autres encore étaient des composants de la recherche éthique, comme les intentions et les conséquences. »

Kate proteste : « Je ne vois pas comment devenir moralement éduquée en parlant tout simplement des ingrédients de la recherche éthique. »

Robert, le visage crispé, intervient : « Ce sont les choses que nous devons prendre en considération quand nous essayons de décider comment vivre, Kate. Nous avons à envisager les circonstances particulières parce qu'il s'agit de notre vie et pas de celle de quelqu'un d'autre. Nous devons envisager les composants de la recherche éthique tout comme quand on apprend à conduire on doit envisager les parties de la voiture : ses roues, son moteur, ses freins, ainsi que les circonstances du trajet, si c'est en ville ou dans le désert qu'on conduit. »

« Commençons », dit Maman.

Isabel est la première à prendre la parole, de sa voix chaude et légèrement rauque : « Émotions ! Un composant de la recherche éthique et des circonstances de la vie d'une personne. Pratiquement tous nos actes débutent par du ressenti. Si nous nous sentons hostiles, nos actes le refléteront. Si nous nous sentons bons, nous agirons bien. Les émotions se transforment souvent en actes. De bonnes émotions génèrent des actes moraux. »

Geraldo : « Ce n'est pas aussi simple, Isabel. Ce serait peut-être mieux de dire que nos émotions influencent nos choix et que ce sont ces derniers qui nous conduisent à agir d'une certaine façon. De bons choix mènent à des actions morales. »

Isabel : « J'aimerais ajouter que nos émotions nous mettent en relation avec notre environnement et que nos sentiments nous mettent en relation avec notre corps. Ce que je veux dire, c'est que s'il y a un horrible monstre dans le monde, nous avons peur, ce qui est une émotion ; notre peur entre alors en contact avec le monstre et nous met en relation avec lui. »

Rusty intervient : « Pour toi, nos émotions seraient une sorte de radar : elles nous préviennent de ce qui se passe autour de nous. »

Isabel l'approuve : « On pourrait le dire ainsi. Tout ce que je veux dire, c'est que, comme moyens de voir les choses, nos émotions importent autant que nos yeux. Elles nous <u>relient</u> au monde. Je veux dire que dès qu'on se soucie d'une personne, d'un lieu ou d'une chose, on a une relation avec cette personne, ce lieu ou cette chose, une sorte d'empathie. » Isabel rougit et s'arrête de parler. Elle semble éviter de regarder Robert.

Maman : « Merci Isabel. Avançons ! Allons, au présentateur suivant ! » Et elle claque dans ses mains.

Je me dis : « Oh Maman ! Dois-tu vraiment ? » Elle peut être tellement embarrassante ! Et malgré tout, j'ai l'impression que je dois l'excuser parce qu'elle fait ça pour Noûs dont la situation est tellement urgente !

Geraldo : « Je suppose que je pourrais passer maintenant. <u>Les vertus et les vices</u>. Les composants. Il s'agit là de forces et de faiblesses que tout le monde possède. Par exemple, si j'ai un ami blessé dans un accident, c'est une qualité de ma part de lui montrer de la <u>compassion</u>. Pour un professeur qui nous met des notes, c'est une qualité de sa part d'être <u>équitable</u>. S'il/elle me donne une mauvaise note, je dois avoir le <u>courage</u> de la ramener à la maison et le courage est une valeur/qualité morale. Et si je pense que nous tous, les élèves, devrions essayer de nous souder ensemble dans une communauté, je dis que nous devrions avoir comme qualité la <u>loyauté</u> les uns envers les autres. Vous voyez ainsi que la liste de Melle Merle des vertus prend du sens. »

Neil interpelle Geraldo : « Ne pourrais-tu nous en dire plus sur le moyen de mieux distinguer les vices et les vertus ? »

Geraldo : « C'est vrai. J'avais l'intention d'en dire un mot. En fait, dans certains cas, les vertus se situent entre deux extrêmes, entre deux travers. Voyez par exemple des vertus comme la <u>bravoure</u> et la <u>générosité</u>. La bravoure se situe entre la <u>couardise</u> qui est faible et <u>la témérité</u> qui est exagérée, comme la générosité se situe entre <u>l'avarice</u> et la <u>prodigalité</u>.

Isabel intervient : « Je suppose que des cas comme ceux-là où une vertu se situe entre deux extrêmes, deux travers ou vices, existent bel et bien. Toutefois, ce que je pense, c'est que ce qu'on a en général, ce sont des vertus et des vices en opposition. C'est ainsi qu'on a <u>l'honnêteté</u> et la <u>malhonnêteté</u>, le <u>respect</u> et <u>l'irrespect</u>. On a chaque fois deux choses seulement, pas trois. »

Maman l'interrompt : « Ça devrait suffire comme exemples, Isabel. »

Geraldo indique qu'il n'est pas arrivé au bout de son idée. Et, s'adressant à la classe : « Souvenez-vous que j'ai dit que les vertus et les vices sont comme des forces et des faiblesses. Je voudrais m'en expliquer davantage. Posséder une force, c'est être capable d'agir d'une certaine manière et y être prêt(e). Prenons l'exemple d'une personne qui court : on peut parler de sa <u>rapidité</u>, voulant dire par là qu'elle a la force de courir vite et y est préparée. De la même manière, si nous pensons qu'une personne est <u>compréhensive</u>, nous voulons dire qu'elle est prête à faire ce qu'il faut dans une situation qui requiert la compréhension, qu'elle le veut et en est capable. Nos vertus et nos vices sont les caractéristiques qui nous rendent prêts à agir moralement ou immoralement. »

« Combien penses-tu qu'une personne peut avoir de vertus ? » demande Neil.

« Qui le sait ? » répond Geraldo. « Peut-être des centaines. Peut-être n'y a-t-il pas moyen de les compter. »

Maman intervient : « Je pense que nous ferions mieux de passer au <u>caractère</u>. »

Rusty s'avance pour déclarer : « Pour moi, le caractère général d'une personne (son caractère moral si vous préférez), c'est son <u>schéma</u> général de vertus et de vices. On peut penser à une sorte de bulletin ; je pense au rapport qui donne votre profil de vos forces et de vos faiblesses lorsqu'il s'agit d'étude. Votre qualité morale est le profil de vos vertus et de vos vices lorsqu'il s'agit de votre moralité. »

Maman commente : « Je me demande si l'un d'entre vous peut penser à une meilleure analogie. »

Isabel : « Je me lance pour en tester une autre. Je voudrais comparer le caractère moral d'une personne au pilotage automatique d'un avion. Tout comme l'équipage d'un avion laisse le pilote automatique exécuter la part routinière du vol, une personne au caractère moral permettra que son caractère traite automatiquement les situations morales routinières. Par contre, pour les décollages et les atterrissages, où une expertise particulière est requise, il n'existe pas de substitut de pilotes réels. De même, notre caractère n'étant pas assez fort ni assez fin dans des situations morales particulières, nous devons nous fier à notre <u>jugement</u>. »

Rusty ajoute : « Tu as raison, Isabel. Le caractère est important. La plupart du temps, c'est juste par <u>habitude</u>

que nous agissons, c'est-à-dire sans réfléchir et, dans ces cas, c'est une chance si nous avons un caractère auquel nous pouvons nous fier. »

Isabel réagit immédiatement : « Il me semble que chaque fois que l'on agit par habitude, sans réfléchir ou automatiquement, on prend un risque. Et c'est peut-être moins risqué que de toujours se fier à son jugement. »

Neil, Geraldo, Isabel et Rusty regagnent leur place. C'est ainsi que se termine le cours de philo de ce jour. Noûs me regarde d'un air implorant. Deux grosses larmes perlent à ses cils. « Pixie » me supplie-t-elle, « nous devons terminer cela aujourd'hui. On me l'a dit. Je ne peux plus reporter plus longtemps ma décision. »

Juste à ce moment-là, comme si elle avait entendu Noûs me parler, Maman annonce : « Nous allons faire une interruption de quelques minutes, après quoi nous passerons au groupe 2. Melle Merle nous laisse poursuivre le cours jusqu'à ce que notre travail soit achevé. »

Noûs jette un regard reconnaissant à Melle Merle et à Maman, puis à moi.

II.

Pendant la pause, nous restons groupés à parler de choses et d'autres. Comme d'habitude, Noûs est entourée d'élèves qui veulent lui poser des questions. Ce sont souvent les mêmes qui lui ont déjà été posées maintes fois mais auxquelles elle répond toujours avec grande patience.

J'ai l'impression qu'elle a grandi depuis son arrivée il y a quelques jours. Est-ce dans mon imagination ou est-ce réel ? Je pense qu'elle sait que sa croissance est plus rapide que la nôtre et qu'elle sera bientôt une girafe adulte.

Chapitre 8

Chita, Jenny, Robert et moi prenons place devant la classe. Nous sommes quatre pour trois sujets et nous nous sommes mis d'accord pour que Chita passe la première, Jenny la deuxième et moi la troisième, tandis que Robert va nous aider.

Chita se lance donc : « Les intentions aussi sont des composants de la recherche morale. Pixie nous en a dit un mot l'autre jour. Ainsi, celui ou celle qui s'apprête à commettre un délit doit toujours être à même de prouver qu'il ou elle n'en avait pas l'intention, de sorte que le juge puisse facilement l'acquitter. Même si vous êtes pris en train de dévaliser une banque, vous devez essayer de prouver que vous n'aviez pas l'intention de violer la loi. Donc, quand il s'agit de mal agir, ce qu'il faut prouver, c'est qu'on n'en avait pas l'intention. »

Robert lui pose une question : « Et s'il s'agit de bien agir ? »

« Oh ! » répond doucement Chita. « Dans ce cas, il faut être prêt à montrer que telle était <u>précisément</u> votre intention. En tout cas, il faut au moins essayer de prouver qu'on ne voulait de mal à personne. »

La discussion à propos des intentions se termine. C'est au tour de Jenny : « Le <u>raisonnement</u> ! En particulier, le raisonnement moral. C'est une autre procédure de recherche morale. Je dois reconnaître que je n'y comprends rien, même après en avoir discuté avec Brian. »

Maman interroge Brian qui répond : « Je suppose que ce qui importe le plus dans le raisonnement, c'est qu'il s'efforce de découvrir exactement quand une chose <u>découle</u> d'une autre. Prenons cet exemple : S'il est vrai que tous les chats ont d'abord été des chatons et si nous savons que Félix est un chat, ne s'ensuit-il pas que Félix a été un jour un chaton ? »

À ce moment-là, Jenny revient dans la conversation : « Voilà ! Je me souviens maintenant ! » s'exclame-t-elle. « Ce que Brian vient de nous donner, c'est un exemple de raisonnement mais pas de raisonnement <u>moral</u>. Pour qu'il s'agisse d'un raisonnement <u>moral</u>, il doit concerner le bien et le mal, le juste et l'injuste. Suppose qu'on considère comme moralement mauvais de braquer une banque. Considérez deux braqueurs de banque, il s'ensuit qu'ils sont immoraux. »

Brian lui répond : « Oui, Jenny, mais si, dans ton raisonnement, tu étais partie d'une supposition différente, tu serais arrivée à une conclusion différente. Par exemple, si tu avais commencé par dire que braquer une banque est moralement juste, ta conclusion aurait été que ces braqueurs sont des gens vertueux. Donc, le raisonnement devient un raisonnement moral lorsqu'on a la liberté de partir de présupposés différents. »

Finalement, c'est à moi de parler de l'imagination comme procédure. <u>L'imagination morale</u>. Je parle de l'importance qu'il y a à pouvoir s'imaginer à la place de quelqu'un d'autre de façon à avoir le même ressenti. Je parle de l'importance qu'il y a à imaginer des manières différentes de résoudre un problème moral. Je parle de l'importance qu'il y a à imaginer ce qu'il se passerait (quelles seraient les conséquences) de chacune de ces alternatives. Et je termine en disant à quel point nos vies seraient excitantes si nous pouvions y mettre l'imagination que nous mettons dans une histoire que nous lisons ou écrivons et que nous faisons vivre.

Chapitre 8

Je viens à peine de commencer à parler de comment l'imagination nous permet d'explorer le possible quand Neil me coupe en disant : « D'accord, Pixie ! Ça suffit maintenant ! » IMAGINE ! Juste au moment où je commençais à m'échauffer !

III.

Pendant la seconde interruption, qui dure beaucoup plus longtemps que prévu, le bruit court qu'un homme armé d'un fusil vient d'être arrêté en dehors de l'école : il menaçait de tuer Noûs. Il s'avère que ce n'était qu'une rumeur, une blague imaginée par un mauvais plaisant. Tout de même, nous redevenons sérieux quand le moment est arrivé de retourner à une autre session pour entendre le groupe 3.

Willa Mae commence : « Je veux vous parler de l'importance des <u>alternatives</u>. Ce sont des composants de la recherche morale. Face à un problème, je me demande quelles sont les diverses manières de le résoudre. Chacune de ces manières est une alternative que je dois étudier. Si nous n'avons qu'une seule possibilité, nous n'avons pas la liberté de choisir ; par contre, si nous en avons plusieurs, nous l'avons. C'est tout ce que j'avais à dire à propos des alternatives. »

Personne n'a rien à ajouter ni à suggérer. Peut-être la rumeur a-t-elle amolli les esprits.

Nous passons alors à Kate qui va nous parler des <u>conséquences</u>. « Les conséquences sont les effets », dit-elle. « Supposons que nous envisagions de faire un changement quelque part et que nous nous demandions si ce changement serait une bonne ou une mauvaise idée. Par exemple, changer les règles du volley-ball. Nous essaierons de voir quelles conséquences cela entraînerait. Si le jeu en est amélioré, le changement aura été une bonne idée. Sinon, il aura été négatif. »

En riant, Noûs réagit : « Kate, je sais ce que tu aimerais changer dans les règles du volley-ball : tu voudrais une règle qui empêche tout joueur d'avoir un cou plus long que 20 cm, non ? »

Kate rit à son tour et dit qu'à elle seule Noûs pourrait, à partir de l'autre côté du filet, battre toute l'équipe.

Tommy s'avance alors pour dire : « Je vois une relation entre alternatives et conséquences. Nous utilisons l'indicateur conséquences pour distinguer les bonnes alternatives des mauvaises. Les bonnes ont en général des conséquences positives et les mauvaises des négatives. Et, bien sûr, les conséquences sont des composantes. »

C'est ainsi qu'ayant fait un survol rapide des huit premiers concepts, nous sommes prêts à aborder le dernier, le jugement.

Brian : « Une décision est une sorte de jugement, tout comme une affirmation ou une question sont des sortes de phrases. En faisant un jugement, nous essayons de prendre en compte les circonstances, c'est-à-dire tout ce qui s'y rapporte. Des tas de fois, des jugements sont guidés par des règles dont nous pensons qu'elles ont à voir avec le cas traité. »

Kate fait une objection : « Brian, ne pourrais-tu être plus clair ? De quelles sortes de règles parles-tu ? »

Brian, semblant surpris par cette intervention, demande à la classe : « Pouvez-vous aider Kate ? Ce qu'elle veut savoir, c'est à quelles sortes de règles ou de principes les gens obéissent quand ils veulent décider que faire. »

Geraldo : « La règle pour beaucoup, c'est "œil pour œil". »

Isabel : « C'est vrai. Mais pour d'autres, c'est "traite les autres comme tu voudrais qu'ils te traitent". »

Robert : « Traitez de façon similaire des cas similaires et différemment des cas différents. »

Jenny : « Essayez de faire ce qu'il y a de mieux pour le plus grand nombre. »

Willa Mae : « Faites ce que vous pouvez pour réduire le mal dans le monde. »

Neil : « Obéissez toujours à vos parents, même s'ils vous disent : "Fais comme je dis et pas comme je fais." »

Rusty : « Fais le bien. »

Kate : « Les gens ne sont pas des choses. Ils ne doivent jamais être utilisés. »

Chita : « Ne faites aucun mal. »

Tommy : « La première règle, c'est : "Occupe-toi de tes affaires !" »

Avant même que j'aie l'occasion de donner mon avis et que je puisse demander que l'on discute de toutes ces propositions, la sirène d'incendie retentit.

Nous nous rangeons comme pour un exercice, sortons dans la cour pour rentrer immédiatement en classe. Il paraît que c'était une fausse alarme mais nous n'en étions pas certains.

Maman n'était plus là et Melle Merle était prête à poursuivre la leçon qu'elle avait prévue.

IV.

C'est le soir. Noûs est déjà endormie. J'enfile ma robe de chambre, je mets mes pantoufles et je descends.

Papa travaille quelques papiers et Maman prend des notes sur sa tablette. Elle lève la tête un instant : « Oui, Pixie ? » Et elle se replonge dans ses notes.

Je commence : « C'est à propos de Noûs, Maman... »

Maman : « Oui. À propos de Noûs. Tout ce dont tous veulent me parler, c'est de Noûs. Et pendant ce temps-là, c'est moi qui dois m'occuper du fait qu'elle ne mange pas comme nous, qu'il faut l'aider à s'habiller et se déshabiller, que personne n'a la moindre idée de ce qu'il convient de lui donner comme éducation ! En outre, si tu me demandes si la philosophie peut répondre à des questions comme celles-là, la réponse est non, elle ne le peut pas ! Pixie, nous ne sommes tout simplement pas préparés à traiter un problème comme Noûs ! »

Je proteste : « Mais Maman, c'est précisément de ça que je voulais te parler. J'ai une idée superbe ! Pourquoi ne l'adopterions-nous pas ? J'aurais ainsi une autre sœur et... »

« Et elle n'aurait nulle part où vivre. Elle n'a pas seulement besoin d'une chambre spéciale, mais de toute une maison ! Comment payerions-nous cela ? »

« C'est l'autre chose dont je voulais te parler, Maman. Tu te souviens de cet éditeur qui a offert une telle somme d'argent pour un livre qui serait intitulé "Mon histoire..." par Noûs ? Alors, pourquoi ne l'aiderions-nous pas à écrire son histoire que nous vendrions ? Cet argent serait utilisé

Chapitre 8

pour acheter tout ce dont elle a besoin. Allons, Maman ! Ne pourrions-nous pas ? »

« Mais Pixie, les gens diraient que tout ce que nous cherchons, c'est à faire de l'argent avec Noûs. »

Tapant du pied, je lui ai répondu : « Mais ce n'est pas vrai, Maman. Et tu le <u>sais</u> bien. » Là-dessus, nous nous sommes embrassées. Puis je lui ai dit : « Quoi qu'il arrive, veux-tu bien me faire juste une faveur ? Ne parle pas à Noûs de tout ceci. Si elle savait tout le trouble qu'elle nous cause, elle… je ne sais pas ce qu'elle ferait ! »

« Je te promets de ne rien lui dire, Pixie. Tout de même, tôt ou tard elle s'en rendra compte elle-même. Elle a sans doute déjà compris. »

« Maman, tu ne m'as pas répondu à propos de son éventuelle adoption. »

« La raison pour laquelle je ne puis te donner une réponse, c'est qu'il y a une infinité de questions à traiter d'abord. Est-elle un humain ou un animal ? Et si d'autres girafes se mettaient à parler et penser comme nous ? Et imagine que cela se passe avec d'autres animaux ! Toutes ces questions ne sont pas futiles : elles sont très sérieuses, au contraire. »

« Sont-elles ce que tu appelles des "questions philosophiques" Maman ? »

Elle me répond en riant : « Oui, c'en sont des exemples. Et maintenant, il est temps pour toi d'aller te coucher. » C'est bon de l'entendre rire.

Mais tout en montant l'escalier, un souvenir me revient d'Isabel marchant main dans la main avec Robert. Je ressens comme un choc ! Isabel, ma meilleure amie, COMMENT A-T-ELLE PU ME FAIRE ÇA ?

Arrivée en haut, mes soucis reviennent. Melle Merle veut nous faire avaler une série de valeurs sans que nous puissions d'abord en discuter. Par ailleurs, nous nous sommes amenés en classe avec plein d'autres valeurs : celles que Maman a appelées ‹composants et procédures de la recherche éthique› qui, même si nous pouvons en discuter et n'avons pas à les accepter sans discussion, restent difficile à appliquer. Je suppose que c'est pourquoi Maman les appelle ‹procédures› parce que nous n'avons pas bien conscience de la façon de procéder <u>sans</u> elles et que nous ne savons pas non plus vraiment comment procéder <u>avec</u> elles.

Il n'en reste pas moins que Noûs a besoin de prendre une décision <u>maintenant</u> et que nous sommes trop polis pour lui demander exactement quel est son problème et si nous pouvons en discuter avec elle. Pauvre Noûs ! Elle ne comprend pas que même si notre méthode est quelque part plus efficace que celle de Melle Merle, elle prend bien plus de temps et nécessite des tas de discussions sans fin. Avons-nous réellement prouvé à Noûs qu'elle devrait accepter nos valeurs ?

Chapitre 9

I.

Il doit être autour de minuit. Pourquoi me suis-je tout à coup réveillée, l'oreille aux aguets ? Voilà que je l'entends de nouveau, un petit bruissement, venant de l'escalier. Puis un murmure étouffé. Et à nouveau, le silence.

Prise d'une grande frayeur, j'aimerais courir vers la chambre de mes parents. Tout de même, tous ces bruits ne viennent-ils pas de mon imagination ? Souvent, on me taquine : « Pixie, tu as trop d'imagination ! »

Mais à nouveau, un craquement de marche, puis plusieurs autres, toujours plus rapprochés. Je m'assieds dans mon lit, les yeux fixés sur la porte ouverte. J'ai pourtant déjà eu la chair de poule pour des films d'horreur mais ici, c'est pire que n'importe quel film d'horreur.

Finalement, ils sont là, à l'entrée de ma chambre : un individu puis un second qui m'envoient leur faisceau de lumière en plein visage. Même quasiment aveuglée, je peux voir qu'ils portent un passe-montagne.

J'en entends d'autres encore. Il y a quelqu'un qui parle à mes parents et à Miranda. En regardant à nouveau les deux qui se trouvent devant moi, je vois qu'ils sont armés d'un fusil.

La pauvre Noûs est trop effrayée pour pouvoir émettre le moindre son. Elle me jette un regard perplexe, suppliant. À ce moment-là, sa couette valse en l'air et elle est emmenée hors de la maison. Avant même que je le sache, elle et ses kidnappeurs sont partis. Miranda et moi pleurons. Les parents appellent la police.

Bien sûr, les policiers nous regardent d'une manière étrange quand nous disons que la girafe qui séjourne chez nous a été kidnappée. Ils nous posent des tas de questions et écrivent des tas de notes dans leur carnet. Papa doit raconter comment il a enlevé Noûs du zoo et Maman, comment elle a persuadé l'école d'accepter Noûs dans ma classe.

Pendant tout ce temps, je me demande où est Noûs et ce qui lui arrive. Ces kidnappeurs doivent être des gens très déterminés et très dangereux. Et s'ils l'emmenaient loin simplement pour la tuer ? Ou si ce directeur de cirque la voulait pour l'exhiber dans des régions lointaines du monde ?

Les policiers finissent par partir. Aucun d'entre nous n'a envie de retourner dans son lit. Il est décidé que Maman et Miranda resteraient à la maison au cas où arriveraient des messages tandis que Papa et moi allons prendre le break pour aller à la recherche de la camionnette jaune que Papa avait entr'aperçue quand les kidnappeurs avaient quitté la maison.

Nous roulons et roulons sans voir aucune camionnette jaune. Cela, c'était samedi. Ce fut une longue longue journée et le dimanche fut aussi mauvais. Je n'avais même pas mes copains de classe pour leur parler de ces événements.

Je n'ai qu'une seule idée en tête : Noûs. Lui donne-t-on à manger les feuilles qu'elle aime ? Peut-être même ne lui donne-t-on rien à manger ! Comment savoir, peut-être

Chapitre 9

même qu'elle sera maltraitée ! Pauvre Noûs ! Pauvre pauvre Noûs !

Le lundi, nous ne pouvons absolument rien faire en classe. Nous ne faisons que parler de notre amie kidnappée.

Le mardi passe, sans nouvelles. Et aussi le mercredi et puis le jeudi. Le vendredi, c'est le jour de notre grand pique-nique annuel, mais je n'arrive pas à m'y intéresser. Cela aurait été magnifique que Noûs puisse y assister. Maintenant, ce sera simplement douloureux d'être là sans elle.

Le pique-nique se passe dans une ferme appartenant aux parents de Rusty. Comme chaque année ils nous permettent de l'utiliser, je connais très bien les lieux. Je n'ai pas envie de me retrouver avec les autres. Ce que je veux, c'est être seule pour réfléchir au problème. Je me mets alors à marcher le long de la clôture en bois qui entoure la ferme.

Arrivée à mi-chemin, je constate que la propriété voisine est un haras. Un certain nombre de chevaux de nuances différentes de bruns broutent paisiblement l'herbe dans une des prairies. Je regarde les bâtiments qui comportent un certain nombre de granges et un garage. La porte du garage est entr'ouverte. Je regarde et n'en crois pas mes yeux. Me tromperais-je ? Une camionnette jaune semble s'y trouver ! À ce moment-là, malheureusement, une main tire la porte du garage et la ferme. Je comprends que je n'aurai pas l'occasion de m'assurer que j'ai vu vraiment une camionnette jaune.

Comme je ne veux pas être vue, je me couche dans l'herbe haute le long de cette clôture. L'herbe est haute dans toute cette prairie. Au milieu se trouve un abri. Couchée là, je crois entendre un son. Une sorte de doux grognement que je connais bien !

Je me glisse sous la clôture et je rampe, m'assurant que je suis bien cachée par les hautes herbes. Après un temps qui me semble incroyablement long, me voilà à mi-chemin vers l'abri que je finis par atteindre.

Je crains que la porte en soit fermée à clef et que je doive retourner au pique-nique. J'imagine le temps que les gens mettront à prendre une décision à propos de quoi faire. J'ai l'impression que je pourrai agir bien plus vite en agissant à ma manière.

À ma grande surprise, la porte n'a pas de clef. Elle est fermée par une courroie métallique et un bâton qui passe dans un crochet. De plus, elle est orientée vers le pique-nique plutôt que vers la ferme. Si j'ouvre cette porte, je ne serai donc pas vue par les gens de la ferme.

Je me mets devant la porte, me relève, enlève le bâton et ouvre précautionneusement la porte. « Pixie ! » dit une voix. « C'est Noûs ! »

Je lui dis tout bas : « Ne perdons pas de temps ! » J'ai l'impression d'entendre des cris et des bruits de sabots de chevaux.

« Vite ! » me répond-elle. « Grimpe vite sur mon dos ! »

J'ouvre toute grande la porte, saute sur le dos de Noûs et nous volons dans le pré. Mais deux hommes à cheval galopent vers l'abri.

Chapitre 9

Je serre très fort le cou de Noûs de mes deux mains et nous volons à travers toute la prairie. Les participants au pique-nique ont vu sa tête se projetant dans les hautes herbes comme la proue d'un bateau viking dans les vagues. Les hommes à cheval arrivent à la partie de la clôture où se rejoignent les deux fermes.

Une fois qu'ils comprennent qu'ils ne nous rattraperont pas, ils retournent sur leurs pas. Cependant, ils ne s'échappent pas : une voiture de police avec son gyrophare les attend ! (J'apprendrai plus tard que Brian avait lui aussi entr'aperçu la camionnette jaune, mais que, contrairement à moi, il avait tout de suite appelé la police.)

Nous avons tous énormément ri, y compris Noûs. Puis nous avons pleuré, y compris Noûs.

« Pixie », me dit Noûs une fois que nous nous étions plus ou moins calmés, « comment pourrais-je jamais te remercier pour tout ce que tu as fait pour moi ? »

« Oh », ai-je répondu. « Ce n'est vraiment pas grand-chose. Une journée comme les autres. Il se passe rarement un jour que je ne retrouve quelqu'un qui a été kidnappé ou que je gagne une course avec des gars à cheval ! »

Brian s'exclame : « Bravo, Pixie. Quelle modestie ! »

Je lui passe la langue tout en nous nous passant les bras autour des épaules. En même temps, je me dis : « Pixie, quand tu parles comme ça, tu parles tout à fait comme ton père. »

II.

Nous sommes samedi. Je suis tellement heureuse du dénouement du kidnapping. Noûs n'est pas dans son lit.

Elle doit être en bas. Je m'habille à toute vitesse et vais dans le living où j'entends parler.

À mon grand étonnement, toute la classe est là et Maman aussi. C'est que Brian leur a téléphoné très tôt ce matin pour leur demander de se réunir en disant que c'est à propos de Noûs et que c'est important.

C'est Noûs qui aborde le sujet :

« La semaine dernière, j'étais à un carrefour. Il me fallait prendre une décision. Une décision morale qui affecterait ma vie entière, qui je suis et comment je vivrai. Elle affecterait également la vie de beaucoup d'autres gens.

Une bonne partie de ce que vous m'avez enseigné a concerné la manière de prendre une décision. Cela m'a servi d'éducation. J'ai tenté d'appliquer à ma propre vie ce que j'ai appris. Vous m'avez suggéré de prendre en considération certaines choses, ce que j'ai fait dans mes réflexions. Alors, pendant ma semaine à la ferme, j'ai eu la possibilité de réfléchir à ma décision. Ce que je veux faire maintenant, c'est vous parler de cette réflexion, point par point. Peut-être qu'ainsi, je peux mieux expliquer ma décision et la défendre. Voici donc les considérations que j'ai prises en compte.

1. Les <u>émotions</u> : J'étais très <u>malheureuse</u> au zoo. J'ai été presque tout le temps très <u>heureuse</u> depuis que je suis ici. Je suis très <u>fière</u> d'être une girafe et plus encore d'être une girafe qui parle. En même temps, j'avais <u>peur</u>, pas seulement pour moi-même mais pour vous tous, particulièrement pour la famille de Pixie. Voilà pour mes émotions.

2. <u>Les vertus et les vices</u> : Je viens de dire que j'étais fière, ce qui est une valeur aussi bien qu'une émotion. Mais être fière n'est pas une valeur à part entière, il faut un juste milieu, c'est-à-dire que trop de fierté ou trop peu peut devenir un travers. Les autres girafes se plaignaient de ce que j'étais arrogante et méprisante, alors que des humains m'ont trouvée trop effacée et trop humble. Que puis-je répondre à ces girafes ? Je ne suis pas une Noûs ordinaire. Je suis moi. <u>Je suis un individu</u>. Et pourtant, je veux être acceptée par d'autres. <u>Je veux faire partie d'une communauté à laquelle être tout à fait loyale</u>. Je dois pouvoir être confrontée à la possibilité que la fierté que j'appelle une vertu soit considérée comme un vice par les autres girafes.
3. <u>Le caractère</u> : J'essaye d'être honnête et sincère. J'essaie d'être le plus raisonnable possible. Je m'efforce même que mes émotions ne soient pas extrêmes, mais ajustées aux circonstances dans lesquelles je me trouve. Je suis une girafe, pas un être humain. Pourtant, je suis aussi une <u>personne</u>, ce qui signifie que j'ai les mêmes valeurs que les humains. Je me répète : "Dis-toi bien ça, Noûs, <u>tu es une personne</u>." J'ai du mal à y croire.
4. <u>Les intentions</u> : Mon intention, c'est de trouver une activité qui conduira au bonheur du plus grand nombre possible, y compris moi-même bien sûr, avec le moins de difficultés et de dangers pour tous ceux qui sont concernés.
5. <u>Le raisonnement</u> : C'est un domaine dans lequel j'ai encore beaucoup à apprendre. Apprendre à utiliser les outils de la recherche éthique prend du temps et

exige de beaucoup s'exercer. Ce qui veut dire que les décisions que je prendrai dans ce domaine risquent de ne pas être très raisonnables. D'un autre côté, je peux apprécier le degré de raisonnabilité que j'observe chez les autres.

6. <u>L'imagination</u> : En cela, je me suis fortement améliorée. J'arrive mieux à comprendre ce que les autres ressentent, qu'il s'agisse d'humains ou de girafes. Je peux même comprendre ce que ressent la nature, ce que peuvent rarement les humains. Et quand je me demande si je dois agir d'une certaine manière, je peux toujours la tester d'abord en imagination.

7. <u>Les alternatives</u> : Lorsque je vivais avec les girafes, je pensais qu'il n'y avait pour moi pas d'autre façon de vivre. Maintenant, je sais qu'il y a d'autres possibilités parmi lesquelles je peux faire mon choix. Et pouvoir choisir me rend libre. De plus, si après avoir envisagé toutes les alternatives, je choisis de retourner vivre avec les girafes, je serai toujours libre parce que j'aurai choisi librement.

8. <u>Les conséquences</u> : Je dois vous dire que j'ai pris ce facteur avec grand sérieux. J'ai envisagé les conséquences possibles de chaque choix en essayant de m'imaginer combien de bonheur ou de malheur en plus résulterait d'agir en fonction de chacune. C'est un bon indicateur mais qui a aussi ses problèmes, par exemple : "À partir de quand cessez-vous de regarder aux conséquences ?"

9. <u>Le jugement</u> : c'est la conclusion à laquelle on arrive après avoir tout examiné. C'est la décision prise après avoir pris en compte toutes les règles générales

et toutes les circonstances particulières. Je vais vous révéler à quel jugement je suis arrivée en ce moment. Toutefois, je veux d'abord vous dire que j'ai quelque chose à ajouter à la liste des composants moraux que nous venons de passer en revue :

10. <u>Les idéaux</u> : Nous avons besoin d'idéaux solides pour nous guider et nous réguler, tout comme les navigateurs se laissent guider la nuit par les étoiles. Bien sûr, nous avons chacun nos favoris. Les miens sont la vérité, le bonheur et le souci de l'autre. Pour Brian, cela semble être la justice, la beauté et… je ne sais pas s'il en a un troisième ou pas. Ce qui importe en tout cas, c'est de se souvenir que l'on a toujours besoin d'idéaux pour s'engager parce que les idéaux ne sont pas des fragments désordonnés : ce sont des ensembles, intégrés et parfaits.

11. <u>Les valeurs</u> : Pour prendre une décision morale, il faut tenir compte de ce que l'on valorise, c'est-à-dire des choses qui, dans leurs relations à nous, semblent avoir de la valeur. Par exemple, j'accorde de la valeur au sentiment de communauté que j'avais avec les girafes comme j'en accorde à l'amitié que j'ai trouvée ici avec vous. J'accorde beaucoup de valeur au pouvoir de la parole, ce que je dois à Brian. J'adore votre façon de partager vos idées les uns avec les autres. J'ai appris depuis que je suis parmi vous à aimer beaucoup de choses dont je ne connaissais même pas l'existence. Puisque ces choses auxquelles j'accorde de la valeur sont spécifiques et particulières, elles ne constituent pas des ensembles et ne sont pas parfaites comme des idéaux. Par contre, elles sont bien réelles et tangibles. Les valeurs sont les choses

qu'on aime ou qu'on chérit. Les vraies valeurs sont des choses que l'on continue à aimer ou à chérir après enquête.

Finalement, nous discutions l'autre jour de règles et de principes moraux. Si je n'ai pas vraiment participé, c'est parce que je n'étais pas prête, mais après tout ce temps de réflexion que j'ai eu dans ce hangar, je voudrais en suggérer un de plus. C'est "Connais-toi toi-même" parce que si tu te leurres à propos de toi-même, tout ce que tu penses à propos de tout le reste sera biaisé. Comme dirait Pixie : "Ne te prends pas pour une autre !" »

Tout est devenu calme dans la pièce mais je ne veux pas en rester là. « Noûs ! » ai-je crié, « as-tu pris une décision ou pas encore ? »

« Oui, » répond Noûs, « j'y suis arrivée. Je crains que le temps que je reste ici, j'attirerai beaucoup trop l'attention et vous rendrai la vie dangereuse, pour vous, pour vos familles et pour l'école. À partir de maintenant, aucun endroit du monde ne sera vraiment sûr pour moi. Le mieux pour moi, c'est que je retourne au zoo, avec les autres girafes. »

Ensemble, Brian et moi nous exclamons : « Oh non Noûs ! » Et nous parlons tous les deux à la fois, essayant de la persuader de ne pas nous abandonner.

Je lui dis : « Les autres girafes ne t'accepteront pas. Elles te blesseront ! »

Noûs répond : « Non, elles m'assurent qu'n ce qui les concerne tout au moins, je serai en sécurité. Rappelez-vous que je connais toujours leurs pensées et qu'elles connaissent les miennes. Bien sûr, elles s'inquiètent de la manière dont tout cela se passera. J'ai changé, après tout. »

Brian : « Noûs, dois-tu te sacrifier pour les autres girafes ? »

« Elles sont ma communauté » répond-elle avec douceur. « J'ai des obligations envers elles. »

« Mais que feras-tu toute la journée dans le zoo ? » lui demande Brian.

Elle sourit : « Il y a tellement de choses à faire avec les autres, Brian. Je souhaite leur apprendre ce que vous m'avez appris. Je veux être leur professeur. Et je veux faire ce que fait ta mère, Pixie : je veux leur enseigner la philosophie. »

Nous discutons sans fin mais elle reste inébranlable : elle est déterminée à réintégrer le zoo. La seule concession qu'elle nous fait, c'est que nous pourrons lui rendre visite durant les heures de visite.

Nous prévenons Maman et Papa. Ce dernier indique à Noûs qu'il ne pourra la ramener le jour même et qu'elle ne pourra donc rentrer avant demain matin à 11 heures.

Et ainsi Noûs passe sa dernière nuit avec nous et nous avons notre dernier petit déjeuner ensemble. Il est 11 heures avant qu'on s'en rende compte. En ouvrant la porte de la maison, nous voyons toute notre classe massée dans l'allée. Ils apportent des fleurs tandis que Robert et Isabel portent une bannière sur laquelle il est écrit : « Nous t'aimerons toujours, Noûs ! » Sur une autre, on peut lire : « Nous avons tellement appris de toi, Noûs ! » Ce qui me frappe tout à coup, c'est que dans le soin que nous avons pris de Noûs, nous et les girafes ne faisons qu'un.

Papa arrive avec son break. Noûs déclare qu'elle préfère aller à pied. C'est ainsi que se met en branle notre triste cortège. À mesure que nous traversons la ville, de plus en plus de gens s'attroupent dans les rues, jetant par terre des pétales de fleurs, faisant des signes et appelant Noûs par son nom. De temps en temps, Noûs baisse la tête afin de permettre à quelqu'un de lui mettre une couronne de fleurs autour du cou.

Bientôt, la route vers le zoo est remplie de monde. Beaucoup, comme Maman et Robert, sont en larmes.

Et c'est ainsi que s'achève la courte visite que nous a faite le plus adorable des êtres, la plus adorable des personnes, qu'elle soit humaine ou autre.

F   I   N

PRENDRE UNE DÉCISION

Manuel d'accompagnement pour *Noûs*

Matthew LIPMAN

Traduction et adaptation Nicole Decostre

Introduction

I. Éducation morale dans la formation du caractère

On trouverait difficilement quelqu'un qui s'opposerait publiquement à la formation du caractère. Bien que ce soit un des aspects fondamentaux de l'éducation morale, c'est un sujet peu traité dans les programmes du primaire.

Il n'existe pas non plus de controverse à propos des qualités du caractère d'un individu. L'honnêteté, la loyauté, la responsabilité et autres valeurs mentionnées par le Dr. William Bennett dans son *Book of Virtues* ou par Thomas Lickona dans *Education for Character* sont universellement approuvées même si, dans certaines situations, des difficultés peuvent surgir si l'une d'elles peut sembler en conflit avec une autre, par exemple l'honnêteté avec la loyauté.

Le problème, ce n'est pas celui des ingrédients de ce qui fait une personne morale, c'est une question pédagogique : comment enseigner les valeurs de façon à améliorer le caractère moral de l'enfant ? La méthode traditionnelle (toujours en faveur dans le mouvement de l'éducation du caractère), c'est une instruction didactique illustrée par des histoires. Les enfants lisent, écrivent et approuvent. En réalité, on attend d'eux qu'ils fassent comme on le leur a dit, qu'ils soient d'accord ou pas. En conséquence, le caractère qui a été construit gagne l'approbation des autres mais sans réussir à gagner la leur propre. On réalise ainsi une approbation extérieure aux dépens de la conviction intime.

Pour le dire net, cette méthode ne fonctionne pas. L'impression de trop d'enfants, c'est qu'elle représente une tentative de plus de lavage de cerveau. Ils l'ignorent, tout comme ils ignorent beaucoup de ce que nous tentons de leur enseigner. La raison en est qu'elle ne les implique pas et qu'ils n'ont donc pas le sentiment de partager la responsabilité de leur propre éducation morale.

Beaucoup de parents rejetteront sans doute tout ceci, estimant que les vertus sont partout appréciées et les vices partout condamnés. En fait, il est généralement admis que la valeur des vertus va pratiquement de soi. Comment pouvons-nous penser que des petits enfants, à peine sortis des langes, auraient l'audace de se montrer sceptiques à propos de nos efforts pour renforcer leur caractère ?

Ces parents passent à côté du problème pédagogique. Pour eux, la méthode d'éducation morale est valable et aussi incontestable que les vertus elles-mêmes. Ils croient les contrôles de qualité du processus parfaits au point qu'aucune contamination ne puisse se glisser dans la transmission des valeurs d'une génération à l'autre. Or c'est précisément ce qu'il se passe, malheureusement.

Si la Philosophie pour Enfants aussi insiste sur l'éducation du caractère, elle reconnaît le besoin pour les enfants d'examiner le matériel qui leur est présenté, de le questionner et d'en discuter. Sinon, ce serait les faire abdiquer de leur responsabilité pour leurs valeurs morales, saboter très dangereusement leur réalisation personnelle, affaiblir leur jugement et leur raisonnement moral au lieu de les renforcer.

La pédagogie de l'éducation du caractère a habituellement mis l'accent sur l'évidence des vertus. Elle trouve que le temps passé à les discuter peut être mieux utilisé en persuadant et en exhortant tous ces enfants, contraints dès lors à garder leurs questions pour eux. C'est clairement de l'endoctrinement, voie paraissant toujours facile à suivre alors qu'à long terme, elle est généralement contre-productive. L'éducation morale bien menée est tout, sauf facile. Elle peut être une expérience passionnante. Toutefois, elle doit arriver à intéresser les élèves et les engager à toujours chercher davantage ; autrement, elle échouera.

Le jour où la Philosophie pour Enfants (qu'elle soit appelée ‹discussion délibérative›, ‹recherche éthique› ou ‹raisonnement moral›) sera effective, les élèves découvriront d'eux-mêmes les valeurs découvertes par d'autres avant eux. C'est là le sens de la communauté.

Derrière toute valeur – et les vertus sont des valeurs, qu'elles soient convictionnelles, dispositionnelles ou d'action – se cachent leurs raisons d'être, les raisons qui ont fait d'elles ce qu'elles sont. Vouloir enseigner l'éducation morale en gardant cachées ces raisons, c'est empêcher les enfants de mieux raisonner. Par contre, si on ne veut pas leur cacher la nature problématique de situations morales et si le dialogue est géré tant par la logique que par le sens de la communauté, la force des raisons des vertus conventionnellement admises transparaît et peut même frapper certains enfants avec la force d'une illumination intérieure, d'une révélation.

II. La recherche éthique – Approche de l'éducation morale par la Philosophie pour Enfants

La démarche de la Philosophie pour Enfants pour l'éducation morale répond à un certain nombre de considérations :

a. <u>Reconnaissance de la présence de la morale dans l'expérience enfantine</u>

Les expériences enfantines surgissent comme problématiques et la réponse naturelle de l'enfant est l'étonnement et la perplexité. Dans des circonstances normales, les enfants sont des êtres actifs. Toutefois, ils apprennent vite que les autres attendent d'eux qu'ils agissent *bien*. Ils apprennent également que les adultes insisteront vraisemblablement sur cette correction de leurs actions. Il serait relativement simple pour eux de dresser une liste d'actes et de mémoriser lesquels sont approuvés et lesquels ne le sont pas. Malheureusement, ce n'est pas aussi simple. Le signal qu'ils reçoivent des adultes ce n'est pas seulement : « X est bien et Y est mal ». Ce qu'ils reçoivent, c'est « X est bien, sauf dans certaines circonstances (a, b, c, d…) dans lesquelles la réponse peut ou non être mauvaise ».

C'est ainsi qu'ils apprennent que les valeurs sont contextuelles plutôt qu'indépendantes. Rien n'est intrinsèquement bon ni mauvais, bien ou mal : il convient de toujours tenir compte de l'environnement ou de la situation. Cependant, si l'identification des actes peut ne pas être très difficile, c'est lire les circonstances qui en constituent le contexte qui est loin d'être facile.

Ce n'est pas par hasard que j'ai utilisé le mot « lire » : on peut lire les circonstances d'un contexte comme on peut lire des mots sur une page. Nous avons à développer une *éducation morale* parallèle à notre *éducation verbale*. Au cours de son développement, l'enfant a de multiples (mais jamais suffisantes) occasions d'acquérir de la pratique dans ces deux domaines. En conséquence, il recherche des représentations imagées de la vie pour faire la lumière sur des relations très subtiles entre un acte et son contexte. Le plus souvent, recourir à des histoires lui semble prometteur pour trouver la clé à son énigme.

Des fables aux paraboles, l'éventail d'histoires est vaste. Les fables délivrent leur message moral directement, avec le risque d'être superficielles. Les paraboles, au contraire, aggravent encore la problématique de l'expérience. Après lecture d'une parabole, on a l'impression d'avoir pénétré un mystère pour n'en trouver qu'un autre plus grand encore.

Quelque part entre ces deux extrêmes, on trouve l'histoire moralement éducative, c'est-à-dire riche en descriptions de relations (distinctions et connexions morales) et qui mérite étude approfondie et longue délibération. C'est pour trouver des histoires de ce genre que certains se tournent vers la Bible ou vers des travaux historiques plus généraux. Il n'est donc pas surprenant de trouver des gens dotés d'une culture verbale limitée, mais fortement engagés dans une culture morale résultant de leur recours continu et patient au texte biblique pour sa signification morale.

D'autres encore se tournent vers la littérature : Shakespeare et Sophocle, George Eliot et Henry James, Strindberg et Flaubert. On y étudie chaque page comme on étudie le visage de ses parents ou de ses grands-parents, pour y trouver une sagesse morale qui va au-delà de la compréhension du texte. Si c'est vers Matthew Arnold, Lionel Trilling ou Martha Nussbaum qu'on se tourne, c'est pour en extraire une illumination morale qu'on ne trouve pas chez les grands théoriciens de l'éthique comme Kant ou Mill. Ou encore, on se tourne vers une littérature philosophique non systématique, vers des écrivains comme Nietzsche, Sartre ou Kierkegaard pour trouver la profondeur morale semblant inabordable chez des philosophes systématiques tels que Spinoza et Hobbes.

L'important, c'est qu'une session de Philosophie pour Enfants débute par un effort des élèves pour comprendre qu'une expérience littéraire ou artistique *quelle qu'elle soit*, poétique ou cinématographique, peut avoir autant d'utilité qu'un roman. Et les significations que l'on tire de l'expérience ont très souvent un caractère moral. En effet, si la vie est traversée de problèmes moraux, l'art qui choisit de la décrire est censé l'être aussi.

En conséquence, chaque page du programme de Philosophie pour Enfants est parsemée de problématique morale même s'il n'est pas rare que des exemples particuliers soient dissimulés par autre chose. Ainsi, quand Pixie prétend que puisque Mlle Merle est une bonne personne, elle doit être un bon professeur, immédiatement après elle doute de l'inférence qu'elle vient de faire : le problème apparent est une question logique alors que celui qui est sous-jacent est une question morale.

Si la connotation morale est présente dans tout le programme, c'est parce qu'elle l'est dans la vie elle-même avec, comme résultat, que ce qui est problématique dans l'une l'est également dans l'autre. Quand les élèves posent des questions factuelles à propos du texte, par exemple : « à combien de mètres du sol se trouve la cabane de Marc dans son arbre ? », nous pouvons être sûrs qu'ils passent à côté du problème. Les faits, comme le temps qu'il fait, sont ; ils n'ont pas à être justifiés. Par contre, les problèmes moraux doivent l'être et, si c'est impossible, il faut les éliminer. Plus les élèves de la classe arriveront à comprendre la capacité des personnages de fiction de faire des choix et d'atteindre ainsi une espèce de liberté morale, mieux ils seront prêts à assumer pour eux-mêmes une telle liberté.

b. Utiliser les outils de la recherche éthique : *Lisa, Recherche éthique*

Une des façons dont Dewey voulait que soit dénommée la philosophie était *instrumentalisme*, signifiant par là que l'esprit scientifique dépend d'outils et de procédures pour que les choses se fassent. Dans la recherche éthique aussi il y a une perspective instrumentaliste : elle insiste sur des procédures particulières pour estimer ce qui est moralement approprié dans une situation donnée. Ce peut être la technique d'universalisation (« Et si tout le monde considérait comme de son devoir d'agir de cette manière ? ») ; ou la comparaison des conséquences parmi les diverses alternatives (« Quelles sont les alternatives les plus prometteuses du plus grand bien pour le plus grand nombre ? ») ; il peut s'agir encore de l'ajustement réciproque entre fins et moyens (« Comment les fins peuvent-elles être réalisées pour convenir aux moyens et vice-versa ? »). Il peut exister nombre d'autres outils ou procédures que nous considérons comme souhaitables dans le répertoire de la rationalité mais qui sont relativement peu familiers aux enfants. Il n'est pas rare d'entendre un adolescent ou un préadolescent admettre qu'il n'a pas pensé aux conséquences avant d'accomplir un acte qui lui a causé des ennuis. Tout comme il n'est pas rare d'observer des adultes qui, refusant d'ajuster leurs fins et leurs moyens, constatent que ce qu'ils veulent faire devient un exercice futile.

Le premier chapitre de *Lisa, Recherche éthique* est un véritable outil pour traiter de questions morales. Il contient des exercices sur l'empathie, sur le raisonnement analogique, sur le raisonnement hypothétique, sur le raisonnement partie/tout, sur le jugement soutenu par des raisons, sur les circonstances à prendre en compte, sur l'universalisation, etc.

Il contient en outre un nombre considérable d'exercices pour l'analyse des concepts éthiques tels que bien, juste, mal, droits et devoirs, obligations, privilèges ou encore, promesses.

Troisièmement, ce chapitre comporte des exercices à propos de méthodes allant de la procédure pédagogique à la procédure de recherche.

Voyons, par exemple, ces exercices :

- Les communautés de recherche
- Différents sens du mot ‹mal›
- Différences de degré et différences de nature
- Quand une raison est-elle une bonne raison ?
- Trouver des incohérences
- Quand des attaques *personnelles* sont-elles des erreurs de raisonnement ?

Des exercices tels que ceux-là peuvent être considérés comme de la logique formelle ou, plus largement, comme des exercices de pensée critique.

Il a été dit précédemment que chaque page ou presque du programme de Philosophie pour Enfants contient des références à l'éthique. Ces références pourraient se distinguer les unes des autres par le fait qu'elles tombent dans ces trois mêmes groupes : outils de la recherche éthique, analyse de concepts éthiques et pensée critique concernant tout ce qui relève de l'éthique. Une autre manière de s'y retrouver, c'est de dire que l'analyse des concepts éthiques (notamment de concepts comme bien/mal, juste/injuste, etc.) est une recherche éthique de premier ordre ; que l'analyse de la pratique avec les outils de la recherche éthique peut être considérée comme une recherche de deuxième ordre ; et que l'examen de ces mêmes outils et instruments (plutôt que des sujets moraux eux-mêmes) constitue la recherche éthique de troisième ordre. Même s'il insiste sur les outils et instruments, le programme *Lisa* contient les trois catégories.

c. Recherche éthique à un niveau antérieur : *Noûs*

Noûs aussi contient les trois ordres même si, par rapport à *Lisa*, une plus grande attention est accordée aux concepts qu'aux outils ou à la pensée critique. La raison en est que *Noûs* veut préparer les enfants à une culture morale meilleure que requiert *Lisa*, tout comme *Kio et Gus* et *Pixie* veulent les préparer à une plus grande perspicacité philosophique que requerra *La Découverte d'Harry Stottlemeier*.

Ce qui ne veut pas dire que *Noûs* représente le tout début de la recherche éthique. Les enfants, même tout petits, ne sont pas dénués de problèmes moraux. Raison pour laquelle on peut espérer que le programme de Philosophie pour Enfants s'enrichira de travaux de recherche éthique pour de plus jeunes.

Noûs met en scène un enseignant d'éducation morale avec un certain nombre de défis bien distincts. Par exemple, du fait que ce texte soit tellement lié à *Pixie*, les enfants qui n'ont pas lu ce livre destiné à de plus jeunes pourraient être troublés par le comportement des enfants (notamment leur capacité à former d'emblée une communauté de recherche). En outre, *Noûs* comporte un tas de concepts abstraits, éthiques ou méthodologiques. L'enseignant doit en quelque sorte obtenir des élèves assez de patience pour qu'ils puissent résister aux attaques d'une terminologie aride à mesure qu'ils découvrent l'histoire. (Ici, l'utilisation du manuel peut être utile.) Et enfin, il y a la lutte entre deux conceptions différentes de l'éducation morale, représentées par la mère de Pixie et Melle Merle.

Pour être précis, c'est moins une lutte entre les deux enseignantes qu'un conflit entre deux modes d'éducation morale. C'est, en définitive, le sujet de *Noûs* : d'un côté, la méthode d'instruction morale de l'enseignante et de l'autre, celle de la mère de Pixie qui consiste en dialogues éthiques où les enfants peuvent discuter des concepts moraux avant d'être censés se les approprier.

En réalité, le conflit n'est peut-être qu'illusoire. Le problème, c'est d'avoir utilisé en même temps les deux méthodes avec même groupe d'enfants. Celle de Melle Merle serait utilisable avec des enfants beaucoup plus jeunes, par exemple ceux auxquels s'adresse directement Ésope (ou La Fontaine). Il se pourrait aussi que la méthode de la mère de Pixie convienne davantage à des enfants plus âgés que le niveau auquel nous l'avons recommandé. Espérons que les 11–12 ans découvriront qu'ils peuvent naviguer dans *Noûs* avec succès, même si certains passages peuvent faire penser à des rapides rocailleux.

CHAPITRE I

IDÉE DIRECTRICE 1 : *BIEN*

La notion de *bien* a de multiples acceptions. Lorsqu'on fait de la philosophie avec de jeunes enfants, il convient de commencer par quelques-unes des définitions les plus claires, les moins ambiguës.

Voyons les *raisons de qualifier de bonnes* certaines choses. Voici les deux raisons les plus courantes : (1) si l'on agit par obéissance à une règle que l'on accepte et (2) si l'on agit en vue d'une conséquence acceptable, l'action est qualifiée de bonne.

Pour le premier cas, la règle acceptée peut émaner de sources différentes : la tradition, la religion, une convention, une autorité, la famille, une personne, un groupement ou une institution qui établit des règles auxquelles les autres doivent se soumettre.

Dans le second, les actes considérés comme bons sont ceux que nous considérons comme appropriés en vue de fins ou d'objectifs que nous désirons.

Si quelqu'un justifie son acte en disant qu'il a pour devoir d'obéir à la loi, il donne le premier type de raison. Si, par contre, il dit qu'il veut rendre heureux le plus grand nombre de gens possible, il invoque le deuxième type.

EXERCICE : *Pourquoi disons-nous de certaines choses qu'elles sont ‹bonnes› ?*

Il s'agit d'un exercice sur nos raisons de dire que nous agissons *bien*. Si c'est pour obéir à une règle ou à une loi, coche la colonne 1 ; si c'est en fonction de conséquences désirables, coche la colonne 2. Examinez chaque fois soigneusement la réponse.

EXERCICE : Pourquoi qualifions-nous de bonnes certaines choses ?

<u>OBÉISSANCE</u>
<u>règles</u>   <u>fins désirables</u>   ?

1. Doris : « C'est *bien* que je nourrisse mon chien. Sans quoi, il pourrait mourir de faim. En plus, la nourriture le rend heureux. »
2. David : « C'est *bien* pour moi d'attendre que le feu soit vert avant de traverser. Après tout, c'est la loi pour tous les piétons. »
3. Anthony : « C'est *bien*, quand on joue à un jeu, d'obéir aux règles. Et je pense que la vie est un jeu. »
4. Sabine : « C'est *bien* de faire ce qu'on vous dit, quelle que soit la personne qui vous le dit. »
5. Virginie : « Faire tout ce qui n'est pas interdit est *bien*. »
6. Anne : « Agir sans violer les droits des autres est *bien*. »
7. Jérôme : « C'est *bien* si cela rend heureux la plupart des gens, même si cela entraîne le malheur de certains. »
8. Marie : « C'est *bien* si ça te rend heureux. »
9. Pierre : « C'est *bien*, quand personne ne semble capable de te guider, de faire ce que tu considères toi-même comme le meilleur. »

EXERCICE : Significations de ‹BIEN› et ‹MAL›

En répondant à ces questions, essaie de donner des exemples aussi bien que des raisons.

1. Des gens peuvent-ils faire des choses qu'ils appellent *bonnes* alors que leur choix nuit à d'autres ?
2. Des gens pourraient-ils faire des choses que personne ne trouve bien et qui, en fait, sont pourtant très utiles pour tous ?
3. Des actions peuvent-elles être mauvaises même si elles ne font de tort à personne ?
4. Des actes peuvent-ils être bons même si certaines personnes en sortent blessées ?
5. Des actions pourraient-elles n'être ni bonnes ni mauvaises ?
6. Certaines choses pourraient-elles être toujours bonnes et d'autres toujours mauvaises ?
7. Certaines choses mauvaises pour tous le sont-elles aussi pour toi ?
8. Certaines choses pourraient-elles être mauvaises pour d'autres mais bonnes pour toi ?

9. D'autres personnes peuvent-elles parfois savoir mieux que toi ce que tu dois faire ?
10. Peux-tu parfois savoir mieux que les autres ce que tu dois faire ?

Pixie déclare qu'on n'est pas obligé d'être d'accord avec d'autres personnes même si elles ont raison. C'est une phrase qu'elle a déjà prononcée dans *Pixie* : « Est-ce simplement parce qu'une chose est vraie qu'il y aurait une raison pour que je sois obligée de l'accepter ? » (p. 62) Sa position reste inchangée même si elle est difficile à défendre. Si l'on estime que quelqu'un a raison, c'est difficile de ne pas être d'accord avec cette personne sans être en contradiction avec soi-même. Si on trouve qu'une personne dit la vérité, c'est difficile de ne pas être d'accord avec elle sans se mettre soi-même en auto contradiction.

Toutefois, si l'on accorde à Pixie le bénéfice du doute et qu'on l'interprète librement, on peut comprendre qu'elle veut dire : « Il ne faut pas nécessairement être d'accord avec d'autres même si généralement ils sont considérés comme ayant raison. » Ou bien « Simplement parce qu'une chose est généralement considérée comme vraie, je n'ai pas à l'admettre. » Interprétée de cette manière, la position de Pixie est défendable.

EXERCICE : Être d'accord avec ce qui est bien

Pixie se contredit-elle quand elle dit :

1. « 90 + 90 = 180, mais je ne le crois pas. »
2. « Paris est la capitale de l'Allemagne mais je n'y crois pas. »
3. « Tout le monde pense que Jules César a été roi de la Chine, moi pas. »
4. « New York a été la capitale des États-Unis. Mais je ne crois pas qu'elle l'est encore aujourd'hui. »
5. « Je ne crois pas que je crois à quelque chose. »
6. « Je crois que je ne crois à rien. »

IDÉE DIRECTRICE 2 : MENTIR

Mentir, c'est dire délibérément un mensonge.

Si les membres d'une communauté essaient d'éviter de se dire des mensonges, c'est notamment parce que si nous trompons les autres, ils nous tromperont à leur tour. Dans ce cas, les conséquences du mensonge sont généralement beaucoup plus graves que celles de la vérité.

Toutefois, ce n'est pas nécessairement vrai que si nous mentons à d'autres ils nous mentiront. Ils peuvent nous dire la vérité pour diverses raisons. Ils peuvent avoir une telle intégrité de caractère qu'ils sont incapables de mentir. Ou bien ils peuvent souhaiter nous montrer un exemple d'honnêteté. Ou ils peuvent ne pas aimer appartenir à une communauté dans laquelle les gens se mentent entre eux parce qu'alors on ne peut rien croire du tout. Ou encore, mentir pourrait être contraire à leurs principes ou à leurs habitudes.

PLAN DE DISCUSSION : Dans quelle circonstance une phrase est-elle un mensonge ?

1. Carl pose à Maria quelques questions à propos de sa famille. Celle-ci trouve qu'il n'a pas le droit de savoir et sa réponse n'est pas exacte. Est-ce un mensonge ?
2. L'enseignant demande à Carl pourquoi il n'est pas venu à l'école hier. Sa réponse n'est pas exacte alors qu'il avait l'intention de dire la vérité. A-t-il menti ?
3. Ce qui est arrivé hier à Olivier était tellement fantastique que personne ne l'a cru ; on a dit qu'il mentait. Dans ce cas, doit-il dire la vérité ?
4. L'enseignant : « Maria, pourquoi ne m'as-tu pas remis ton devoir ce matin ? »

    Maria : « Le Paraguay est un pays d'Amérique latine. »

    Maria a-t-elle menti ?
5. L'enseignant : « Eddy, pourquoi m'as-tu remis ton devoir un jour à l'avance ? »

    Eddy : « Parce que je veux que vous ayez une bonne impression de moi. »

    Eddy a-t-il menti ?

EXERCICE : Raisons de dire la vérité

Chacune des personnes ci-dessous donne une raison de dire la vérité. Si tu penses que tu aurais répondu la même chose, dis-le. Si pas, dis-le.

1. Déborah : « Mes parents ne m'ont jamais appris à mentir et je ne peux faire que ce qu'ils m'ont appris. Donc, je dis toujours la vérité. »
2. Claire : « Mes parents me disent de toujours dire la vérité. Donc, je dis toujours la vérité. »
3. Victor : « Je dis la vérité parce que je m'imagine que c'est le meilleur moyen d'amener les autres à *me* la dire. »
4. Patricia : « Je dis toujours la vérité parce que c'est la seule chose que je connaisse. »
5. Gérard : « Je dis toujours la vérité parce que je veux rester cohérent et que le seul autre choix serait de toujours mentir. »
6. Jérôme : « Je dis toujours la vérité parce que mentir me dégoûte. »
7. Bernadette : « Je dis toujours la vérité parce que je veux avoir l'air honnête. »
8. Séverine : « Je dis toujours la vérité parce que j'ai peur d'être punie si je ne le fais pas. »
9. Herman : « Je dis la vérité aux autres parce que c'est ce qu'ils sont en droit d'attendre de moi. »
10. Cornelius : « C'est tellement plus facile de dire toujours la vérité. Les mensonges doivent être inventés ; la vérité pas. »

IDÉE DIRECTRICE 3 : Composer une histoire, est-ce comme souhaiter, mentir, se vanter, rêver ?

Composer des histoires peut être considéré comme une forme d'invention. En quoi alors est-ce différent de souhaiter, mentir, se vanter et rêver ? Rappelons-nous que mentir est habituellement considéré comme moralement mauvais alors que se vanter peut être pris pour de la mauvaise éducation. Mais souhaiter, rêver et construire des histoires n'est pas considéré comme critiquable. (Raconter nos rêves aux autres peut constituer un autre sujet.)

Peut-être que le mieux que nous puissions faire est d'essayer de distinguer ces différents types de comportements.

EXERCICE : Construire des histoires, souhaiter, mentir, se vanter et rêver

1. Lequel/lesquels de ces cinq comportements a/ont lieu quand nous dormons ?
2. Lequel/lesquels dépend(ent) de notre imagination et de notre fantaisie ?

3. Lesquels sont approuvés socialement et lesquels sont désapprouvés ?
4. Lesquels comportent exagération et lesquels comportent manipulation ?
5. Lesquels veulent dire déformer volontairement la vérité et lesquels ne le font pas délibérément ?
6. Quelle est la différence entre désirer et rêver ?
7. Quelle est la différence entre inventer des histoires et mentir ?
8. Quelle est la différence entre mentir et se vanter ?

PLAN DE DISCUSSION : Qu'est-ce qui rend vraie une histoire ?

1. Si une histoire est basée sur des faits, est-elle nécessairement vraie ?
2. Si quelqu'un construit une histoire, cela signifie-t-il qu'elle ne peut être vraie ?
3. Si une histoire concerne quelque chose qui s'est réellement passé, cela rend la rend-il vraie ?
4. Si une histoire concerne la manière dont les choses se passent *toujours*, cela la rend-il vraie ?
5. Si une histoire concerne des personnes réelles, vivantes, cela la rend-il vraie ?
6. Si une histoire concerne des animaux qui se parlent entre eux, est-elle nécessairement fausse ?
7. Si une histoire concerne des gens qui ont vécu il y a 100 ans, est-elle nécessairement fausse ?
8. Si une histoire concerne quelque chose qui s'est passé il y a 1000 ans, peut-elle être vraie ?
9. Si une histoire *ne* concerne *que* des faits, est-elle nécessairement vraie ?
10. Si une histoire a une fin heureuse, peut-elle être vraie ?

EXERCICE : Significations de ‹histoire›

Peux-tu associer les diverses utilisations du mot « histoire » du groupe A avec les significations différentes du groupe B ?

A.

1. Gaëlle : « Tu es deux heures en retard, Bernard. Quelle histoire vas-tu raconter ? »
2. Tom : « Je voudrais le livre sur l'histoire de la navigation. »
3. La mère : « As-tu joué au tennis aujourd'hui ? »
   Tom : « Tu veux la vérité ou tu veux que je te raconte une histoire ? »
4. Francine : « Comment as-tu trouvé l'opéra ? »
   Nadia : « La musique était belle mais je n'ai pas fait trop attention à l'histoire. »
5. Le père : « Veux-tu écouter l'histoire de *Jack et le haricot magique* ? »
   Fred : « Est-ce une histoire que tu connais déjà ou bien une histoire que tu construis tout en allant ?

B.

a. Un conte
b. Un mensonge
c. Histoire de ce qui est arrivé dans la vie d'une personne
d. Un scénario
e. Explication de la raison pour laquelle une chose s'est passée
f. Ce qui est arrivé dans le monde

IDÉE DIRECTRICE 4 : Avoir des droits.

Remarque : Le sens de ‹droit› ici n'est pas le même que dans tracer une ligne droite.

Avoir un droit, c'est prétendre à quelque chose tout en pouvant justifier cette prétention. Avoir droit à la nourriture, à l'habillement et au logement, par exemple, c'est avoir une prétention sur ces choses, prétention qui peut être prouvée (par vous ou par quelqu'un d'autre).

Vous pourriez penser que vous n'avez pas de droits : vous seriez dans l'erreur.

PLAN DE DISCUSSION : Les droits d'Érika

1. L'enseignante distribue des manuels et tous les élèves de la classe en reçoivent sauf Érika. A-t-elle droit aussi à un manuel ?
2. Il se fait qu'il manque un livre pour elle. On lui dit qu'il n'y a rien à faire. A-t-elle toujours droit à ce manuel ?
3. Érika a rêvé toute la journée d'un cornet de crème glacée. En rentrant de l'école, elle voit une petite fille qui sort de chez le marchand de glace avec un cornet. A-t-elle le droit de le prendre ?
4. Érika n'a pas envie d'attendre que le feu devienne vert pour traverser. Elle traverse au rouge. En a-t-elle le droit ?
5. Quand Érika arrive chez elle, elle se met à lire les blagues du journal. Mais son jumeau le lui prend des mains. En a-t-il le droit ?
6. La famille va manger du poulet ce soir. Érika a-t-elle droit à une cuisse ?
7. Les deux frères d'Érika aussi voudraient une cuisse. Mais le poulet n'en a que deux. Érika a-t-elle droit à l'une des deux ?
8. Le chien d'Érika se fait vieux. A-t-il le droit de vivre ?
9. Simon, le frère d'Érika, voit son père fumer. Il voudrait faire la même chose. En a-t-il le droit ?
10. Jef, l'autre frère, vient d'être diplômé d'une haute école. A-t-il droit au travail ?
11. Jef s'est fait arrêter par une policière parce qu'il conduisait sans permis. En avait-elle le droit ?
12. Dans la bibliothèque de la ville, il y a un livre que Jef voudrait lire. A-t-il le droit de le consulter ?
13. D'où viennent les droits ?
14. Y a-t-il des droits que nous avons dès notre naissance et d'autres que nous acquérons en grandissant ?
15. Les droits de certaines personnes peuvent-ils annihiler des droits d'autres gens ?

PLAN DE DISCUSSION : Droits et devoirs

1. As-tu demandé à naître ? Connais-tu quelqu'un qui l'a fait ?
2. Tes parents te *doivent*-ils nourriture, habillement et logement ?

IDÉE DIRECTRICE 4 : Avoir des droits.

3. As-tu le *droit* de partager les repas familiaux ?
4. Tes parents ont-ils le *droit* de tout manger sans rien te laisser ?
5. As-tu le devoir d'être reconnaissant envers tes parents pour la nourriture et le logement qu'ils te donnent ?
6. Ont-ils le devoir de t'être reconnaissants pour quoi que ce soit ?
7. Arrive-t-il que certaines personnes fassent des choses pour toi, même si elles ne le souhaitent pas vraiment mais parce qu'elles pensent que c'est leur devoir ?
8. T'arrive-t-il parfois de faire des choses pour d'autres gens juste parce que tu penses que c'est ton devoir ?
9. Les enfants ont-ils le *droit* d'être protégés de l'enlèvement d'enfant ?
10. Les enfants ont-ils le *droit* d'être protégés de la famine. De la malnutrition ?
11. Les enfants ont-ils *droit* à l'éducation ?
12. Penses-tu que les enfants ont *droit* à une vie privée ?
13. Penses-tu que les enfants ont le *droit* de se faire leurs propres opinions à propos de leur équipe favorite de football ? De leur livre préféré ? De leur pays préféré ? De leur religion préférée ?
14. Penses-tu que les enfants ont *droit* à avoir leurs propres amis ?
15. Penses-tu que les enfants ont le *droit* de rouler à vélo ? D'avoir leur propre vélo ?
16. Penses-tu que les enfants ont le *droit* de décider eux-mêmes ce que sont leurs droits ?

EXERCICE : Le droit de vivre

Comment répondrais-tu à propos du droit de vivre des exemples suivants ?

1. Les castors
2. Les blattes
3. Les moustiques
4. Les virus
5. Les crotales
6. Les vampires
7. Les fantômes

IDÉE DIRECTRICE 5 : L'équité

Si vous demandez à vos élèves ce qu'est la santé, il y a beaucoup de chances qu'ils seront fort embarrassés. Par contre, si vous leur demandez de vous parler de maladie, ils pourront très probablement vous parler des leurs et même de vous donner leur théorie personnelle sur ce qu'est la maladie.

C'est pareil pour ce qui est équitable ou non. Les enfants ont probablement beaucoup de difficulté à expliquer ce qu'est l'équité. Par contre, ils sont toujours prêts à lancer une de leurs phrases favorites : « Ce n'est pas juste ! » chaque fois que leur sentiment de justice est atteint. Un enfant qui a attendu patiemment dans la file à la caisse d'un magasin va faire l'expérience d'un tel choc si un adulte passe avant lui. De même, un enfant peut trouver inéquitable que des adultes ne le laissent pas s'exprimer à table.

Même si les enfants peuvent avoir des difficultés à exprimer leur notion de l'équité, les exemples multiples où ils protestent sont pour nous des clés pour comprendre ce qu'ils pensent qu'est l'équité. Si Piaget a raison, la notion d'équité d'un enfant est à relier à ce qu'il pense être *l'égalité*, où tous les individus ont droit au même respect et au même traitement mais avec une considération particulière pour des différences individuelles appropriées. Vous pourriez souhaiter discuter avec vos élèves de ce qu'ils trouvent équitable pour chaque enfant de recevoir des parents et de la société ou dans quelle mesure chaque enfant doit contribuer. Par exemple, est-ce juste de faire participer les enfants aux tâches ménagères ? Ils arriveront ainsi graduellement à clarifier la nature *sociale* de l'équité. Vous finirez par pouvoir discuter avec eux des traits d'une société juste où chacun serait traité équitablement. Toutefois, vous serez peut-être mieux avisés de commencer par leurs propres expériences d'injustice et de leur demander comment on pourrait éliminer cette injustice et, finalement, discuter de ce qu'est pour eux l'équité.

PLAN DE DISCUSSION : L'équité

1. Dans quelles circonstances des jeunes peuvent-ils être exemptés d'école ?
2. Vois-tu quelque raison pour que des jeunes soient exemptés d'école alors que les autres enfants doivent y aller ?
3. Est-ce juste que tous les enfants soient obligés d'aller à l'école mais qu'ils ne soient pas tous obligés d'aller à l'université ?

4. Y a-t-il des moments où ce serait injuste de comparer ta situation personnelle avec celle des autres ?
5. Voudrais-tu que tout le monde soit comme toi ?
6. Est-ce équitable qu'à l'école soient organisées des activités sociales trop onéreuses pour certains ?
7. Les enfants doivent-ils jouir de la vie privée aussi bien à la maison qu'à l'école ?
8. Tous les enfants devraient-ils recevoir de l'argent de poche ?
9. Tous les enfants devraient-ils avoir l'autorisation de travailler, quel que soit leur âge du moment que leurs résultats scolaires sont acceptables ?
10. Chez nous, les jeunes de 16 ans sont-ils traités de manière plus injuste que ceux de 18 ans ? Et ceux de 12 ans sont-ils traités plus injustement que ceux de 16 ans ?

IDÉE DIRECTRICE 6 : **Du dedans et du dehors**

On se fait une idée très différente de l'intérieur des choses qui sont généralement vues de l'extérieur : comme des maisons, des livres, le corps des gens ou leur esprit. Cela signifie-t-il qu'on ne peut voir une chose comme elle est réellement que si on la connaît de l'intérieur ? Ou doit-on la connaître autant de l'intérieur que de l'extérieur ?

EXERCICE : Du dedans et du dehors

Dans cet exercice, on te demande de répondre soit par « du dedans » soit par « du dehors ». Si tu hésites, coche le point d'interrogation.

	le plus goûteux ?	le plus beau ?	le plus intéressant ?
1. Une pastèque			
2. Une pêche			
3. Une noix			
4. Une tortue			
5. Un poulet			
6. Une crevette			
7. Une truite			
8. Du maïs			
9. Une prune			
10. Un hot dog			

IDÉE DIRECTRICE 7 : Inventé ou réel

Le mot ‹réel› peut être confronté à beaucoup d'autres. Chaque confrontation jette une lumière différente sur le mot lui-même qui a beaucoup de significations possibles. Par exemple réel/non réel, réel/inventé, réel/maquillé, réel/artificiel, etc.

‹Composé› fait penser à quelque chose d'artificiel, inventé, par opposition à quelque chose de découvert, matériel, solide.

Des gens qui discutent du mot ‹réel› ont souvent à l'esprit « ce qui est vrai à propos du monde ». Le réel est ce que révèlent des déclarations vraies.

EXERCICE : ‹réel› et ses opposés

Placez les mots que voici dans le cercle auquel ils appartiennent.

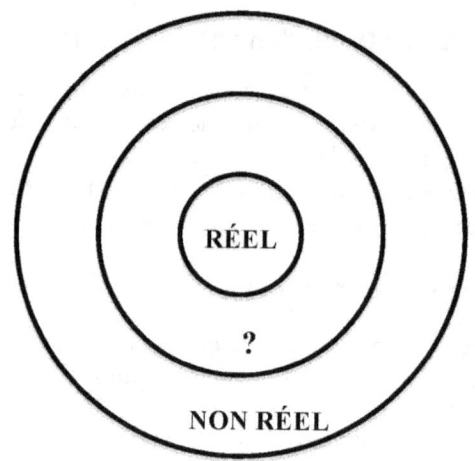

original	vrai	exact	très	faux
bon	inventé	tangible	hypocrite	vaut la peine
véritable	légal	imaginaire	adéquat	irréel
artificiel	contrefait			

IDÉE DIRECTRICE 8 : Possible

Pixie déclare qu'il est possible que l'introduction d'une histoire se poursuive dans l'histoire elle-même. Peut-être a-t-elle en tête la manière dont l'enfance semble parfois se poursuivre à l'état adulte ou comment « il était une fois » peut constituer soit l'introduction soit l'histoire.

Il importe également de pouvoir distinguer le *possible* du *probable*. Beaucoup de choses possibles ne sont pas probables. Il est possible que les arbres gardent leurs feuilles cet hiver mais ce n'est pas probable. Peut-être que bientôt les voitures pourront rouler sans carburant : c'est improbable mais pas impossible.

Par ailleurs, certaines choses semblent totalement impossibles. Un carré ne peut pas devenir un cercle de sorte que nous pourrions classer cela dans les impossibilités, du moins pour le futur prévisible.

EXERCICE : Qu'est-ce qui est possible ?

impossible	jamais arrivé ; fortement improbable mais possible	arrive rarement ; improbable mais toujours possible	arrive souvent probable	arrive toujours

Est-ce possible que :
1. le soleil ne se lève pas ?
2. un veau puisse naître avec deux têtes ?
3. 6 puisse servir pour 9 ?
4. un cercle et un carré soient identiques ?
5. la vérité puisse dépasser la fiction ?
6. les pauvres puissent devenir riches ?
7. l'horoscope puisse être correct ?
8. les gens puissent vivre éternellement ?
9. les oiseaux puissent voler ?
10. les rayons lumineux ne soient pas droits ?
11. nos ongles poussent ?
12. une porte soit ouverte et fermée en même temps ?
13. dans dix ans, toi et tes amis aurez fini vos études ?
14. un enfant de 12 ans ait un jour le droit de voter ?
15. la glace puisse te brûler ?

IDÉE DIRECTRICE 9 : Croissance et changement

Par certains côtés, le monde dans lequel nous vivons ne change pas beaucoup d'un jour à l'autre ou même d'une année à l'autre : par exemple, le fait que la terre tourne autour de son axe toutes les vingt-quatre heures ou autour du soleil tous les 365 jours. Par contre, d'autres changements ont un impact violent à long terme, par exemple la formation des océans ou la fonte des glaciers. Il existe aussi des changements violents, soudains mais brefs, comme des éruptions volcaniques ou des tremblements de terre.

En général, les humains essaient de vivre en sécurité. S'ils ne peuvent contrôler les changements (climatiques, notamment) ils peuvent au moins les prévoir et s'y préparer. Quand des êtres (humains ou autres) reconnaissent que leurs conditions de vie sont fixes et immuables, on peut dire qu'ils sont *adaptés* à leur environnement. Certains sont plus flexibles encore : ce sont en plus des aventuriers, des pionniers, des explorateurs qui peuvent *s'adapter* à des environnements variés (voire à l'espace extra-terrestre). D'autres encore ne se contentent pas d'être adaptés ou adaptables : ils veulent *remodeler* leur environnement, l'obligeant à s'adapter à eux.

Lorsque le monde reste relativement stable à certains points de vue tels que le climat ou la richesse des ressources naturelles, ceux qui sont *adaptés* à l'environnement peuvent vivre dans une sécurité relative. Mais si un changement significatif des conditions naturelles devait se produire, beaucoup d'espèces qui étaient adaptées aux circonstances précédentes périraient parce que non adaptables aux nouvelles. Donc si la terre devait être noyée par les eaux, beaucoup d'animaux terrestres seraient incapables de survivre parce qu'ils ne pourraient s'adapter à l'eau ni à l'air. Toutefois, certaines espèces contiennent beaucoup de variétés dont certaines sont plus adaptables que d'autres et, sur une longue période, ces dernières réussissent à survivre dans la situation nouvelle. C'est ainsi que les baleines qui avaient l'habitude de vivre sur terre n'ont pas disparu par la diminution de la surface terrestre mais se sont réajustées en devenant graduellement des animaux aquatiques. Ce qui suggère qu'une espèce qui contient beaucoup de variétés différentes est plus susceptible de survivre à des changements environnementaux sévères qu'une espèce qui a peu de diversification interne. C'est apparemment pourquoi, contrairement aux baleines, les dinosaures n'ont pu survivre aux changements environnementaux.

EXERCICE : *Rester le/la même, changer et croître*

Dans ce qui suit, peux-tu dire ce qui ne change pas et ce qui change ? Et parmi ce qui change, peux-tu dire ce qui grandit et ce qui ne grandit pas ?

	change	ne change pas	croît	ne croît pas	?
1. le temps					
2. le Pôle Sud					
3. toi					
4. l'école					
5. ton jouet préféré					
6. un morceau de pierre					
7. une rivière					
8. un chaton					

IDÉE DIRECTRICE 10 : Les cadeaux

Avec des petits enfants, donner et prendre c'est très simple. On donne sans rien attendre en retour. On prend mais on ne cherche pas à rendre. Donner et prendre sont ‹spontanés›, ‹naturels›.

Par contre, dans des contextes sociaux, donner et prendre changent pour refléter les valeurs et coutumes de la culture. Il peut y avoir des moments où chacun donne et d'autres où personne ne donne. Ou bien une personne est censée donner (dans ce cas, ce que l'on donne est appelé un <u>cadeau</u>) mais on s'attend aussi à en recevoir en retour. Donner et recevoir sont mutuels ou réciproques.

Par de petits indices, les enfants apprennent à distinguer les cadeaux de ce qui n'en est pas ainsi que les moments où donner est approprié de ceux qui ne le sont pas.

EXERCICE : *Dans ces cas, s'agit-il de cadeaux ?*

1. Pour son anniversaire, Lucie a reçu une belle carte de Johnny. Cette carte était-elle un cadeau ?
2. M. Dupont a payé ses impôts. Était-ce un cadeau ?

3. Un jour, dans le hall, Lucie a ressenti une telle affection pour Johnny qu'elle lui a sauté au cou. Était-ce un cadeau ?
4. Johnny demande à Lucie de lui faire la faveur de l'aider pour son devoir d'arithmétique. Cette aide est-elle un cadeau ?
5. M. Dupont a eu un procès pour excès de vitesse. S'agissait-il d'un cadeau ?
6. M. Dupont a pensé que s'il donnait de l'argent au policier, il lui retirerait son procès. Cet argent aurait-il été un cadeau ?
7. M. Dupont a dû payer une amende. Cet argent était-il un cadeau ?
8. M. Dupont était tellement désolé de son acte qu'il a donné de l'argent à son église. Était-ce un cadeau ?
9. Mme Dupont était très fâchée sur son mari. Il lui a acheté un nouveau manteau. Ce manteau était-il un cadeau ?
10. Que son père ait pu commettre une erreur ne gênait pas Johnny. Il l'a embrassé. Était-ce un cadeau ?

IDÉE DIRECTRICE 11 : Intelligent

Quand disons-nous d'une personne ou d'un animal qu'il ou elle est intelligent ? Il n'est sans doute pas nécessaire de devoir passer un test d'intelligence pour pouvoir être dit intelligent.

Certaines personnes ont l'impression que l'intelligence est une propriété unique, comme le poids. On l'a ou on ne l'a pas et, si on l'a, elle peut être mesurée, évaluée parce qu'elle diffère en degrés d'une personne à une autre.

Pour d'autres, il y a d'innombrables formes d'intelligence. D'autres se situent entre les deux en disant qu'il en existe sept : verbale, musicale, arithmétique, scientifique, etc.

EXERCICE : Mots appropriés pour décrire l'intelligence

Voici quelques adjectifs décrivant des personnes comme intelligentes d'une façon particulière. Lesquels trouves-tu appropriés ? Justifie chacun de tes choix par une raison.

intelligent	brillant	théorique	réfléchi
ingénieux	rationnel	pratique	adroit
malin	stupide	analytique	bref
large d'esprit	raisonnable	rempli de préjugés	compétent
heureux	logique	idiot	horrible
de mauvaise humeur	tourmenté	chaleureux	judicieux

IDÉE DIRECTRICE 12 : Apprendre

Les écoles et les familles sont toutes deux des institutions sociales et, comme telles, sources de valeurs. Mais elles ne sont pas les seules. Tout ce que perçoit un jeune enfant porte en lui une composante valeur. Un sourcil relevé, une main levée, la manière dont la maison est mise sur une parcelle ou dont les rues restent sales, un portier devant un immeuble d'appartements, chaque chose observée porte en soi une valeur personnelle ou sociale.

En outre, tout ce qui se fait en société est pour l'enfant une preuve par le fait de ce qui *peut* être fait. Si votre voisin de classe fume sur le terrain de sport, ceci prouve la possibilité d'une telle conduite. Et si quelqu'un de la classe *refuse* de fumer, cela montre que cela aussi est possible. L'enfant vit donc dans un monde qui l'expose constamment à des invitations de valeurs en lui démontrant les divers moyens par lesquels les valeurs peuvent s'exprimer ou s'affirmer. Comment l'enfant peut-il faire son choix parmi ces valeurs qui, souvent, sont en conflit les unes avec les autres ?

Que ce soit à la maison ou à l'école, l'enfant peut être encouragé à réfléchir aux *sources* de ces valeurs et à leurs *conséquences*. L'école et la maison sont les sources majeures de l'exposition aux valeurs. Si, pour nous, la chose à faire c'est celle qui a été choisie après mûre réflexion et recherche approfondie, il s'ensuit qu'à la fois l'école et la famille peuvent recommander des choses qui ne font *que sembler* bonnes, mais qui, après étude et réflexion, peuvent ne pas l'être. Il s'ensuit donc que l'école et la famille seraient bien avisées de s'assurer que l'enfant reçoit les outils dont il a besoin pour une recherche et pour réfléchir.

PLAN DE DISCUSSION : L'école nous aide-t-elle à apprendre ce qu'il est bien de faire ?

1. Est-ce de ta famille que tu apprends tout ce qu'il est bien de faire ou apprends-tu certaines choses de ta famille et d'autres de tes amis, de tes enseignants ou encore des livres, des films, de la télé ?
2. Y a-t-il une différence entre la conduite que ta famille attend de toi et celle que ton école attend de toi ?
3. Est-ce que les membres de ta famille essaient de te préparer à vivre de la manière dont eux souhaitent que tu vives alors que l'école essaie de te préparer à vivre de la manière dont la société souhaite que tu vives ?
4. Ta famille essaie-t-elle de t'amener à comprendre tes responsabilités personnelles alors que l'école essaie de t'amener à comprendre tes responsabilités de citoyen ?
5. Y a-t-il des moments où il semble y avoir conflit entre ce qu'il est bien de faire en tant que personne et ce qu'il est bien de faire en tant que citoyen ?

EXERCICE : Les familles nous aident-elles à apprendre ce qui est bien ?

Dis si tu es d'accord ou pas avec les commentaires suivants à propos de la manière dont les familles nous aident à apprendre ce qui est bien. Justifie ta réponse par une raison au moins.

	d'accord	pas d'accord	?

1. « C'est clair que ma famille m'aide à apprendre ce qui est bien. Chaque soir, quelqu'un m'aide pour mon arithmétique ! »
2. « Ma famille ne me dit jamais ce qui est bien mais me le montre par son comportement. »
3. « Ma famille me dit : "Fais comme nous disons et pas comme nous faisons." »
4. « Ma famille m'explique les besoins des gens, leurs désirs, leurs tendances. Je pense donc qu'on veut me dire par là ce qui est bien. »
5. « Ma famille me dit que tout sera bien si mon comportement concorde avec le sien. »

6. « Quand j'ai demandé à ma famille si je pouvais avoir mes propres idées à propos du bien et du mal, on m'a répondu que c'est très bien. »
7. « Ma famille admet pouvoir avoir tort mais il me faut bien admettre qu'ils ont beaucoup plus d'expérience que moi. »
8. « Je pense toujours pour moi-même et donc, à tout ce que dit ma famille je dis automatiquement le contraire. »
9. « Avoir une famille, c'est comme avoir une équipe de conseillers en qui on peut avoir confiance. »
10. « Pour des sujets comme le bien et le mal, ma famille est infaillible. »

IDÉE DIRECTRICE 13 : Enseigner

Apprendre et enseigner sont souvent considérés comme deux faces de la même monnaie. Mais ce n'est pas nécessairement le cas. Une grande partie de notre apprentissage se fait sans personne, comme quand nous apprenons de notre environnement ou quand nous nous enseignons à nous-mêmes quelque chose.

D'un autre côté, pouvons-nous enseigner sans enseigner quelque chose à quelqu'un ? On peut apprendre à un oiseau à venir à une fenêtre et un chat peut apprendre par lui-même comment attraper l'oiseau.

Il peut donc y avoir apprentissage et enseignement au plus bas niveau. D'autre part, il peut y avoir un enseignement de très haut niveau de sorte qu'on pourrait même l'appeler un art. (Pourrait-on aussi appeler art l'apprentissage ?)

PLAN DE DISCUSSION : Enseigner

1. Peux-tu enseigner une chose à quelqu'un sans déjà la connaître toi-même ?
2. Peux-tu étudier quelque chose que tu ne connais pas déjà ? Comment ?
3. Peux-tu enseigner quelque chose à quelqu'un qui en connaît plus que toi ?
4. Si on te permettait d'enseigner à ta classe, pourrais-tu le faire ?
5. T'arrive-t-il d'enseigner des choses à tes jeunes frères et sœurs ?
6. Penses-tu pouvoir un jour enseigner quelque chose à tes parents ?

IDÉE DIRECTRICE 14 : Être traité comme une personne ?

Pour savoir ce que c'est qu'être traité comme une personne, il convient d'abord de savoir ce qu'est une personne et comment les personnes sont traitées.

Qu'est-ce donc qu'une personne ? Voilà bien une question *philosophique* ! Certains diront, par exemple, que les personnes sont des êtres rationnels ou tout au moins capables de conduite raisonnable ; d'autres, que des personnes sont des êtres composés d'un corps et d'un soi et d'autres encore, que ce sont des corps et des esprits. D'autres répondront qu'une personne ne doit pas avoir de corps alors que, pour d'autres, elle n'a pas besoin d'esprit.

Quant à la question de savoir comment traiter les personnes, la réponse habituelle c'est : « avec respect ». Malgré tout, ceci ne nous empêche pas de punir des personnes ou même de les condamner à mort. Il est donc clair que la notion de traiter avec respect est vague et doit être clarifiée.

EXERCICE : *Être traité comme une personne*

	traité comme une personne	pas traité comme une personne	?
1. Daniel est couché en travers de la porte. Des gens se sont essuyé les pieds sur lui en entrant.			
2. Laurent appelle sa mère par son prénom.			
3. Le chat était assis à table, une serviette autour du cou et mangeait avec la famille.			
4. L'ascenseur étant trop chargé, on en a fait sortir Fred.			
5. L'enseignant : « Chacun de vous a un livre. Traitez-le avec soin et respect. »			

PLAN DE DISCUSSION : *Traiter les autres comme des personnes*

1. Comment traite-t-on une personne comme une personne ? Dis toutes les manières possibles auxquelles tu penses.
2. Traites-tu autre chose que des gens comme une personne ?
3. Faut-il traiter tous les gens comme des personnes ? Même s'ils sont cruels envers toi ?

4. Que font les gens qui te fait te sentir traité comme une personne ?
5. Quand tu te sens traité comme une personne, que ressens-tu ?

IDÉE DIRECTRICE 15 : Pratique et réalisation

Dans tout artisanat (tissage, poterie, fabrication de meubles, etc.), il y a des habiletés. Comme ces habiletés doivent être apprises, la pratique est incluse. En conséquence, il existe un lien très fort entre pratique et savoir-faire.

On le sait depuis longtemps. Comment n'avons-nous pu (pas encore) identifier les éléments de savoir-faire dans la conduite éthique ? Un des buts de ce cours, c'est de démontrer que l'élément savoir-faire dans la conduite éthique est ce que nous appelons la *pratique morale*, aspect qui peut être enseigné et appris. C'est lui qui fait montre de rationalité. Tant que les éléments de savoir-faire d'une conduite morale ne sont pas identifiés, les gens ne savent pas quels exercices pratiquer pour être une personne morale ou pour s'engager dans des actions morales.

Notons qu'il n'y a pas qu'une seule habileté qui entre dans la réalisation mais beaucoup, chacune devant être maîtrisée et prenant du temps. Finalement les habiletés doivent s'orchestrer de façon à produire un comportement éthique dans une situation particulière.

PLAN DE DISCUSSION : Pratique et développement personnel

1. Penses-tu que tu as eu besoin de pratique pour te peigner les cheveux et pouvoir le faire ?
2. As-tu besoin de pratique pour pouvoir t'endormir ?
3. As-tu besoin de pratique pour pouvoir manger ?
4. Penses-tu que tu aurais pu lacer tes chaussures sans pratique ?
5. Y a-t-il des choses que tu peux faire bien sans pratique ?
6. Y a-t-il des choses que tu ne peux faire bien *qu'avec* de la pratique ?
7. Y a-t-il des choses que tu peux faire sans pratique mais que tu ne fais bien qu'avec de la pratique ?
8. Penses-tu qu'avec beaucoup de pratique, tu pourrais apprendre à fumer régulièrement ?
9. Penses-tu qu'avec de la pratique tu pourrais développer de bonnes habitudes ?
10. Penses-tu qu'avec de la pratique tu pourrais développer de mauvaises habitudes ?

11. Pourquoi la pratique est-elle bonne ?
12. Qu'est-ce que la pratique ?

PLAN DE DISCUSSION : *Pratique, préparation et réalisation*

1. Ta sœur et son mari ont invité leurs deux familles pour une fête alors qu'aucun des deux n'est expérimenté en cuisine.

    Devraient-ils :

    a. s'exercer en testant leur recette chaque jour qui précède l'invitation ?
    b. décommander ce dîner ?
    c. rechercher des recettes et les tester ?
    d. demander aux invités d'apporter leurs plats ?
    e. acheter des plats préparés et dire qu'ils les ont faits ?
    f. autre ?

2. Tu es invité par des amis à faire du ski mais tu n'en as jamais fait.

    Dois-tu :

    a. rejeter l'invitation ?
    b. te risquer à mettre des skis et espérer ?
    c. autre ?

3. Tu détestes les disputes. Or des membres de ta famille se disputent beaucoup. Tu crains que, le jour où tu auras une famille, il y ait des bagarres.

    Dois-tu :

    a. ne pas avoir de famille ?
    b. ne pas te marier ?
    c. apprendre à interdire les disputes ?
    d. essayer de comprendre comment commencent les disputes et trouver des moyens de les éviter ou d'en être le médiateur ?
    e. éviter les disputes en s'en allant chaque fois qu'elles commencent ?
    f. autre ?

IDÉE DIRECTRICE 15 : Pratique et réalisation

PLAN DE DISCUSSION : *Pratique*

1. Si tu devais chanter en public, t'exercerais-tu d'abord ?
2. Si tu apprenais à patiner devrais-tu t'exercer ?
3. Si tu apprenais à écrire, devrais-tu t'exercer ?
4. Si tu essayais de lire, devrais-tu pratiquer la lecture ?
5. Quand penses-tu que tu peux cesser de t'exercer et réellement commencer à lire ?

CHAPITRE II

IDÉE DIRECTRICE 1 : L'amitié

Beaucoup d'enfants ont l'impression que sans un chien, un chat, un cobaye ou quelque autre créature, ils seraient sans amis. Leur conception de l'amitié est sans doute différente de la nôtre et pourrait nous en apprendre beaucoup à ce propos. Pour certains, une caractéristique essentielle de l'amitié, c'est la notion de partage d'expérience ; ils pourraient avoir l'impression qu'il y a beaucoup de gens avec lesquels ils ne partagent pas d'expérience mais dont ils aimeraient penser que ce sont des amis, alors qu'avec beaucoup d'autres, normalement pas considérés comme capables d'amitié, ils partagent des expériences.

PLAN DE DISCUSSION : L'amitié

1. Une personne non fiable pourrait-elle rester ton amie ?
2. Une personne indigne de confiance pourrait-elle rester ton amie ?
3. Une personne malicieuse pourrait-elle rester ton amie ?
4. Une personne sans religion pourrait-elle rester ton amie ?
5. Une personne insensible pourrait-elle rester ton amie ?
6. Une personne malheureuse pourrait-elle rester ton amie ?
7. Une personne vulgaire et grossière pourrait-elle rester ton amie ?
8. Une personne faible pourrait-elle rester ton amie ?
9. Donne trois traits que tu aimerais rencontrer chez tes amis.
10. Donne trois traits que tu n'aimerais pas rencontrer chez tes amis. Posséderais-tu toi-même certains de ces traits ?

EXERCICE : L'être humain peut-il être ami avec l'animal ?

Dis si tu es d'accord ou pas avec les phrases suivantes et donne tes raisons :

                                                    d'accord   pas d'accord   ?

1. « Regardons les choses en face, les animaux sont stupides et, tout comme je n'aimerais pas avoir comme amie une personne stupide, je ne souhaite pas davantage un stupide animal comme ami. »
2. « Parmi mes meilleurs amis, certains sont des animaux. Bien sûr, je ne supporte pas la plupart d'entre eux mais certains, les chiens par exemple, sont des exceptions. »
3. « J'aimerais avoir des animaux pour amis mais comme ils sont très claniques et n'aiment pas trop les étrangers, eux ne souhaitent pas être *mes* amis. »
4. « Je préfère les animaux aux gens. Pour moi, les gens ne sont que des animaux dégénérés. Personne n'est aussi féroce qu'un lion, aussi fort qu'un ours, aussi fidèle qu'un chien, aussi mystérieux qu'un chat. Pour moi, n'importe quel animal est plus réel et plus particulier qu'aucune personne ne le sera jamais. »
5. « Comment peut-on être ami avec un animal ? Avec ton animal, peux-tu aller au cinéma, partager un repas, échanger des secrets ou jouer à des jeux ? »
6. « Ces gens qui prétendent qu'ils peuvent être amis avec des animaux m'incommodent. Ont-ils déjà essayé avec une mouflette ou avec un calamar ? »

IDÉE DIRECTRICE 2 : Penser

Penser recouvre une famille énorme d'activités mentales. Les variétés portent un nom habituellement moins familier aux enfants que le verbe penser. Il n'y a cependant aucune raison pour que les enfants ne puissent s'habituer à ces diverses formes de pensée. C'est comme au cours de sciences où on les fait rencontrer un grand nombre d'espèces de plantes, de poissons ou d'oiseaux. Comprendre, connaître, se demander, se souvenir, prétendre, faire croire, supposer et affirmer, associer et deviner ne sont qu'un petit nombre des multitudes d'actes mentaux qui constituent ‹la pensée›.

IDÉE DIRECTRICE 2 : Penser

EXERCICE : *Les phrases suivantes comportent-elles de la pensée ?*

	doit	peut	ne peut pas

1. Organiser un pique-nique
2. Faire son devoir
3. Digérer son repas
4. Glisser sur une peau de banane
5. Lire un livre
6. Discuter d'un programme de TV
7. Dormir
8. Naître
9. Détester l'injustice
10. Nager

PLAN DE DISCUSSION : *Penser*

1. Quand tu penses, traduis-tu toujours tes pensées en mots ?
2. Quand tu penses en mots, traduis-tu toujours tes pensées sous forme de questions ?
3. Quand tu penses par questions, y réponds-tu toujours ?
4. Penses-tu souvent aux réponses avant de penser aux questions ?
5. Peux-tu penser sans remuer les lèvres ?
6. Peux-tu penser sans fermer les yeux ?
7. Peux-tu penser sans être éveillé ?
8. Peux-tu penser tout en regardant la télé ?
9. T'arrive-t-il de penser au fait que tu es en train de penser ?
10. T'arrive-t-il de souhaiter savoir plus de choses intéressantes auxquelles penser ?
11. Trouves-tu amusant de penser quand tu as des pensées intéressantes ?
12. À quoi penses-tu ?
13. Penses-tu en dormant ?
14. Y a-t-il une différence entre la manière dont tu penses et la manière dont tu parles ?

15. Dis-tu toujours ce à quoi tu penses et ce que tu penses ?
16. Parles-tu plus que tu ne penses ou penses-tu plus que tu ne parles ?
17. Que préfères-tu faire : penser, parler ou dormir ?

EXERCICE : Penser implique-t-il un penseur ?

1. S'il y a une peinture, faut-il nécessairement qu'il y ait un peintre ?
2. S'il y a un livre, faut-il nécessairement que quelqu'un l'ait écrit ?
3. S'il y a de la fumée, faut-il nécessairement qu'il y ait un fumeur ?
4. S'il pleut, cela veut-il dire qu'il y a quelqu'un qui fait la pluie ?
5. S'il neige, cela veut-il dire qu'il y a quelqu'un qui fait la neige ?
6. S'il y a des flaques, cela veut-il dire qu'il a plu ?
7. S'il y a eu un son, cela veut-il dire qu'il y a quelqu'un qui l'a entendu ?
8. S'il y a des pensées, cela veut-il dire qu'elles ont été élaborées par un penseur ?

EXERCICE : Les enfants peuvent-ils penser librement aux questions éthiques ?

Dis si tu partages ou non les avis que voici. Donne tes raisons.

1. « Ce serait désastreux que les enfants puissent penser librement aux questions d'éthique. Ils ont juste à faire ce qu'on leur dit. »
2. « Si tu ne penses pas librement, comment peux-tu être considéré(e) comme responsable de tes actes ? »
3. « Si on permet aux gens de penser l'éthique librement, toutes les valeurs morales deviendront relatives. »
4. « Une pensée autonome à propos d'éthique peut s'appeler "raisonnement moral". Or comme le raisonnement moral consiste à toujours réexaminer les prémisses aussi bien que les conclusions, le raisonnement sera toujours judicieux. »
5. « Se faire sa propre opinion en éthique peut s'appeler "faire de la recherche éthique". Et la recherche éthique signifie apprendre à utiliser les concepts et habiletés de raisonnement qui sont les outils et les instruments de la recherche éthique. »
6. « Se faire ses propres opinions dans le domaine de l'éthique peut aussi s'appeler "résolution de problème moral". Cela consiste à arriver à des

généralisations à partir d'expériences morales passées et à les utiliser comme hypothèses pour résoudre des situations problématiques présentes. »
7. « Si on veut des enfants réfléchis alors que les parents ne le sont pas, on va inévitablement au devant de difficultés. »
8. « Montrez-moi des parents qui ne seraient pas heureux d'avoir des enfants qui pensent librement ! Les parents sont plus prêts à apprendre de leurs enfants que vous ne le pensez. »
9. « Ne pourrait-on couper la poire en deux et vouloir des enfants pensant librement un jour sur deux ? »
10. « Ne pourrait-on arriver à un compromis où les enfants penseraient penser librement, sans que ce soit vraiment le cas ? »

IDÉE DIRECTRICE 3 : Les humains

Pixie déclare : « Comment un animal pourrait-il avoir un problème ? Il n'y a que les humains qui ont des problèmes. »

Que peut-on dire de cette phrase ? C'est sûr qu'à certains moments les animaux domestiques comme les chiens et les chats ont faim et qu'alors, leur éducation entre en conflit avec leurs instincts. Mais même pour les animaux sauvages, si leur environnement est peu sûr ou s'il est menaçant, ils ont à décider de partir ou de rester.

Cette affirmation de Pixie prise au premier degré n'est donc pas très acceptable. Peut-être a-t-elle voulu dire autre chose et peut-on interpréter sa phrase d'une autre manière. Peut-être que ce qu'elle a voulu dire, c'est que seuls les humains sont problématiques par nature. C'est ainsi, par exemple, que nous ne sommes pas sûrs de la définition de l'humain et que nous ne pouvons pas préciser une façon ‹naturelle› de vivre.

Toutefois, est-ce très différent des pandas dont l'existence est précaire et même menacée parce que leur environnement est incompatible avec leur constitution biologique ? (L'intestin des pandas est très paresseux et leur flore intestinale est celle de carnivores alors qu'ils mangent surtout du bambou qu'ils digèrent mal ; en outre, la nourriture disponible dans leur environnement peut être très rare.)

PLAN DE DISCUSSION : N'y a-t-il que les humains qui ont des problèmes ?

Discutez des problèmes que peuvent avoir ou avoir eus les créatures que voici :

1. les lions
2. les dinosaures
3. les baleines
4. les serpents
5. les ornithorynques

IDÉE DIRECTRICE 4 : Mettre d'autres en danger

Noûs dit à Pixie et à Brian que les autres girafes qui sont normalement très douces et pacifiques peuvent devenir très violentes dans certaines conditions. Elle craint que les autres girafes l'attaquent, lui fassent violence et finissent même par la tuer.

Nous devons essayer de la comprendre : elle est peut-être terrifiée au point de s'imaginer ce genre de choses. D'autre part, il est bien connu que des gens normalement non violents peuvent être frustrés jusqu'à devenir agressifs et vouloir blesser les autres comme les autres les ont blessés.

PLAN DE DISCUSSION : Blesser les autres

Dans les cas que voici, si ta réponse est NON, donne des exemples. Si tu réponds OUI donne des raisons.

1. Peut-on être *dur* sans être *cruel* ?
2. Peut-on être *désagréable* sans être *cruel* ?
3. Peut-on être *grossier* sans être *cruel* ?
4. Peut-on être *lâche* sans être *cruel* ?
5. Peut-on être *inhumain* sans être *cruel* ?
6. Peut-on être *brutal* sans être *cruel* ?
7. Peut-on être *indélicat* sans être *cruel* ?
8. Peut-on être *sévère* sans être *cruel* ?
9. Peut-on être *violent* sans être *cruel* ?
10. Peut-on être *meurtrier* sans être *cruel* ?

11. Peut-on être *égoïste* sans être *cruel* ?
12. Peut-on être *inconsidéré* et ne pas être *cruel* ?

IDÉE DIRECTRICE 5 : L'importance

Lorsqu'on demande aux gens ce qui est important, ils répondent souvent : « Veux-tu savoir ce que je *pense* qui est important ? » Pour eux, ce qui est important est tout à fait personnel, voire subjectif. Il leur est difficile de concevoir des choses qui importent à beaucoup de gens voire à la plupart. Il leur est difficile de concevoir que « nous sommes tous sur le même bateau ». Apparemment, certaines personnes ont plus de facilité que d'autres à généraliser à propos d'affaires importantes.

Malgré tout, on peut dire que les choses peuvent être rangées ou classées selon leur importance avec la même objectivité que celles qui peuvent l'être d'après leurs traits perceptibles. C'est ainsi que nous classons les pommes en Reinettes, Granny-Smith, Elstar et en pommes Extra ou Catégorie I ou II. Ce qui détermine leur sorte, c'est leur couleur, leur forme ou leur texture, tandis que leur catégorie est déterminée par leur dimension.

Des considérations comme celles-là peuvent nous amener à la conclusion que ce qui est d'importance réelle est ce que nous estimons important *après* réflexion plutôt qu'avant.

PLAN DE DISCUSSION : *Problèmes importants*

1. Une chose peut-elle être minuscule et malgré tout importante ?
2. Une chose peut-elle être sale et malgré tout importante ?
3. Une chose peut-elle être fausse et malgré tout importante ?
4. Une chose peut-elle être mauvaise et malgré tout importante ?
5. Une personne peut-elle être désagréable et malgré tout importante ?
6. Une personne peut-elle avoir l'air bien et être malgré tout importante ?
7. Des choses réelles peuvent-elles être sans importance alors que des choses imaginaires sont importantes ?
8. Ce qui intéresse les filles est-il *aussi important* que ce qui intéresse les garçons, *plus* important ou *moins* important ?
9. Tout ce qui est important est-il aussi sérieux ou des choses peuvent-elles être à la fois importantes et amusantes ?
10. Ce qui est important n'est-il réservé qu'aux adultes ou peut-il exister des choses qui ne sont que pour les enfants et qui sont malgré tout importantes ?

IDÉE DIRECTRICE 6 : Questions et réponses

D'un point de vue éducatif, la raison essentielle de demander à vos élèves de poser des questions, ce n'est pas tant pour avoir leur réponse que pour *modéliser* pour eux une personne qui s'étonne, qui se pose des questions. Les élèves ont à être encouragés à questionner et à exprimer leur curiosité en interrogeant d'autres gens, leurs pairs, leurs parents, leurs amis, leurs enseignants qui, tous, peuvent constituer des sources d'information utiles et fournir des points de vue alternatifs qu'ils peuvent alors prendre en considération pour trouver leurs propres réponses.

Tellement de questions peuvent être si pauvrement formulées qu'elles sèment le trouble et la confusion chez la personne à qui elles sont posées, tout comme tant de réponses maladroites ne peuvent satisfaire celui ou celle qui a posé la question. D'autre part, certaines questions sont *ouvertes* c'est-à-dire qu'elles encouragent l'enfant à penser et à chercher pour pouvoir répondre alors que d'autres, que nous pouvons appeler *fermées*, sont formulées d'une manière telle que l'enfant n'a à recourir qu'à sa mémoire pour trouver une information lui permettant de donner une réponse. Les questions fermées ont une valeur éducative limitée, dans le sens où elles n'encouragent pas l'enfant à résoudre personnellement le problème ni à tenir compte de points de vue différents.

Il existe beaucoup de types de questions. Les enfants doivent en être conscients. À certaines, on peut ne répondre qu'en observant directement le monde, en tentant de découvrir les résultats d'observations d'autres gens. Les questions scientifiques sont de ce type. À d'autres, on peut arriver à une réponse par la discussion. Quand nous souhaitons connaître le point de vue d'autres personnes, leurs opinions ou leurs attitudes, la façon la plus directe, c'est de leur parler. Nous pouvons répondre à beaucoup d'autres questions en pensant seuls, c'est-à-dire en appliquant les procédures de résolution de problèmes que nous avons apprises pour des problèmes concernant notre propre vie.

EXERCICE : Questions

Dans les questions qui suivent, y a-t-il des erreurs ? Si oui, comment mieux les formuler ?

1. « Dis-moi, Minnie, ton mal de dents te fait-il mal ? »
2. « Pourquoi certains mots sont-ils écrits avec des lettres qui ne se prononcent pas ? »

3. « À quoi ressemblaient les premières baleines ? »
4. « Es-tu vraiment toi-même aujourd'hui ? »
5. « Quelqu'un peut-il me dire ce qu'il se passe quand une force irrésistible rencontre un objet immobile ? »
6. « Aimerais-tu qu'on ne *te* donne que de la nourriture pour chien ? »
7. « Jean, es-tu vraiment le garçon que je pense que tu es ? »
8. « Pourquoi ne peut-il y avoir de paix dans le monde ? »
9. « Quelle est la vraie couleur du cheval blanc de Napoléon ? »
10. George Washington demande : « Comment Lincoln va-t-il réagir à cela ? »

IDÉE DIRECTRICE 7 : Comprendre

Concevoir une chose est une des manières de comprendre. Un autre sens de *comprendre* a une relation avec *expliquer* : c'est-à-dire que nous comprenons un phénomène quand nous pouvons *l'expliquer*. Et nous pouvons l'expliquer quand nous pouvons identifier les conditions qui lui donnent naissance et les conséquences qui en découlent.

Un autre sens encore a une relation avec la *compréhension*. On peut dire que nous comprenons un passage dans un livre quand nous en saisissons le *sens*. Et s'il a plus d'une signification, nous devrions être à même de les appréhender toutes avant de pouvoir dire que nous comprenons vraiment le passage en question.

PLAN DE DISCUSSION : Comprendre

I.

1. Peut-on savoir quelque chose sans le comprendre ?
2. Peut-on se rendre compte de quelque chose sans le comprendre ?
3. Peut-on croire quelque chose sans le comprendre ?
4. Peut-on percevoir quelque chose sans le comprendre ?
5. Peut-on assimiler quelque chose sans le comprendre ?

II.

1. Es-tu responsable si tu obéis à une règle que tu ne comprends pas ?
2. Peut-on comprendre une règle sans comprendre comment être en accord avec elle ?

3. Fais-tu certaines choses sans comprendre comment tu arrives à les faire ?
4. Dans une pièce, pourrais-tu jouer un rôle sans comprendre le sens des mots que tu dois réciter ?
5. Dans une pièce, pourrais-tu jouer un rôle dont tu comprends le sens sans comprendre le sens général de la pièce ?
6. Préférerais-tu laisser tomber le sens global de la pièce ou ne pas la comprendre ?
7. Penses-tu que tu peux comprendre ta vie dans sa globalité ?
8. Penses-tu que tu ferais mieux de laisser tomber le sens global de ta vie (s'il en a un) ou ne pas la comprendre ?

IDÉE DIRECTRICE 8 : Se sentir rejeté

Les enfants qui ont l'impression d'être non désirés n'ont pas grand sens de leur propre valeur : ce qu'ils pensent d'eux-mêmes est surtout ce qu'ils croient que les autres pensent d'eux.

Se sentir non désiré est le revers du préjugé : le préjugé nous fait adopter une vision désobligeante de l'autre ; le revers est un préjugé contre soi-même. Ceux qui ont un préjugé à l'égard des autres souhaitent se débarrasser d'eux ; des gens qui se sentent non désirés peuvent avoir le sentiment d'être inutiles ou superflus.

Les enfants qui ont mauvaise opinion d'eux-mêmes deviennent facilement des victimes toutes faites de l'oppression. C'est comme s'ils invitent ou permettent la dureté de la part des autres. Voici une raison de plus de faire de la classe un lieu sécurisé afin de prévenir le préjugé et le harcèlement.

EXERCICE : « *Si on ne veut pas de moi, dois-je rester ?* »

Que signifie *dois*-je rester dans cette phrase ?
1. Cela signifie-t-il faire ce *qu'eux* veulent que tu fasses ?
2. Cela signifie-t-il te rendre compte de ce que *toi* tu veux faire ?
3. Cela signifie-t-il comprendre ce que d'autres personnes, tes parents par exemple, veulent que tu fasses ?
4. Cela signifie-t-il qu'il y a *la* chose *bonne* à faire ?
5. Cela signifie-t-il que tu devras demander à quelqu'un d'autre que faire ?

IDÉE DIRECTRICE 9 : Réfugiés politiques et demandeurs d'asile

EXERCICE : *Écris à propos d'être non désiré*

Voici l'histoire d'un petit garçon de sept ans appelé Jules. Son père l'emmène au magasin de jouets et lui dit d'en choisir un. Pas plus d'un. Jules fait donc son choix. Après cela, il se sent très mal : son choix s'est fait *contre* les autres jouets. Alors qu'il n'avait eu aucune intention de les rejeter, c'est pourtant ce qu'il a fait. Il les aurait voulus tous mais il ne pouvait en choisir qu'un seul. Les autres jouets se sont sentis non désirés. Jules avait beau se désoler, il sentait qu'il ne pouvait rien y faire.

Écrivez maintenant *vous-mêmes* l'histoire d'un jouet dont personne n'a voulu et qui est resté sur l'étagère du magasin de jouets. Comment se sentait-il ?

IDÉE DIRECTRICE 9 : Réfugiés politiques et demandeurs d'asile

Avec beaucoup d'intelligence (même si elle a besoin de sa mère pour trouver les mots justes), Pixie introduit l'idée que le cas de Noûs est un cas qui relève de la loi. Noûs peut se dire un être rationnel, comme le sont les humains et, si les humains sont victimes de persécution, elle peut, elle aussi, se dire victime. Si les humains peuvent demander aux gouvernements de les protéger, Noûs peut dire qu'elle aussi est légalement en droit de bénéficier d'une telle protection (c'est-à-dire de l'asile politique).

Autrement dit, Pixie anticipe les paroles de son père qui dit devoir penser aux conséquences légales de ce qu'elle et Brian lui demandent de faire en suggérant qu'il y aura des conséquences légales si des gens ne protègent pas Noûs de la persécution par d'autres girafes.

PLAN DE DISCUSSION : *Réfugiés politiques et asiles*

1. Noûs prétend que les autres girafes peuvent vouloir la tuer parce que, contrairement à elles, elle peut parler. Veut-elle dire qu'elles ne peuvent penser ?
2. Brian et Pixie pensent-ils que Noûs est une créature rationnelle et que c'est pour cette raison qu'elle est en droit d'être protégée ?
3. Brian et Pixie pensent-ils que Noûs est une personne et que, dès lors, elle a droit à la protection ?

4. Quand une espèce est en danger (par exemple les dauphins ou les baleines) disons-nous qu'elle a droit à la protection parce qu'il s'agit d'êtres rationnels et de personnes ?
5. Une nation entière peut-elle revendiquer la protection contre ceux qui voudraient les tuer tous (génocide) ?
6. Quelle différence fais-tu entre un hôpital psychiatrique qu'on appelle un asile et un pays qui est un asile politique ?

IDÉE DIRECTRICE 10 : Innocemment

Dans le troisième épisode, le père de Pixie lui répond «innocemment». Dans ce contexte, veut-il dire qu'il n'est pas coupable du refus de la requête de sauver Noûs ? Ou bien se *prétend*-il non coupable de faire une chose pareille ?

Innocence et culpabilité sont des notions très importantes et très compliquées.

Au tribunal, la culpabilité de l'accusé doit être *prouvée* et la preuve doit être claire et convaincante, sans le moindre doute.

Toutefois, ce n'est pas nécessairement ce qui se passe partout dans le monde. Certains pays reconnaissent la culpabilité d'une personne jusqu'à preuve de son innocence alors que d'autres la considèrent comme innocente jusqu'à preuve de sa culpabilité. Dans certains pays, ce qui compte surtout, c'est que la procédure légale soit respectée. On préfère souvent libérer une personne coupable que punir injustement une personne innocente.

PLAN DE DISCUSSION

1. Penses-tu qu'il est plus facile d'être une personne coupable prétendant être innocente ou une personne innocente se prétendant coupable ? Pourquoi ?
2. Est-il plus facile de prouver la culpabilité d'un coupable ou l'innocence d'un innocent ?
3. Les tribunaux prouvent-ils l'innocence de gens ou leur non-culpabilité ?
4. Une personne peut-elle être reconnue coupable sans preuve de sa culpabilité ?
5. Une personne peut-elle être reconnue coupable sans preuve de délit ?

IDÉE DIRECTRICE 11 : Conséquences

La rationalité est considérée comme la capacité d'aller au-delà du présent et de prendre en compte la relation avec le passé et le futur de ce qu'on fait. Tout individu envisageant que faire dans une situation morale doit tenir compte du bien ou du mal qui résulterait d'une action envisagée. On doit envisager le bien qui serait fait à *d'autres* et pas seulement à soi-même. De même pour le mal qui serait fait à d'autres et pas seulement à soi-même. Le bien aux autres, le bien à soi-même, le mal aux autres et le mal à soi-même sont quatre des considérations à envisager par une personne morale. Aucune n'est absolue mais aucune ne peut-être omise quand on se demande comment agir.

Les élèves ont besoin de pratique d'une pensée envisageant comment nos actes ont des conséquences ainsi que pour évaluer les conséquences d'une conduite envisagée. Il est important qu'ils puissent faire la distinction entre tenir compte des conséquences dans une situation *particulière* et des conséquences d'une *règle* ou d'une *politique*.

PLAN DE DISCUSSION : Anticiper les conséquences de nos actes

1. Si on enlève les pieds d'une table un par un, qu'arrivera-t-il vraisemblablement ?
2. Si demain c'est un jour normal d'école mais que tu dis à ton ami que c'est un jour de congé, qu'arrivera-t-il vraisemblablement ?
3. Si quelqu'un met de la colle sur la chaise de son/sa voisin(e), qu'arrivera-t-il vraisemblablement ?
4. Si une carte routière n'est pas fidèle, qu'arrivera-t-il vraisemblablement ?
5. Si les gens déversent des poisons dans leurs rivières et dans leurs lacs, qu'arrivera-t-il vraisemblablement ?
6. Si on ne fait pas la respiration artificielle à une personne en train de se noyer, qu'arrivera-t-il vraisemblablement ?
7. Si tu discutes avec tes amis de tes idées, qu'arrivera-t-il vraisemblablement ?
8. Si tu discutes avec ta famille de tes idées, qu'arrivera-t-il vraisemblablement ?
9. Si tu ne discutes pas avec tes amis de tes idées, qu'arrivera-t-il vraisemblablement ?
10. Si tu ne discutes pas avec ta famille de tes idées, qu'arrivera-t-il vraisemblablement ?

PLAN DE DISCUSSION : Conséquences positives et négatives

1. Vois-tu une forme de conduite qui est généralement approuvée mais qui a généralement des conséquences négatives ?
2. Vois-tu une forme de conduite qui est généralement désapprouvée mais qui a généralement des conséquences positives ?
3. Vois-tu une forme de conduite qui est ouvertement condamnée par tout le monde mais qui est pratiquée en privé ou secrètement ?
4. Vois-tu une forme de conduite qui est ouvertement approuvée mais que des gens refusent secrètement ou en privé de pratiquer ?
5. Pour le 3, se peut-il que des gens désapprouvent la conduite mais qu'ils en aiment ses conséquences ?
6. Pour le 4, se peut-il que des gens approuvent la conduite mais qu'ils en désapprouvent les conséquences ?
7. Penses-tu qu'il soit possible de dire d'une forme de conduite qu'elle est bonne ou mauvaise sans prendre en considération la qualité positive ou négative de ses conséquences ?

EXERCICE : Tenir compte des conséquences

Si c'est bien de prendre en considération les conséquences d'un acte envisagé, il convient de se demander de quelles conséquences il s'agit : celles qui ne concernent que nous ? Celles seulement pour les gens affectés par notre action ? Pour l'ensemble de la société ? Pour chacun ?

Que répondrais-tu dans les cas que voici ?

Tu te demandes si tu dois :	Tu devrais envisager les conséquences :			
	pour toi	pour tous ceux que cela touche	pour la majorité	pour chacun ?
1. manger une pêche				
2. attraper un poisson				
3. conduire une voiture sans permis				
4. voler une moto				
5. critiquer une loi inique				

PLAN DE DISCUSSION : Possibilité de conséquences néfastes

Voici dix situations personnelles. Discutez de chacune d'elles et dites comment elles peuvent avoir des conséquences néfastes :

IDÉE DIRECTRICE 11 : Conséquences

(a) Comment l'action entreprise peut affecter la personne en question.
(b) Comment elle peut affecter le caractère de cette personne.
(c) Comment elle va probablement affecter la direction de la vie de la personne.
(d) Comment elle pourrait toucher d'autres gens de l'entourage de cette personne.
(e) Comment elle peut toucher les institutions de la société.

Un groupe de jeunes sur une plage, en excursion scolaire.

1. Isabelle sait qu'elle ne peut pas nager immédiatement après avoir mangé. Or elle a pris un repas copieux et s'est mise immédiatement après à l'eau. Une fois loin du rivage, elle a attrapé une crampe et a commencé à couler.
2. Georges ne sait pas nager. Mais comme Isabelle est une bonne copine, il tente de la rejoindre en marchant dans l'eau qui lui vient par-dessus la tête.
3. Rose n'aime pas Isabelle et elle a peur de l'eau. Mais elle sent que c'est son devoir d'essayer de la sauver alors qu'elle n'est qu'une piètre nageuse.
4. Eddie voit l'occasion d'être un héros. Il essaye d'atteindre Isabelle avant tout le monde.
5. Arthur part à la recherche d'un téléphone.
6. Bill et Marie trouvent une barque et se mettent à ramer en direction d'Isabelle.
7. Edna est une bonne nageuse qui n'a pas peur de l'eau. Comme elle n'aime pas Isabelle, elle ne fait rien.
8. Max n'est pas bon nageur mais sentant qu'il ne peut rester à regarder se noyer quelqu'un, il se met donc à nager vers Isabelle.
9. Olivier court jusqu'à la plage suivante pour trouver le sauveteur.
10. Catherine et Henri trouvant que, puisqu'ils ne savent pas nager, ils ne peuvent rien faire, ils poursuivent leur conversation à propos des Rolling Stones.

EXERCICE : Juger des conséquences d'actions

Si tu faisais les choses que voici, quelles en seraient, à ton avis, les conséquences ?

1. Au lieu d'aller à l'école, tu passes tes journées à la maison à jouer à des jeux vidéo.
2. Tu décides de protester contre le temps qu'il fait en commençant une grève de la faim.
3. Tu arrêtes ta grève de la faim et tu manges vingt œufs cuits durs.
4. Tu téléphones au directeur de l'école à son domicile pour voir si tu peux faire quelques courses pour lui.
5. Tu manges au cours d'histoire le sandwich que tu as apporté pour ton lunch.
6. Tu espères te faire engager à l'armée.
7. Tu dis aux gens que tu aimes pourquoi tu les aimes et à ceux que tu n'aimes pas pourquoi tu ne les aimes pas.
8. Tu étudies vraiment pour l'examen.
9. Tu envoies à la personne que tu aimes secrètement une lettre d'amour anonyme.
10. Tu envoies à la personne que tu aimes secrètement un cadeau anonyme.

EXERCICE : Juger des conséquences des règles

I. À ton avis, quelles seraient les conséquences de la promulgation des règles que voici ?

   1. Ta ville a promulgué une règle limitant le ramassage des ordures à une fois par mois.
   2. Ton école édicte une règle interdisant de mettre un cadenas aux vestiaires du gymnase.
   3. Ta classe adopte une règle disant que ceux qui veulent aller aux toilettes doivent y aller par ordre alphabétique.

II. Considérez les règles suivantes. À ton avis, quelles conséquences cela entraînerait-il de les adopter ou de ne pas les adopter ?

   1. Jusqu'à présent, dans ton école, aucune règle n'interdit de fumer. On vient de proposer une règle pour que toute

personne prise à fumer doive travailler une journée pour la communauté.
2. Jusqu'à présent, dans ton école, n'existe aucune règle contre les graffitis. On vient de proposer une règle pour que ceux qui sont pris à en faire soient traités comme de grands artistes et interviewés par le journal de la ville.
3. Jusqu'à présent, dans ton école, aucune règle ne concerne les farces. On vient d'en proposer une : on fera la même blague à toute personne qui en a fait une.

IDÉE DIRECTRICE 12 : Qu'est-ce que les conséquences *légales* ont de particulier ?

Nos actes peuvent avoir des conséquences de diverses natures. Un coup donné à quelqu'un peut avoir des conséquences *physiques* (un œil au beurre noir) ; ou des conséquences *médicales* (besoin d'un médecin) ; des conséquences *psychologiques* (avec parfois nécessité d'une thérapie psychologique ; des conséquences *sociales* (la famille de la victime peut intenter un procès à la famille du coupable) ; ou encore des conséquences *financières* (celui qui perd le procès devra payer des réparations).

EXERCICE : Des conséquences légales ?

Quelles pourraient être les conséquences légales dans les cas suivants ?

1. Deux chiens de traîneau se battent tout en tirant un traîneau.
2. Un homme se fait mordre par le chien d'un autre.
3. Deux hommes sont en conflit à propos de la propriété d'un chien qui a reçu un prix.
4. Un homme mord le chien d'une autre personne.
5. Un chien mord un officier de police qui essaye d'arrêter son maître.

CHAPITRE III

IDÉE DIRECTRICE 1 : Prendre des décisions

Tout en encourageant les enfants à exercer un bon jugement, nous voulons en même temps être sûrs que nous ne les pressons pas à faire des jugements *prématurés*. S'il leur faut davantage de temps pour réfléchir (et si ce temps supplémentaire ne pose pas de problème), il faut certainement le leur accorder. Si certaines décisions peuvent être postposées indéfiniment, d'autres ne le peuvent pas : pouvoir décider est une question de jugement. Il importe que les enfants soient capables de choisir – toutes les autres choses étant égales – plutôt que ce soit quelqu'un d'autre qui le fasse pour eux. (Il y a évidemment des exceptions, mais cela ne change pas le fait que nous tentons de développer leur capacité à choisir en les faisant pratiquer eux-mêmes des choix.) En même temps, le fait de pouvoir choisir ne constitue pas un grand progrès si ces choix continuent à se faire de manière non avisée. Le bon jugement est normalement renforcé par la pratique de prises de décisions.

EXERCICE : *Quand aimerais-tu pouvoir penser avant de décider ?*

Voici quelques décisions que tu pourrais être amené(e) à prendre. Dans quels cas pourrais-tu souhaiter disposer de temps ?

	temps de réflexion		
aucun	**petit moment**	**longtemps**	**?**

1. Prendre un bonbon de plus.
2. Rompre avec ton meilleur ami/ta meilleure amie.
3. Regarder ton programme de télé favori.
4. Devenir médecin.
5. Te marier cette année.

EXERCICE : Prendre des décisions

Parfois, nous devons prendre une décision et parfois pas. Dans les cas suivants, dis ce qu'il en est :

1. Des filles jouent à la marelle. Lulu va-t-elle *décider* de jouer ou pas avec elles ?
2. Des gamins veulent taquiner Jeffrey. Ils lui suggèrent de retenir son souffle jusqu'à ce qu'ils lui disent qu'il peut à nouveau respirer. Jeffrey doit-il *décider* de continuer à respirer ?
3. Il n'a pas plu pendant deux semaines. L'herbe peut-elle décider de roussir ?
4. Lulu se demande où trouver le lever du soleil. Peut-elle *décider* que le soleil apparaisse là où elle le souhaite ?
5. Le chat de Jeffrey est couché dans l'herbe. Une souris passe. Le chat peut-il décider de chasser ou pas la souris ?

PLAN DE DISCUSSION : Prise de décision

1. Tina essaie de décider si elle va mettre du mascara pour aller à l'école aujourd'hui. Que prendra-t-elle en considération pour se décider ?
2. Lisbeth essaie de décider si elle va laisser tomber l'école ou non et chercher un emploi dans l'usine d'asbeste locale. Quelles sortes de choses prendra-t-elle en considération pour décider ?
3. Éric essaie de décider s'il va demander ou non à ses parents s'il peut se fiancer avec Linda. De quelles sortes de choses devrait-il tenir compte pour se décider ?
4. Bill essaie de décider s'il emportera la revue qu'il consulte quand le marchand de journaux aura le dos tourné. De quelles sortes de choses devrait-il tenir compte pour se décider ?
5. Linda a raconté à Tina ce qu'elle et Rick ont fait la veille. Tina pense le raconter à Liz. De quelles sortes de choses Tina devrait-elle tenir compte pour prendre sa décision ?
6. Les parents de Billy lui ont dit qu'il ne pouvait pas regarder la TV avant d'avoir fini ses devoirs. En conséquence, Billy envisage de s'enfuir. Quelles sortes de choses devrait-il garder à l'esprit ?
7. La grand-mère de Tina va avoir 90 ans. Tina aimerait lui faire un plaisir. De quelles sortes de choses doit-elle tenir compte ?
8. L'oncle d'Éric lui a offert un fusil de chasse pour ses 16 ans. Mais Éric est un amoureux inconditionnel des animaux. Il doit décider que dire à son oncle. Quelles sortes de choses devrait-il prendre en considération ?

9. Linda accepte d'Éric une broche mais pas un anneau. Il doit décider s'il va discuter avec elle ou pas. Quelles sortes de choses prendra-t-il en considération ?

EXERCICE : Prendre des décisions morales

Prendre une décision n'est qu'un seul moyen pour traiter un problème. D'autres moyens peuvent mieux convenir. On peut réagir exagérément à une situation en voulant prendre une décision avant que ce soit nécessaire. Ou bien une décision doit être prise mais vous n'êtes pas la personne appropriée pour la prendre. Il existe peut-être des moyens de circonvenir le problème et ainsi de le résoudre, au moins provisoirement. Ou encore, le problème doit être reformulé avant de pouvoir le résoudre.

Laquelle de ces alternatives choisirais-tu dans les situations suivantes : **la postposer, attendre qu'elle soit prise par quelqu'un d'autre, circonvenir le problème, reformuler le problème ou prendre une décision tout de suite ?**

1. Tu n'as pas l'intention de commencer à fumer, mais un copain te propose une cigarette.
2. Ta famille propose que la prochaine fois qu'il y aura une fête à l'école, tu y emmènes ta sœur au lieu de te chercher une copine.
3. Le désordre de ta chambre s'est maintenant étendu au palier. Tes parents commencent à trouver que tu dois y remédier.
4. Tu trouves dans ton casier qui est toujours fermé le porte-monnaie d'un camarade de classe contenant de l'argent.
5. Le journal de l'école ne paraît plus parce qu'y ont été imprimés des articles contestables. Tu trouves que quelqu'un devrait protester.
6. Tu n'es pas passé de classe cette année et tu penses que tu devrais laisser tomber l'école. C'est que tu ne te sens plus appartenir à ton ancienne classe et n'as pas l'impression d'appartenir à la nouvelle.

IDÉE DIRECTRICE 2 : Être heureux

Les philosophes discutent depuis longtemps pour savoir ce qui est le plus grand des biens humains. Pour certains, c'est d'être vertueux alors que pour d'autres, c'est d'être heureux. D'autres encore ont essayé de combiner les deux en disant qu'être vertueux est le meilleur moyen d'assurer son bonheur.

Ceci soulève une autre question qui y est liée : fins/moyens. C'est-à-dire qu'être vertueux est un moyen et le bonheur une fin (voire *la* fin). Cependant, être heureux pourrait-il constituer un moyen ? Pour de nombreux philosophes, le bonheur ne peut être un moyen pour quoi que ce soit : il ne peut être qu'une fin, c'est-à-dire quelque chose que nous cherchons pour lui-même et pas pour autre chose.

PLAN DE DISCUSSION : Être heureux

1. Si tu avais beaucoup d'argent, serais-tu heureux/heureuse ?
2. Si tu avais des tas d'amis, serais-tu heureux/heureuse ?
3. Si tu avais des tas de livres, serais-tu heureux/heureuse ?
4. Pourrais-tu ne pas avoir d'argent du tout et être malgré tout heureux/heureuse ?
5. Pourrais-tu ne pas avoir d'amis et être malgré tout heureux/heureuse ?
6. Pourrais-tu ne pas avoir de livres et être malgré tout heureux/heureuse ?
7. Quand tu t'amuses, es-tu heureux/heureuse ?
8. Pourrais-tu t'amuser et pourtant ne pas être heureux/heureuse ?
9. Pourrais-tu avoir beaucoup d'argent, des tas d'amis et de livres et pourtant ne pas être heureux/heureuse ?
10. Pourrais-tu être passionné/passionnée et heureux/heureuse à la fois ?
11. Pourrais-tu être triste et heureuse/heureux à la fois ?
12. Pourrais-tu être malade et heureuse/heureux à la fois ?
13. Pourrais-tu être heureux/heureuse et en même temps rempli(e) de joie ?
14. Pourrais-tu être heureux/heureuse alors que tous tes amis seraient malheureux ?
15. Quelle différence fais-tu entre être heureux et être satisfait ?

EXERCICE : Bonheur et malheur

Voici une question : Que comptes-tu faire aujourd'hui ?
Comment un(e) *heureux/heureuse* .... y répondrait-il/elle ?

Remplis le blanc avec cette liste

1. un écureuil
2. un oiseau
3. un enfant
4. une mère
5. un amoureux
6. un enseignant
7. un élève
8. un président
9. un magasinier
10. un homme

Comment un(e) *malheureux/malheureuse* .... y répondrait-il/elle ?

IDÉE DIRECTRICE 3 : Le sauvetage

« Brian et Papa, racontez-nous encore cet excitant sauvetage du zoo. »

L'histoire d'un sauvetage est excitante parce qu'elle implique risque et danger, qu'elle comporte de l'aventure et que le courage y triomphe sur l'excès de prudence. Ceux qui ont été en danger sont sauvés et tout finit bien.

Il existe beaucoup de sortes de dangers comme de sauvetages : des sauveteurs du feu et de l'eau, des sauveteurs en cas de tueurs fous et d'animaux sauvages, des plus hautes cimes aux plus grandes profondeurs. Les sauveteurs aussi sont très différents : certains sont payés pour le faire (pompiers, sauveteurs) alors que des civils s'y trouvent parfois engagés en urgence.

PLAN DE DISCUSSION : *Tous les sauvetages sont-ils bons ?*

1. Est-ce bien de délivrer tous les prisonniers de leur prison ? Cela peut-il l'être ?
2. Est-ce toujours bien de sauver les chats des arbres ?
3. Un médecin est-il un héros s'il sauve la vie d'un patient ?
4. Un sauveteur est-il un héros s'il sauve de la noyade un nageur ?
5. Un nageur est-il un héros s'il sauve de la noyade un sauveteur ?

IDÉE DIRECTRICE 4 : Qu'est-ce que la philosophie ?

Puisque la philosophie est une discipline qui considère que tout peut être questionné, elle n'hésite pas à se questionner elle-même. La définir est difficile ; elle définit difficilement sa propre identité.

Ceci ne veut toutefois pas dire qu'il n'y a pas eu de nombreuses façons de dire ce qu'elle est. Elle pourrait notamment correspondre à l'une ou à plusieurs définitions proposées, pour ne rien dire d'autres qui ont pu être envisagées.

EXERCICE : Définir la philosophie

Quelle est la définition qui te conviendrait le mieux ? Dis pourquoi.

1. La philosophie, c'est l'amour de la sagesse.
2. La philosophie, c'est la sagesse.
3. La philosophie, c'est la discussion des concepts les plus généraux.
4. La philosophie est la science des sciences.
5. La philosophie est la servante de la science.
6. La philosophie, c'est une pensée de haut niveau.
7. La philosophie, c'est l'étude de concepts mal définis.
8. La philosophie, c'est la compréhension de la connaissance.
9. La philosophie est la discipline qui critique les autres disciplines.
10. La philosophie, c'est la construction des cadres de référence les plus généraux.

IDÉE DIRECTRICE 5 : La philosophie à l'école primaire

La philosophie s'enseigne depuis des milliers d'années mais quasiment jamais au niveau primaire : considérée comme trop difficile pour les enfants.

Actuellement pourtant, elle commence même à être offerte au niveau pré-primaire. Elle est considérée comme renforçant la formation de concepts, la logique du raisonnement ainsi que le jugement personnel. Elle rend en outre les enfants capables de discuter de leurs idées qui sont tellement générales qu'elles dépassent les frontières des différents sujets. Des notions très générales comme la vérité, le sens ou la justice sont très importantes pour les expériences scolaires de l'enfant.

La philosophie au primaire amène à utiliser des romans ou des histoires plutôt que des manuels. Elle est initiée dans la ‹communauté de recherche philosophique›.

IDÉE DIRECTRICE 5 : La philosophie à l'école primaire

C'est ainsi qu'on peut l'aborder bien avant l'enseignement supérieur.

PLAN DE DISCUSSION : Philosophie à l'école primaire

1. Quand ton enseignant(e) t'explique comment il ou elle pense, est-ce de la philosophie à l'école primaire ?
2. Quand ton enseignant(e) t'explique comment tu penses, fait-il/elle de la philosophie ?
3. Quand tu étudies comment pensaient les Grecs il y a 2500 ans, est-ce de la philosophie ?
4. Quand tu envisages ta vie et en discutes à la manière dont le faisaient les Grecs il y a 2500 ans, est-ce de la philosophie à l'école primaire ?
5. Quand tu penses à ce qu'est la pensée, fais-tu de la philosophie à l'école primaire ?
6. Quand tu es en primaire et penses à la philosophie, est-ce de la philosophie à l'école primaire ?

PLAN DE DISCUSSION : Composants de la philosophie

Bien qu'il existe d'innombrables exemples de recherche pouvant être considérés comme de la philosophie, on s'accorde généralement pour dire que les cinq composants principaux sont : la métaphysique, l'épistémologie, l'éthique, l'esthétique et la logique. Chacun de ces composants vise à répondre à certaines questions, comme :

Composants philosophiques	Questions
Métaphysique	Que veut dire réel ? Qu'est-ce qui est réel ? Quels sont les critères de la réalité ?
Épistémologie	Qu'est-ce que la connaissance ? Qu'est-ce que la vérité ? Qu'est-ce qui est important pour la connaissance et la vérité ?
Éthique	Qu'est-ce qui est moralement bien ? Moralement juste ? Quels sont les critères du bien et du juste ?
Esthétique	Qu'est-ce qui passe pour être beau ? À quels critères doit satisfaire une chose pour être jugée belle ?
Logique	Que pouvons-nous correctement inférer de ce que nous devons savoir ? De ce que nous disons vrai, que faut-il inférer ?

EXERCICE : Classification selon les composants philosophiques

Dans laquelle des 5 catégories classerais-tu les phrases que voici ? (Une déclaration ou une question pourrait tomber dans plus d'une catégorie.)

<u>métaphysique</u> <u>épistémologie</u> <u>éthique</u> <u>esthétique</u> <u>logique</u>

1. « Pourquoi ce tableau est-il considéré comme une œuvre d'art ? »
2. « Bien sûr que c'est un monstre. Mais un <u>bon</u> monstre. Et il est un des nôtres. »
3. « Je sais ce que je sais mais je ne sais pas si c'est certain. »
4. « Voici un jouet girafe, mais c'est un <u>vrai</u> jouet girafe. »
5. « Si deux personnes montent ensemble un même cheval, l'une d'elles doit être devant et l'autre derrière. »
6. « Mike, cette veste en cuir avec les manches déchirées te va vraiment bien. »

IDÉE DIRECTRICE 6 : Les voleurs

Être voleur ne constitue pas une occupation ou une profession. Les voleurs sont des sortes de délinquants. Ils vivent en faisant des effractions, en entrant et en volant. Mais tout de même, nous pouvons nous poser quelques questions à propos de ce qu'est être un(e) voleur/voleuse.

EXERCICE : Qu'est-ce qui fait un voleur ?

Dans ce qui suit, qu'est-ce qui est essentiel pour être un vrai voleur et pourquoi ?

1. Manque de respect de la propriété privée.
2. Manque de respect de la loi.
3. Capacité de travailler très rapidement.
4. Avoir tout le temps des rhumes et des éternuements.
5. Savoir comment utiliser de petits outils.
6. Pouvoir courir vite.
7. Ne pas avoir peur dans des situations dangereuses.

8. Apparence de respectabilité.
9. Pouvoir forcer une serrure.
10. Ne pas aimer le travail ardu ni des heures régulières.

IDÉE DIRECTRICE 7 : Se vanter

Quand on se glorifie ou qu'on met en avant ce que l'on est capable de faire, on peut ne pas exagérer. Se mettre en avant et se glorifier ne sont pas nécessairement des mensonges. Une fille peut se vanter de savoir skier et dire la vérité, même si certaines personnes trouvent qu'elles l'entendent le dire trop souvent.

Du point de vue de la créativité pourtant, la vantardise la plus intéressante est celle dans laquelle on exagère, même fort. La fille qui écrit : « Chaque jour je rends visite au soleil » se vante d'une chose qui n'est pas littéralement vraie mais qui est intéressante du point de vue figuratif ou poétique.

Il peut être utile de pouvoir distinguer la glorification du désir, du mensonge, du rêve et de formes similaires de conduite.

EXERCICE : Se glorifier

Comment classerais-tu ce qui suit ?

souhait   se glorifier sans mentir   rêver   poésie ?

1. « Ce serait bien que les chiens aient des ailes. »
2. « La nuit dernière, j'ai vu une armée de chiens ailés. »
3. « Mon perroquet prononce les mots mieux que tous les membres de ma famille. »
4. « Ton perroquet et mon chien ailé ont levé l'ancre dans un bateau vert pois. »
5. « J'avais une paire d'ailes que je gardais dans un coffre et un jour j'ai remarqué qu'elles étaient devenues chien. »

CHAPITRE IV

IDÉE DIRECTRICE 1 : Comment vivre ?

Certains enfants trouveront qu'il s'agit là d'une question surprenante parce qu'ils ne savent pas qu'on a le choix en la matière. Ils pensent qu'on vit tout simplement de la manière dont on doit vivre ou comme on y a été éduqué. Philosopher, c'est discuter de questions comme celle-là. Cela suppose que nous soyons libres de choisir un style de vie ou tout moins de faire nos propres choix.

PLAN DE DISCUSSION : *Comment vivre ?*

1. Quelles sont les choses que tu préfères faire ?
2. Quelles sont les choses qui comptent le plus pour toi dans ta vie ?
3. Penses-tu qu'en grandissant, tu aimeras encore faire les mêmes choses ?
4. Penses-tu qu'en grandissant, les mêmes choses te sembleront importantes ?
5. Es-tu heureux/heureuse ?
6. Voudrais-tu être heureux/heureuse plus tard ?
7. Y a-t-il des choses qui comptent plus pour toi que le bonheur ?
8. Est-ce possible d'être parfaitement heureux ?
9. Pourrais-tu être heureux/heureuse dans un monde où tous les autres souffrent ?
10. Pourrais-tu être heureux/heureuse même si tu as fait des choses qui ont causé de la souffrance à des êtres innocents ?
11. Ferais-tu plutôt des choses qui donnent du plaisir à d'autres gens ou des choses qui les délivrent de la douleur ?
12. Aimerais-tu vivre d'une manière qui aiderait à rendre le monde meilleur ?

13. Pourrais-tu être heureuse/heureux si tu n'avais pas un(e) seul(e) ami(e) ?
14. Pourrais-tu être heureuse/heureux si tout autour de toi était sale ?
15. Pourrais-tu être heureuse/heureux si tous les gens que tu connais ne faisaient que mentir et essayer de se tromper mutuellement ?
16. Pourrais-tu être heureuse/heureux si tu ne comprenais pas ce qui se passe autour de toi ?
17. Pourrais-tu vivre d'une manière qui semble bonne à tout le monde mais qui te semble mauvaise ?
18. Pourrais-tu vivre d'une manière qui semble mauvaise à tout le monde mais qui te semble bonne ?

IDÉE DIRECTRICE 2 : Bien et mal

‹Bien› et ‹mal› sont parmi les premiers mots que les enfants apprennent. (Les animaux domestiques aussi probablement !)

Appliqués à la conduite morale et à d'autres sortes de comportements, le bien et le mal ont un autre sens. (On peut dire à son chien que c'est *mal* quand il désobéit, mais on ne lui dit pas que c'est mal s'il n'arrive pas à rattraper un lévrier : on l'encourage pour qu'il fasse mieux la fois suivante.)

Habituellement, nous n'avons pas grand problème à comprendre ce qu'une personne veut dire quand elle parle de ‹bon› boucher, de ‹bon› boulanger, de ‹bon› artisan. Mais utilisons-nous ce mot ‹bon› de la même manière quand nous parlons de conduite morale ? Certains prétendront que oui en disant que les gens ‹bons› sont ceux qui excellent à réaliser la seule fonction de l'humain, à savoir une vie responsable. Alors que d'autres vont rejeter cet argument en disant que ‹le bien› est quelque chose qui est à part, quelque chose que nous devons acquérir, une qualité essentielle et éternelle que l'on arrive à partager et à laquelle on finit par participer. Une autre conception encore de ce que ce qu'est ‹le bien›, c'est de le considérer comme synonyme de tout type d'excellence. Dans ce sens, tout ce qui est bien fait, bien dit ou bien pensé est ‹bien›.

IDÉE DIRECTRICE 2 : Bien et mal

PLAN DE DISCUSSION : Quand appeler ‹bonne› une chose ?

1. Le fait que tu *aimes* une chose la rend-il ‹bonne› ?
2. Le fait qu'un grand nombre de gens *aiment* une chose rend-il ‹bonne› cette chose ?
3. Si tu *préfères* les pommes aux oranges, cela rend-il les pommes meilleures que les oranges ?
4. Que tu *souhaites* une chose la rend-il ‹bonne› ?
5. Que tu ne *souhaites* pas une chose la rend-il ‹mauvaise› ? Sans valeur ?
6. Est-il possible de ne pas aimer quelque chose de ‹bon› ?
7. Est-il possible de savoir qu'une chose est ‹mauvaise› et de l'aimer malgré tout ?
8. Qu'une chose soit ‹bonne› garantit-il que les gens l'aimeront ?
9. Qu'une chose soit ‹bonne› garantit-il que les gens la préféreront à une mauvaise ?
10. *Sachant* que quelque chose est ‹bien› et, en en connaissant les *raisons*, pourrait-on ne pas l'aimer ?
11. Une chose peut-elle être ‹bonne› même si des tas de choses sont meilleures ?
12. Une chose peut-elle être ‹mauvaise› même si des tas de choses sont pires encore ?
13. Penses-tu que si tu comprends parfaitement les raisons pour lesquelles une chose est meilleure qu'une autre, tu continueras à préférer la moins bonne ?
14. Une chose pourrait-elle être valable même si personne ne l'apprécie ?
15. Une chose pourrait-elle être désirable même si personne ne la désire ?
16. Une personne que personne n'aime pourrait-elle tout de même être appréciable ?
17. Que préférerais-tu : quelque chose sans valeur que tout le monde veut ou quelque chose de valable dont personne n'a voulu ?
18. Quelles choses pouvons-nous appeler ‹bonnes›, les désirées ou les désirables ?

EXERCICE : Qu'est-ce qui fait d'une personne une personne bien ?

Donnez votre opinion sur les phrases que voici et justifiez-la :

                                                                 d'accord   pas d'accord   ?

1. « Être *bien*, c'est faire ce qu'on te dit de faire. »
2. « Être *bien*, c'est faire ce qui doit être fait. »
3. « Être bien, c'est ne pas gêner les autres. »
4. « Être bien, c'est faire la bonne chose, au bon moment, au bon endroit. »
5. « Être bien, c'est faire ce qu'on a à faire, même si on n'aime pas. »
6. « Être bien, c'est faire ce dont on a envie. Et advienne que pourra ! »
7. « Être bien, c'est faire ce que tu as compris qui doit être fait. »
8. « Être bien, c'est faire les choses de manière à ne jamais avoir de regrets. »
9. « Être bien, c'est agir pour le bonheur de tous. »
10. « Être bien, c'est faire ce que tu penses convenir à ta vie. »
11. « Être bien, c'est être expert dans le bien. »
12. « Tu es bien si tu fais ce que j'aime. »
13. « Être bien, c'est s'occuper de soi. »
14. « Être bien, c'est agir comme chacun devrait agir. »
15. « Être bien, c'est certaines choses dites ci-dessus, mais je ne sais pas bien lesquelles. »

EXERCICE : Être mauvais

Donnez votre opinion sur les phrases que voici et justifiez-la :
Être mauvais, c'est :

                                                        d'accord   pas d'accord   ?

1. Rendre tout le monde malheureux.
2. Parler tout le temps.
3. Avoir de bons résultats.
4. Avoir de mauvais résultats.
5. Blesser les autres.

IDÉE DIRECTRICE 2 : Bien et mal

6. Blesser d'autres qui ne méritent pas de l'être.
7. Blesser volontairement d'autres qui ne méritent pas de l'être.
8. Prendre plaisir à faire du mal volontairement à des êtres innocents.
9. Ne pas être amical.
10. Être rempli de rancœur.
11. Être méchant et cruel.
12. Avoir de mauvaises idées.
13. Ne pas tenir compte des sentiments des autres.
14. Vouloir penser par soi-même.
15. Certaines choses dites ci-dessus, mais je ne sais pas bien lesquelles.

EXERCICE : Le mot ‹bon›

Peux-tu associer le mot ‹bon› utilisé dans la colonne de gauche avec les sens donnés dans celle de droite ?

1.	Cette orange-ci est très bonne.	A. expérimenté
2.	Mme Martin est une très bonne enseignante.	B. connaît le succès
3.	Serge était un bon gamin.	C. efficace
4.	Belle journée !	D. gracieux
5.	Georges est un bon chocolatier.	E. rapide
6.	Patrick est un bon danseur.	F. gentil
7.	Marco est un bon dentiste.	G. compétent
8.	Le père de Sophie est un bon homme d'affaires.	H. savoureux
9.	Cette classe est un bon public.	I. bien élevé
10.	Bertrand est un bon coureur.	J. attentif
11.	Tout le monde a passé un bon moment dans cette fête.	K. avisé
12.	Ma mère est en bonne santé.	L. agréable

PLAN DE DISCUSSION : Bien et mal

1. Tom ne fait que désobéir à l'enseignant. Est-il bien ?
2. Marie fait toujours ce que l'élève assis(e) à côté d'elle lui dit de faire. Est-elle bien ?
3. Jenny est la meilleure de la classe quand il s'agit de jouer à la corde. Est-elle bien ?
4. En classe, Cathy crie toujours plus fort que les autres. Est-elle bien ?

5. Harold fait toujours ce qu'il pense le meilleur pour les autres aussi bien que pour lui-même. Est-il bien ?
6. Sam se lave les dents plusieurs fois par jour. Est-il bien ?
7. Linda tente toujours de rester en dehors des bagarres. Est-elle bien ?

EXERCICE ET PLAN DE DISCUSSION : Bon et mauvais

1. Dessine un garçon MAUVAIS
2. Fais un MAUVAIS dessin d'un garçon
3. Dessine quelque chose qui est BIEN
4. Fais un BON dessin de ce que tu voudrais dessiner

IDÉE DIRECTRICE 3 : Satisfaction

Quand nous sommes empêchés de faire ce que nous ferions normalement, nous sommes insatisfaits. Nous disons que nous avons un problème. Quand cette insatisfaction disparaît, nous pouvons à nouveau fonctionner : ce problème a été résolu.

C'est spécialement vrai lorsque nous sommes confrontés à des problèmes moraux. Ces problèmes peuvent nous mettre en état d'insatisfaction. Et ce n'est que quand nous avons opéré les changements nécessaires que nous pouvons retrouver un état de contentement.

PLAN DE DISCUSSION : Insatisfaction et satisfaction

1. Pourrait-on dire que certains problèmes ne durent qu'un jour, d'autres des semaines ou des mois et d'autres toute la vie ? Peux-tu trouver des exemples ?
2. Des problèmes de courte durée pourraient-ils malgré tout faire partie des plus difficiles à résoudre ? Peux-tu trouver des exemples ?
3. Certaines personnes souffrent-elles toute leur vie de problèmes pouvant être relativement facilement résolus ? As-tu des exemples ?
4. Y a-t-il des moments où tu es insatisfait(e) sans pouvoir penser aux problèmes qui pourraient te causer cette insatisfaction ?
5. As-tu parfois des problèmes sans ressentir d'insatisfaction ?
6. Une vie satisfaite est-ce la même chose qu'une vie heureuse ?
7. Pourrais-tu être heureuse/heureux tout en ayant de nombreuses causes d'insatisfaction ?
8. Y a-t-il des problèmes avec lesquels on doit apprendre à vivre ?

9. Pourrait-on être troublé du fait de ne pas sembler avoir de problèmes ?
10. Que préférerais-tu : être une personne insatisfaite ou un cochon satisfait ?

IDÉE DIRECTRICE 4 : Comment se sentir à propos de bien agir ?

Une éducation morale ne s'intéresse pas seulement à ce qui est bien ou à la bonne façon d'agir, mais aussi à ce que nous ressentons en agissant bien. Elle nous encourage à agir bien de façon fraternelle et chaleureuse et, comme le fait remarquer Isabel, pas seulement parce qu'il le faut.

Certains diront qu'on peut contrôler la manière dont les gens agissent mais pas ce qu'ils ressentent et que, dès lors, c'est désespérant de vouloir les amener à aimer faire ce qui est bien. C'est pourtant ceci qui permet de distinguer une bonne éducation morale d'une médiocre : elle nous encourage à aimer agir bien.

EXERCICE : *Comment se sentir en agissant bien ?*

1. Carl n'aime pas Louise dont il désapprouve de nombreux aspects. Malgré tout, il est arrivé à la conclusion qu'une chose qu'il lui a dite était injustifiée et insultante. Il a donc décidé de lui présenter ses excuses. Dans ce cas, agir moralement exige-t-il que Carl :
   a. montre de l'affection à Louise ?
   b. lui présente ses excuses, même à contrecœur ?
   c. apprécie de s'excuser auprès de Louise ?
   d. continue à la détester ?
   e. dise à Louise qu'il la trouve détestable ?
   f. rien de tout cela ?
2. Fran n'aime pas Edgar. Mais comme elle sent qu'elle a tort, elle s'en veut. Pour agir correctement, devrait-elle :
   a. consulter son enseignant(e) et faire ce qu'il/elle dit ?
   b. emmener l'affaire à la maison, pendant le repas du soir ?
   c. discuter du problème avec des amis en qui elle a confiance ?
   d. modifier son opinion à propos d'Edgar et se mettre à l'aimer ?
   e. rien de tout cela ?

PLAN DE DISCUSSION : Devrions-nous aimer agir bien ?

Discutez des opinions suivantes :
1. « Que j'agisse bien suffit. Il ne faut pas que j'aime le faire. »
2. « J'aime tout ce que je fais, le bien comme le mal. »
3. « Je déteste tout ce que je fais, le bien comme le mal. »
4. « J'ai horreur de mal agir. »
5. « Beaucoup de gens se contentent de faire le bien, sans plus. Pourtant, les seuls qui sont réellement bien sont ceux qui aiment ce qui est bien et qui détestent ce qui est mal et qui se comportent en conséquence. »
6. « On ne peut aimer le bien. On ne peut aimer que des gens. »
7. « Certaines personnes ne peuvent aimer les valeurs. Elles ne peuvent aimer que les animaux. »

IDÉE DIRECTRICE 5 : Qu'est-ce qui a de la valeur ?

Une classe d'actes mentaux comporte des activités telles qu'aimer et ne pas aimer, louanger et blâmer. Ces activités sont liées à certaines valeurs, c'est-à-dire qu'elles font l'objet d'approbation ou de désapprobation. Quand vous désapprouvez l'enfant qui lance une balle dans la classe ou que vous approuvez vos élèves pour leur collaboration à un projet, ces objets de votre approbation et de votre désapprobation sont des valeurs. Jeter une balle peut être pour vous une valeur négative et la coopération une valeur positive.

Toutefois, il y a une différence importante entre *trouver de la valeur* à quelque chose et *l'évaluer*. Même si j'aime une chose, la question qui subsiste, c'est si elle vaut d'être aimée.

Si on demande à un enfant pourquoi il fait telle chose et qu'il répond que c'est parce qu'il l'aime, sa réponse est-elle suffisante ? Il faut absolument insister pour qu'il justifie son acte par une ou plusieurs raisons permettant de dire que l'acte convient.

Prenons l'exemple d'un élève qui joue avec des allumettes. Vous lui en demandez la raison et il répond que c'est parce qu'il aime ça. Ce qui est évident. Or l'intention de la question n'est pas de savoir s'il aime jouer avec des allumettes mais si jouer avec des allumettes est souhaitable. Le problème n'est pas qu'il *désire* mais de savoir si c'est quelque chose qui *convient*. Faire une telle investigation requiert que tous les deux vous exploriez ce qu'il pourrait se passer s'il continuait à jouer avec des allumettes. C'est ici que la différence entre ce qui est *désiré* et ce qui est *désirable* est tellement importante. Les enfants ont spécialement besoin d'apprendre que l'on peut penser les valeurs, réfléchir et faire des recherches à leur propos. Et qu'au total, les jugements que l'on fait *après* une telle réflexion sont vraisemblablement plus fiables et plus dignes de confiance que ceux que l'on fait *sans* cette réflexion.

Parfois, nous trouvons valables des choses auxquelles nous n'avons pas réfléchi. Si nous continuons à les approuver après y avoir mûrement réfléchi, on peut en déduire qu'il s'agit de choses qui ont de la *valeur*. Les choses valables sont des choses que nous *devons apprécier*.

PLAN DE DISCUSSION : *Faits et valeurs*

1. L'océan est rempli de poissons. C'est un fait. Dans quelles circonstances pourrait-il s'agir d'une valeur ?
2. Le soleil irradie de l'énergie. C'est un fait. Dans quelles circonstances pourrait-il s'agir d'une valeur ?
3. Les chiens sont domestiqués. C'est un fait. Dans quelles circonstances pourrait-il s'agir d'une valeur ?
4. Le pain est comestible. C'est un fait. Dans quelles circonstances pourrait-il s'agir d'une valeur ?
5. Tu sais lire. C'est un fait. Dans quelles circonstances pourrait-il s'agir d'une valeur ?
6. L'amitié est une valeur. Dans quelles circonstances pourrait-elle être un fait ?
7. La justice est une valeur. Dans quelles circonstances pourrait-elle être un fait ?
8. La beauté est une valeur. Dans quelles circonstances pourrait-elle être un fait ?
9. La vérité est une valeur. Dans quelles circonstances pourrait-elle être un fait ?
10. Le bonheur est une valeur. Dans quelles circonstances pourrait-il être un fait ?

PLAN DE DISCUSSION : *Questions de valeur*

1. Peux-tu penser à des circonstances dans lesquelles un acte *cruel* serait en même temps un acte *bon* ?
2. Peux-tu penser à des circonstances dans lesquelles une personne *bien* pourrait être en même temps une personne *mauvaise* ?

3. Peux-tu penser à une manière dont une personne pourrait être considérée à la fois comme *heureuse* et *malheureuse* ?
4. Une personne pourrait-elle être considérée comme *heureuse* et en même temps *mauvaise* ?
5. Si une personne est gentille, cela veut-il dire que tout ce qu'elle fait est gentil ?
6. Si une personne est néfaste, cela veut-il dire que tout ce qu'elle fait est nuisible ?
7. Si une personne accomplit un acte généreux, cela veut-il dire qu'elle est une personne généreuse ?
8. Si une personne accomplit un acte cruel, est-elle nécessairement une personne cruelle ?
9. Que préférerais-tu : aider tes amis ou être aidé(e) par eux ?
10. Que préférerais-tu : faire de bonnes choses pour d'autres ou que d'autres en fassent de bonnes pour toi ?
11. Si des gens te sont indifférents, préférerais-tu savoir comment ne pas les blesser ou savoir comment les empêcher de te blesser ?
12. Que préférerais-tu : blesser quelqu'un injustement ou être blessé(e) injustement ?

EXERCICE : Les valeurs, des idéaux

Complète les phrases suivantes avec les valeurs idéales appropriées :

1. Il y a partout de la fraude ; nous devons lutter pour…
2. Il y a partout de la violence ; nous devons lutter pour…
3. Le mal est partout ; nous devons lutter pour…
4. Il y a partout de la laideur ; nous devons lutter pour…
5. Il y a partout de la tromperie ; nous devons lutter pour…

EXERCICE : Les valeurs, des considérations importantes

Souligne dans chacune des phrases que voici le mot dont tu penses qu'il n'est pas une valeur au sens d'affaire importante :

a. (nourriture) (vêtement) (transport) (bavardages) (lumière solaire)
b. (éducation) (gouvernement) (logement) (sang) (trombones)
c. (délit) (punition) (sachets de thé) (agriculture) (science)

EXERCICE : Les valeurs comme croyances

Décide si les croyances indiquées ici concernent des faits ou des valeurs. Dans chaque cas, donne ta raison.

Par exemple, les arcs-en-ciel sont-ils des faits ou des valeurs ?

<u>fait</u>   <u>valeur</u>   <u>?</u>

1. Je crois aux arcs-en-ciel.
2. Je crois aux droits de l'enfant.
3. Je crois dans un sixième sens.
4. Je crois à la bonté de l'homme.
5. Je crois à la paix universelle.
6. Je crois au fait.
7. Je crois au châtiment corporel.
8. Je crois au plaisir.
9. Je crois à la vie sur Mars.
10. Je crois à l'intelligence animale.

IDÉE DIRECTRICE 6 : Moral

Nous avons déjà vu que quelques-uns des mots les plus centraux, les plus communs dans la recherche éthique sont *bien* et *juste (correct)*. Ils sont généralement accompagnés de leurs contraires, *mal* et *injuste (incorrect)*.

Dans l'usage quotidien, ces mots sont généralement appliqués à la fois à la *conduite* et au *caractère*.

Il serait cependant utile, pour réduire la confusion, que nous nous imposions à nous-mêmes certaines restrictions. Ce qui voudrait dire que :

(1) *Juste ou correct* concerne toujours la conduite, pas le caractère ;
(2) *Bon* concerne toujours le caractère, pas la conduite.

Évidemment, ceci va à l'encontre de certains usages établis, comme, par exemple, parler d'une bonne conduite, ce qui est habituellement considéré comme acceptable.

Moral est utilisé dans les *deux* cas, pour le bien et le mal comme pour correct et incorrect. L'éthique est la *théorie* de la moralité. La recherche éthique est l'investigation dans la *pratique* de la moralité.

PLAN DE DISCUSSION : Utilisation de bien et correct dans des questions morales

1. Élisabeth a tendance à traiter les autres avec cruauté. Peut-on dire alors qu'elle a une conscience morale mauvaise qui se révèle dans une conduite incorrecte ?
2. Dorothée a tendance à traiter les autres avec générosité et gentillesse. Peut-on dire alors qu'elle a une conscience morale bonne qui se traduit par une conduite correcte ?
3. Peut-on dire qu'une bonne conscience morale tend à être cause d'actions correctes ?
4. Peut-on dire que des actions correctes sont les *moyens* d'atteindre des fins bonnes ?
5. Peut-on dire d'une personne qu'elle a un ‹caractère bon› en général ?
6. Peut-on dire d'une personne qu'elle a le ‹caractère bien› pour un certain type de travail ?
7. Chaque fois que nous disons d'une personne qu'elle ‹se conduit mal›, voulons-nous dire qu'elle ‹se conduit de manière incorrecte› ?

IDÉE DIRECTRICE 7 : Être fier/fière ?

La question de la fierté est très complexe. Trop de fierté peut devenir de l'arrogance. La fierté n'est pourtant pas toujours excessive. Dans la mesure où fierté de soi signifie respect de soi-même ou conscience de sa propre valeur, elle n'a rien d'anormal. Le mot peut vouloir dire aussi altier (il/elle a fière allure) ou fougueux (un cheval fougueux). Parfois, le mot *fier* s'applique à des gens qui ne demandent pas plus que leur dû. La fierté est donc plus que le respect de soi-même parce qu'elle suggère que l'on a un objectif, une compréhension fine de sa propre valeur et que l'on est déterminé(e) à être considéré(e) à son juste mérite.

PLAN DE DISCUSSION : Être fier

1. Quelles sont les choses que tu *fais* et dont tu es fier/fière ?
2. Quelles sont les choses que tu *possèdes* et dont tu es fier/fière ?
3. Quelles sont les choses que tu as *réalisées* et dont tu es fier/fière ?
4. Quelles sont les *pensées* que tu as eues dont tu es fier/fière ?

5. Quels sont les *sentiments* que tu as eus dont tu es fier/fière ?
6. Peut-on être trop fier ?
7. Peut-on être trop heureux ?
8. Peux-tu être fier/fière et heureux/heureuse en même temps ?
9. Peux-tu être fier/fière et honteux/honteuse en même temps ?
10. Y a-t-il des choses que tu fais et qui te rendent heureux/heureuse mais pas fier/fière ?
11. Y a-t-il des choses que tu fais et qui te rendent fier/fière mais pas heureux/heureuse ?
12. Es-tu fier/fière de faire *bien* les choses ?
13. Es-tu fier/fière de faire de *bonnes* choses ?
14. De quoi es-tu le plus fier/fière : de faire une chose *bonne* ou de faire *bien* quelque chose ?
15. De quoi es-tu le plus fier/fière : de penser bien ou qu'on te dise que tu penses bien ?

IDÉE DIRECTRICE 8 : Se demander/s'étonner/s'émerveiller

Par un acte mental, on peut se poser beaucoup de questions : Où ai-je mis mes clés ? Pourquoi ma porte d'entrée est-elle ouverte ? Comment mon chat est-il sorti ? Ou encore, quand notre façon d'enseigner obtiendra-t-elle la reconnaissance qu'elle mérite ? Dans chacun de ces cas, nous nous demandons quelque chose de spécifique. Pour généraliser, on peut donc dire que se poser des questions inclut toutes sortes de types spécifiques de questionnement comme : *comment, pourquoi, où, qu'est-ce que,* etc.

Il existe aussi une autre façon de se demander : quand nous nous étonnons de ce qu'une chose est ce qu'elle est, nous n'essayons pas seulement de l'expliquer ou de prédire ses effets. Nous l'apprécions simplement pour ce qu'elle est et même, nous sommes émerveillés qu'elle soit là. Un enfant scientifiquement orienté voyant un arc-en-ciel peut se demander ce qui l'a causé. Il se demande le *pourquoi*. Alors qu'un autre peut ne pas vouloir essayer d'en comprendre les origines mais peut plutôt se satisfaire de la splendeur de l'événement et se dire qu'il s'agit d'un événement très étrange, déroutant.

« La nature aime à se cacher » a dit Héraclite. Quant à Léonard de Vinci, il préférait observer, étudier, puis raisonner pour essayer de saisir les secrets de la nature. Ce qui signifie que s'il existe un sens dans lequel le monde se révèle à nous, il en existe un autre où il se cache de façon mystérieuse et énigmatique. L'enfant qui pense philosophiquement appréciera les deux aspects, il se posera des questions sur tout ce qu'il y a à comprendre ainsi que sur tout ce qui lui paraît incompréhensible.

Si ce cours possède un objectif sur lequel insister, ce serait d'amener l'intérêt de l'élève à cette relation entre étonnement et compréhension. Un monde sans étonnement ou sans émerveillement serait un lieu bien morne. Tout comme un monde sans compréhension serait un lieu dans lequel nous sous sentirions complètement démunis. Si ce cours atteint son but, il élèvera à la fois le sens de l'émerveillement et de l'étonnement et la capacité de comprendre ainsi que la capacité de percevoir la relation entre les deux.

Ne pensez pas que ce cours vise à mettre en avant des cas extraordinaires, exotiques ou fantastiques. C'est tout le contraire. L'enfant est capable de s'étonner de choses que les adultes considèrent comme allant de soi. Notre seuil d'étonnement est très haut et nous ne commençons à nous étonner que devant le tableau d'une nuit étoilée alors que l'enfant peut s'étonner devant une pierre, un morceau de verre, une feuille, une porte ouverte. Nous sommes fascinés par des mots rares et étranges ; l'enfant est intrigué par un mot comme « si ». En ce sens, il a beaucoup à nous apprendre et l'un des aspects uniques qu'il y a à faire de la philosophie avec eux, c'est que l'adulte peut apprendre autant que l'enfant peut apprendre de l'adulte.

EXERCICE : S'étonner

Complète les phrases suivantes si tu peux :

1. En marchant vers l'école, je me demande…
2. En roulant vers l'école, je me demande…
3. Quand je suis en classe, je me demande…
4. Quand je suis chez moi, je me demande…
5. Quand je lis un livre, je me demande…
6. Quand je joue avec un chien ou un chat, je me demande…
7. Quand je joue à des jeux, je me demande…
8. Quand je cours, je me demande…
9. Quand je respire, je me demande…
10. Quand je mange, je me demande…
11. Quand je prends ma douche, je me demande…

IDÉE DIRECTRICE 8 : Se demander/s'étonner/s'émerveiller

EXERCICE : *S'émerveiller, s'étonner, se demander le comment et le pourquoi.*

On peut s'étonner ou s'émerveiller de quelque chose qui semble sans explication. Par exemple, on peut s'étonner ou s'émerveiller devant la Voie lactée.

On se demande *comment* quand on est curieux de la méthode, de la manière ou de la procédure par laquelle une chose se passe. Par exemple, on se demande comment des œufs deviennent des poules ou comment les serpents font pour nager.

On se demande le *pourquoi* quand on recherche la cause ou la raison d'un événement. Par exemple, si nous nous demandons *pourquoi* il grêle, nous essayons de trouver la cause de la grêle, c'est-à-dire les conditions qui la produisent et qui nous aideront à l'expliquer. On peut aussi se demander *pourquoi* il y a des écoles : dans ce cas, nous essayons de trouver la raison pour laquelle on a inventé l'école et on continue à en avoir. Il y a donc deux sortes de questionnement avec le *pourquoi*.

Comment classerais-tu ce qui suit ?

	s'étonner	se demander comment	se demander pourquoi

1. « Mon chat m'étonnera toujours. Quand il est à l'intérieur, il veut sortir et quand il est dehors, il veut rentrer. »
2. « Je m'étonne du fait que les arbres aient des feuilles. Je suppose que c'est pour que les gens aient de l'ombre. »
3. « Je me pose des questions à propos des chenilles. Comment deviennent-elles des papillons ? »
4. « Je m'étonne du fait qu'il y ait tellement de livres dans la bibliothèque. Les gens s'attendent-ils à ce que nous les lisions tous ? »
5. « Je ne comprends pas pourquoi notre chaudière se dégrade. »
6. « Le fait que je sois tout le temps troublé(e) me fait réellement me poser des questions à propos de moi-même. »
7. « La nourriture est tellement chère que c'est étonnant que tout le monde ne meure pas de faim. »

IDÉE DIRECTRICE 9 : Délibération

Délibérer peut avoir plusieurs sens : discuter ou réfléchir.

Réfléchir, c'est peser, comparer avant d'émettre un jugement. En général, on réfléchit en l'absence de règle claire qui dit que faire et qu'on veut malgré tout arriver au jugement le plus raisonnable possible. La réflexion est un moyen précieux pour arriver à une décision.

Dans la recherche, la réflexion se fait souvent en pesant la preuve pour ou contre une affirmation ou bien on pèse les raisons ou les arguments pour ou contre une conclusion donnée.

Une communauté de recherche est une communauté réflexive, délibérative. Elle envisage ce qui doit être considéré comme preuve ainsi que la validité des arguments pour ou contre. Ceci ne signifie pas que cette réflexion soit toujours d'un côté ou l'autre. Elle peut arriver à un compromis, en essayant toujours de ménager l'intégrité des parties. Elle peut aussi suspendre le jugement en attendant une nouvelle recherche.

PLAN DE DISCUSSION : Délibération

1. Un jury scolaire qui *délibère* doit-il le faire :
   (par la discussion) (de façon libre et autonome) (en silence) ?
2. Si des gens sont en pleine discussion, cela veut-il dire qu'ils ne sont pas en même temps engagés dans la *réflexion* ?
3. Peut-on dire de gens engagés dans un dialogue à propos d'un sujet auquel ils ont déjà réfléchi qu'ils *délibèrent* ?

IDÉE DIRECTRICE 10 : Points de vue théoriques prédominants de l'éthique

Les élèves peuvent trouver relativement peu intéressant l'aspect théorique d'une discussion morale. Certains peuvent cependant être soulagés de savoir qu'un tel aspect théorique existe et qu'un certain nombre de positions peuvent être utilisées pour soutenir leur point de vue pratique.

Parmi les positions théoriques les plus populaires, on trouve :

1. L'universalisation : Quand tu penses t'engager dans une action et que tu te demandes si elle est correcte, demande-toi si tu aimerais un monde où chacun considérerait de son devoir d'agir comme tu envisages de le faire.

2. L'approche « c'est la loi » : Demande-toi si ta motivation est pure (si tu n'agis qu'en fonction de la loi et pas pour une autre raison) ou si elle est impure (si tu agis pour ton propre intérêt). Seul l'acte pur est juste.

  2a. <u>Respect pour l'auteur de la loi</u> : parfois on agit non en fonction de la loi mais de celui ou celle qui la donne, les parents, par exemple. Dès lors, c'est en fonction des parents et par respect pour eux que l'on agit mais non par respect pour la loi.

  2b. <u>Caractère moral</u> : un acte accompli par quelqu'un de bien est juste. Quelqu'un de bien a un caractère fait de qualités parfaites.

3. L'approche ‹envisager les conséquences› : Une action juste est une action qui produira le plus grand bonheur au plus grand nombre de gens concernés.

EXERCICE : Autres théories éthiques

Il existe de nombreuses autres théories éthiques, par exemple la théorie de ‹l'imagination morale›, la théorie de ‹l'intuition morale›, la théorie de la ‹recherche éthique› ou encore la théorie du ‹sens moral›. Peux-tu t'imaginer en quoi elles peuvent consister ?

EXERCICE : Théorie éthique – l'universalisation

Cette approche liée à Kant est habituellement appelée ‹l'impératif catégorique›. Les tenants de cette approche soutiennent que l'on doit toujours faire son devoir et que son devoir consiste à obéir à la loi morale. Mais qu'est-ce que la loi morale ? Ce sujet peut être l'objet de controverses. Pour éviter toute confusion, Kant propose un test : se demander <u>ce que chacun doit faire</u>. C'est précisément ce que la loi <u>nous</u> dit de faire.

Si tu dois faire ce que tout le monde devrait faire pour résoudre un problème :

1. Demanderas-tu à ton ordinateur ?
2. Demanderas-tu à ton enseignant ?
3. Demanderas-tu à tes amis ?
4. Demanderas-tu à un chroniqueur de la TV ?
5. Iras-tu consulter un thérapeute ?
6. Iras-tu consulter un astrologue ?
7. Consulteras-tu un cardiologue ?
8. Poursuivras-tu la lecture de *Noûs* ?
9. Demanderas-tu à tes parents ou à tes grands-parents ?

10. Demanderas-tu au chef religieux ?
11. Envisageras-tu les conséquences ?
12. Feras-tu ce que tout le monde doit faire ?

EXERCICE : N'obéir à la loi que parce que c'est la loi.

On peut obéir à la loi pour des raisons variées. Certains obéissent parce que c'est de toute façon ce qu'ils comptaient faire, que la loi l'exige ou non. Par exemple, la loi peut condamner le suicide mais pour quelqu'un qui ne compte pas se suicider, cela ne pose aucun problème de se conformer à la loi. Toutefois, cette personne n'agit-elle qu'en fonction de la loi et pour aucune autre raison ? Pour certains penseurs, seules les actions de ce type qui n'envisagent pas les conséquences mais qui ne sont faites qu'en fonction de la loi sont les seules vraiment bonnes ou morales.

Présenter une vue aussi extrême peut être très utile dans la classe pour susciter une discussion. Il faudrait l'opposer à celle qui envisage les conséquences et un effort doit être fait pour que soient justifiées les positions antagonistes.

Dans les exemples suivants, qui sont ceux qui obéissent à la loi simplement parce que c'est la loi et ceux qui agissent pour d'autres raisons ?

1. « Quand mon père a vu dans son rétroviseur qu'il était suivi par un motard, il a ralenti à 50 km/h en disant qu'en fait, c'est la limite autorisée. »
2. « J'ai trouvé une bague avec des diamants dans la rue et je l'ai portée à la police. Après tout, elle ne m'appartient pas et je n'ai donc pas le droit de la garder. »
3. La fille : « Jack insiste pour danser avec moi et il n'y a rien au monde qui me plairait plus. Mais comme mes parents me l'ont interdit, je n'accepte pas. »
4. « La raison pour laquelle je ne traverse pas la voie, ce n'est pas parce que j'ai peur des trains. C'est tout simplement à cause du panneau d'interdiction. »
5. « Je pense qu'une loi morale veut qu'on dise toujours la vérité. Pourtant, on peut souvent mentir sans avoir de problème mais comme je pense aussi que ce n'est pas très correct par rapport à la loi, je ne mens jamais. »

IDÉE DIRECTRICE 10 : Points de vue théoriques prédominants

EXERCICE : L'approche ‹envisager les conséquences›

Au chapitre 6, nous aborderons ce problème plus en détail. Pour le moment, nous identifierons cette approche comme la théorie qui veut qu'un acte soit bon ou mauvais en fonction de ses conséquences. Le danger d'une grenade dépend de ce qui arrive quand elle tombe entre les mains d'une personne destructrice. La qualité d'un repas dépend de son pouvoir nourrissant et du plaisir qu'y trouvent les participants. Une chose peut donc avoir des conséquences à la fois satisfaisantes et insatisfaisantes. Ceux qui soutiennent cette approche prétendent que quelque chose est bien si cela produit le plus grand bien pour le plus grand nombre.

PLAN DE DISCUSSION : Universaliser/envisager les conséquences d'actes individuels

1. Quand tu es perplexe devant une décision à prendre, est-ce que tu te demandes ce qu'il en serait si tout le monde agissait de même ?
2. Supposons que tu sois très peu actif/active et que d'autres personnes te trouvent paresseux/paresseuse et te demandent ce qu'il en serait si tout le monde était comme toi, comment réagirais-tu :
    a. Tu hausserais les épaules en disant que c'est leur problème ?
    b. Tu changerais tout de suite pour devenir plus énergique ?
    c. Tu répondrais que le monde serait beaucoup plus paisible ?
    d. Tu répondrais que tu ne gênes personne et que tu trouves que la question n'est pas pertinente ?
3. Supposons que tu voies une petite fille jouer avec des allumettes et que sa robe se mette à flamber. Tu pourrais éteindre rapidement ce feu mais tu n'aimes pas te mêler des affaires des autres. Tu finis tout le même par te demander ce qui arriverait si tout le monde dans une telle situation refusait d'agir. Que ferais-tu :
    a. Éteindre le feu parce que c'est ce que tout le monde ferait ?
    b. Éteindre le feu pour être considéré comme un héros ?
    c. Éteindre le feu parce que c'est ton devoir ?
    d. Éteindre le feu parce que tu as compris que la responsabilité de la sauver t'incombe ?
    e. Autre ?
4. Ton *droit* à la paresse pourrait-il être une *excuse* au fait que tu ne sauves pas la vie d'une autre personne ?

5. Chaque fois que tu es dans une situation difficile, te dis-tu que tu devrais agir comme tout le monde agirait ?

6. Te dirais-tu que la question n'est pas de savoir comment le reste du monde pourrait agir mais si la façon dont tu t'apprêtes à agir est plus efficace et moins nocive que toute autre ?

7. Les 5 et 6 seraient-elles deux procédures différentes pour savoir comment agir ?

8. La procédure 5 pourrait-elle être parfois la plus appropriée et parfois la 6 ?

9. La 5 pourrait-elle être plus appropriée quand on a le temps de réfléchir et d'envisager les conséquences alors que la 6 le serait en cas d'urgence ?

10. Se peut-il qu'aucune de ces procédures ne puisse nous indiquer la bonne façon d'agir ?

IDÉE DIRECTRICE 11 : Considérations et critères

Devant un problème, tu essayes de prendre en considération tout ce qui est adéquat. Il s'agit de *considérations*. Toutefois, certaines considérations sont plus importantes que d'autres : ce sont les *critères*. Lors d'une prise de décision, une considération peut être ignorée tandis qu'un critère ne le peut pas.

EXERCICE : Considérations et critères

Dans les cas que voici, qu'appellerais-tu considération et qu'appellerais-tu critère ?

<u>Considération</u> <u>critère</u> ?

1. Des amis choisissent une station de ski. À leurs yeux, c'est important qu'il y ait de la neige.

2. « Mon pneu de vélo est à plat et je me demande où aller le faire réparer. »
L'ami : « Il faut une station avec pompe à air. »

3. Dialogue entre deux filles : « As-tu jamais rêvé d'avoir un amoureux parfait ? »
« Ça m'est égal du moment qu'il a les yeux bleus. »

4. « Je suis à la recherche d'un nouveau lampadaire.
Je pense que ce serait bien qu'il aille avec
le papier peint. »

5. Le père : « Tiens, Carl, voici les 20 euros
 que je t'avais promis si tu coupais mes bûches. »
 Carl : « J'avais espéré que tu ne me les donnerais
 pas en petite monnaie. »

IDÉE DIRECTRICE 12 : Accident ou coïncidence

On parle généralement d'accident pour désigner une mésaventure non intentionnelle. Une coïncidence est un événement inattendu, non planifié ; s'il est surprenant, il n'est pas nécessairement déplaisant ou mauvais.

Par exemple, si deux personnes de la même ville se rencontrent dans un pays lointain, il s'agit d'une coïncidence. Par contre, la collision entre deux voitures à un carrefour est vraisemblablement un accident.

EXERCICE : Accident ou coïncidence ?

Comment classerais-tu ce qui suit ?

	accident	coïncidence	les deux	aucun	?
1. Deux élèves du même nom se retrouvent dans la même classe.					
2. Deux chevaux terminent la course ex aequo.					
3. Deux bateaux entrent en collision dans le brouillard.					
4. Deux timbres poste sont exactement pareils.					
5. Une personne voit une ressemblance entre elle-même et son frère.					
6. Une personne voit une ressemblance entre elle-même et un étranger.					
7. Une personne voit une ressemblance entre elle-même et l'image que lui renvoie son miroir.					
8. Une personne voit une ressemblance entre elle-même et ses enfants.					
9. Une personne voit une ressemblance entre elle-même et son chien.					
10. Une femme voit une ressemblance entre elle-même et son mari.					

IDÉE DIRECTRICE 13 : Partager

Partager signifie utiliser quelque chose avec d'autres. Par exemple, les membres d'une même famille peuvent se partager un réfrigérateur, une salle de bain, une télévision. Ou bien on peut dire qu'on se partage quelque chose, par exemple si nous coupons une tarte en quartiers égaux. On peut en plus partager dans le sens de participation, par exemple si nous sommes membres d'un club et partageons ses avantages.

EXERCICE : Utiliser ‹partager› de manière appropriée

Dans les cas suivants, le mot ‹partage› est-il utilisé de manière appropriée ou non ? Justifie ta réponse.

approprié non approprié ?

1. « Eddie, veux-tu partager mon sandwich avec moi ? »
2. « Notre garage n'a de la place que pour une voiture. Pourtant, nous serions heureux de la partager avec toi. »
3. L'amie : « Mélanie et moi partageons certains secrets. »
4. « Je ne partage mon vélo avec personne. »
5. L'amie : « Sophie et moi nous partageons le même copain. »

IDÉE DIRECTRICE 14 : Les alternatives

Dans le langage de la recherche, une alternative est un moyen possible de résoudre un problème. Une personne peut donc s'être rendu compte de son problème, l'avoir formulé et elle peut avoir choisi un objectif à atteindre pour que le problème soit résolu. Elle doit envisager des alternatives. Ces alternatives sont des moyens d'arriver à des fins.

Prenons l'exemple d'un automobiliste qui serait bloqué sur sa route et qui doit chercher une autre *alternative*. Un autre qui a une panne de voiture doit chercher des moyens de transport *alternatifs*. D'autres enfin peuvent ne pas aimer l'école régulière et préfèrent aller dans une école *alternative*.

EXERCICE : Les alternatives

Quelles alternatives seraient à envisager dans les cas suivants ?
1. Un enfant installé dans sa chaise fait tomber sa cuillère et ne peut l'atteindre.
2. Après une dispute, un garçon et sa copine rompent.

IDÉE DIRECTRICE 15 : *Honnête*

3. Un garçon laisse tomber l'école pour prendre un emploi à temps plein.
4. Un Russe arrive en France en n'ayant que des roubles. Du coup, personne ne veut lui vendre quoi que ce soit.
5. Quand il s'agit de trouver une solution à un problème, quelle alternative a-t-on pour envisager d'autres alternatives ?

IDÉE DIRECTRICE 15 : Honnête

Une personne honnête ne vole pas, ne triche pas, ne ment pas. On peut aussi qualifier d'honnête une personne considérée comme sincère ou fiable.

L'honnêteté est donc une qualité particulière. Dire d'une personne qu'elle est honnête, c'est dire qu'elle est bien. Ou bien on peut dire d'une personne qu'elle respire l'honnêteté, voulant dire ainsi qu'elle est moralement bonne.

Comme toutes les vertus particulières, l'honnêteté peut entrer en conflit avec d'autres. Ainsi, une personne peut dissimuler la vérité à un ami par considération pour son état de santé critique. Permettre aux élèves la pratique du jugement avec des critères mal définis peut être très utile dans les occasions où ils sont confrontés à des situations comportant un conflit de qualités.

EXERCICE : L'honnêteté

1. Si tu n'es jamais pris(e) à tricher, cela veut-il dire que tu es honnête ?
2. Si tu triches au jeu de solitaire, es-tu malhonnête ?
3. Si une personne fait à son chien des promesses qu'elle ne tient pas, est-elle malhonnête ?
4. Si on dit d'une personne qu'elle est <u>intègre</u>, cela signifie-t-il spécifiquement qu'elle est honnête ou cela signifie-t-il qu'elle est une personne de caractère ?
5. Si une personne ne te vole pas ou ne triche pas avec toi, s'ensuit-il qu'elle ne te mentira pas ?
6. Une personne malhonnête avec toi est-elle nécessairement malhonnête avec sa mère ?
7. Si quelqu'un refuse de dire un mensonge si on lui offre 100 euros pour le faire, s'ensuit-il qu'il refuserait si on lui en offrait 1000 ?

IDÉE DIRECTRICE 16 : Les vertus et les vices : des dispositions

Une disposition est une tendance que possède une personne d'agir d'une certaine manière. Par exemple, avoir une disposition à la coopération, c'est être généralement prêt à coopérer, le vouloir et en être capable.

Quand ces dispositions concernent une conduite ou un caractère moral, on les appelle *vertus* et *vices*. Les vertus sont des dispositions ou forces de caractère qui se manifestent à travers la réalisation d'actes bons. Les vices sont des dispositions ou faiblesses de caractère qui se manifestent par la réalisation d'actes mauvais.

On ne naît ni avec des vices ni avec des vertus. On naît avec des dispositions rivales de toutes sortes : générosité ou égoïsme, coopération ou compétition, etc. C'est l'éducation qui en renforcera certaines et en affaiblira d'autres. C'est ainsi que nous naissons tous avec une tendance à nous soucier surtout de nous-mêmes mais certains environnements peuvent renforcer cette tendance au point de rendre les gens insensibles et avares, voire carrément mauvais.

Poursuivons en suggérant que toute vertu est émotionnellement associée à un idéal ou à une disposition. Par exemple, Pixie, sa famille et ses camarades de classe sont émus par la situation désespérée de Noûs tout comme ils sont mus par le désir de faire quelque chose pour elle. Dans leur réaction, il y a une bonne part d'idéalisme : ils respectent Noûs en tant que personne envers qui ils doivent *honnêteté* et *loyauté*, pour qui ils éprouvent de *l'empathie* et de la *générosité* et pour qui ils sont prêts à faire des choses exigeant du *courage*.

En même temps, ils éprouvent du ressentiment envers les gens et les animaux qui l'ont maltraitée. Le ressentiment est-il une notion qui est associée avec une vertu ? La réponse réside probablement dans son contraste avec l'*indignation*. L'indignation possède un caractère d'idéal parce qu'elle suggère que l'on estime que les droits d'une personne ont été bafoués ; le ressentiment manque d'un tel idéalisme.

De tels critères (disposition à réagir, présence d'émotion et d'idéal) diffèrent considérablement en terme de degré. La générosité suggère une *disposition*, un plus grand degré d'aptitude à agir que la simple compassion. C'est pareil pour le courage (que l'on éprouve la peur ou pas). Tout ce qu'on peut dire, c'est que toute vertu possède un certain

IDÉE DIRECTRICE 16 : Les vertus et les vices : des dispositions

degré d'émotion approprié, d'idéal approprié et d'une disponibilité à agir de manière appropriée.

PLAN DE DISCUSSION : Vertus et vices, des dispositions

1. Une personne pourrait-elle être encouragée à devenir courageuse en lisant les exploits de gens courageux ?
2. Une personne pourrait-elle devenir patriote par des parades et des cortèges avec drapeaux et musiques militaires ?
3. Une personne qui est bonne en arithmétique est-elle plus susceptible d'être honnête si elle s'occupe d'argent que quelqu'un qui ne l'est pas ?
4. Instiller la peur des gens aux enfants, est-ce le meilleur moyen de les amener à respecter les autres ?
5. Une personne peut-elle aimer les autres et se soucier d'eux et tout de même être vicieuse ?

PLAN DE DISCUSSION : Les vertus

1. Certaines vertus sont-elles plus importantes que d'autres ?
2. Certaines vertus sont-elles plus enclines à l'action que d'autres ?
3. Certaines vertus sont-elles plus idéalistes que d'autres ?
4. Certaines vertus sont-elles plus émotionnelles que d'autres ?
5. L'absence de vertu est-elle un vice ?

EXERCICE : Donner des exemples de vertus personnelles

Voici une liste de vertus (similaire à celle de Melle Merle) et une liste d'exemples de comportements. Pouvez-vous relier les vertus et les comportements ?

A. Compassion
B. Honnêteté
C. Respect de la dignité humaine
D. Intégrité
E. Respect des droits des autres
F. Loyauté
G. Responsabilité
H. Citoyenneté responsable
I. Tolérance

J. Respect des procédures établies
- Être un auditeur/observateur volontaire
- Ne pas être perturbateur
- S'empêcher de répandre des rumeurs
- Rester avec son équipe, même si elle est perdante
- Ne pas modifier ses croyances en fonction de ce qu'on entend au moment même
- Tenir ses promesses
- S'empêcher d'être juge et partie
- Soutenir ses camarades de classe en cas de tragédie personnelle
- Écouter les deux versions d'une histoire
- Ne pas rejeter les individus sur simple base de préjugé
- Être à côté d'un ami dans les mauvais moments aussi bien que dans les bons
- Prendre sa part dans une négociation
- Garder ses idées pour soi si on le souhaite
- Ne pas tricher aux examens
- Traiter les autres comme tu voudrais être traité
- Accepter le fait que les gens sont différents
- Ne pas lancer d'accusation infondée
- Éviter de ridiculiser des camarades qui ont été réprimandés

IDÉE DIRECTRICE 17 : Le caractère moral

Quelqu'un de moral, c'est quelqu'un de nature intègre, au sommet de l'échelle de moralité.

Une personne qui est de bonne disposition possède une tendance à être vertueuse et une personne qui a un mauvais fond possède une disposition à être mauvaise. Le fond (le caractère) serait donc un ensemble de dispositions que l'on pourrait considérer comme des vertus et des vices.

Beaucoup croient dès lors que le but d'une éducation morale, c'est d'améliorer le fond moral de l'enfant qui fera automatiquement ce qu'il faut dans une situation morale. Dans ce cas, le caractère est considéré comme une mécanique qui n'a pas à raisonner ou à réfléchir mais qui fait agir comme il faut.

Tout le monde n'est pas de cet avis. Pour ceux qui contestent, une décision morale ne peut jamais être prise automatiquement ou

IDÉE DIRECTRICE 17 : *Le caractère moral*

mécaniquement. Une personne *bien* doit être très sensible et judicieuse (souvent le mot *raisonnable* est utilisé, c'est-à-dire pourvu d'une rationalité tempérée par le jugement).

Il n'y a dans ce cas ni gagnant ni perdant. Si le caractère est un système permettant de guider la conduite d'une personne, il n'est pas infaillible. C'est souvent difficile quand les vertus sont conflictuelles ou quand le problème moral est complexe et embrouillé. Il n'y a aucun substitut au raisonnement ou au souci de l'autre. Le caractère peut malgré tout être extrêmement utile si l'on traite de problèmes relativement simples de moralité.

PLAN DE DISCUSSION : *Le caractère moral*

1. Une personne peut-elle être *fiable* et ne pas avoir un bon fond moral ?
2. Une personne peut-elle être *honorable* et ne pas avoir un bon fond moral ?
3. Une personne peut-elle être *heureuse* et ne pas avoir un bon fond moral ?
4. Une personne peut-elle être *belle* et ne pas avoir un bon fond moral ?
5. Une personne peut-elle être *intelligente* et ne pas avoir un bon fond moral ?
6. Une personne peut-elle être *vicieuse* et avoir tout de même un bon fond moral ?
7. Une personne peut-elle être *dégoûtante* et avoir tout de même un bon fond moral ?
8. Une personne peut-elle être *meurtrière* et avoir tout de même un bon fond moral ?
9. Une personne peut-elle être *impitoyable* et avoir tout de même un bon fond moral ?
10. Une personne peut-elle être *dangereuse* et avoir tout de même un bon fond moral ?

EXERCICE : *Comment juger le caractère ?*

‹Caractère› est utilisé ici en référence à la fois aux vues morales et à la conduite d'une personne. Dans les phrases suivantes, avec lesquelles es-tu d'accord ou non et pourquoi ?

                                                              d'accord   pas d'accord   ?

1. « Le meilleur moyen de juger du caractère d'une personne, c'est si elle a les yeux rapprochés ou pas. »
2. « Les gens ayant une grande bouche sont généreux. On peut toujours compter sur eux. »
3. « Facile de dire qui est intègre et qui ne l'est pas : les riches le sont et les pauvres ne le sont pas. »
4. « Pour voir vraiment qui est mauvais et qui ne l'est pas, il suffit de regarder les gens quand ils ne se savent pas observés. »
5. « Les gens intelligents sont des gens bons. »
6. « Je juge les gens à leur façon de parler. S'ils ont un langage châtié, ils sont certainement malhonnêtes. »
7. « On peut mesurer la qualité des gens par ce qu'ils donnent aux œuvres de charité. »
8. « Les gens qui réfléchissent avant d'agir peuvent cacher leur caractère. Pour savoir qui ils sont réellement, il faut les observer quand ils agissent de manière spontanée. »
9. « Il est impossible de juger le caractère d'une personne d'après les conséquences de ses actes. Il est tout à fait possible que les actes d'une personne mauvaise aient des conséquences positives et que ceux d'une personne correcte soient désastreux. »
10. « Pour connaître le caractère d'une personne, il suffit de voir ses principes de vie. S'ils sont bons, c'est quelqu'un de bien. »

IDÉE DIRECTRICE 18 : Les émotions

Supposons que tu sois effrayé(e). La peur est à la fois physique et mentale. La peur provoque certaines choses dans le corps, par exemple la moiteur des mains. En même temps, on se rend compte que son esprit est dans un état de frayeur car on **sait** de quoi on a peur.

Quand on est effrayé, c'est toujours de quelque chose. (La peur de rien de particulier, une peur vague, est généralement considérée comme de l'anxiété.) La peur est donc une manière d'être relié(e) au monde et à notre corps.

En même temps, nos émotions se traduisent très vite dans les valeurs que nous attribuons aux choses. Si je suis terrifié(e), par les ours par exemple, je penserai vraisemblablement aux ours comme terrifiants. Par contre, si je suis attendri(e) par les pandas, j'aurai tendance à les trouver gentils. Si je me sens bien dans un fauteuil, je ne dirai pas que je suis installé(e) confortablement, je dirai plutôt que le fauteuil **est** confortable.

Il est dès lors peu étonnant que les jugements que nous faisons des diverses formes de notre conduite personnelle tentent souvent de résumer comment nous nous sentons à ce propos plutôt que comment nous pensons à ce propos. Si nous aimons le calme, la personne qui fait du bruit nous apparaît comme troubleuse de paix et donc mauvaise. Autrement dit, nous avons fortement tendance à baser nos jugements moraux uniquement sur nos sentiments : ils sont donc *subjectifs*. Le problème de la recherche éthique, c'est de déterminer le degré d'objectivité dans de tels cas, car nos émotions colorent non seulement nos jugements mais elles affectent également les critères sur lesquels nous fondons nos jugements.

EXERCICE : Les émotions

Écrivez deux histoires : dans l'une, les jugements moraux sont basés sur les sentiments alors que, dans l'autre, ils le sont sur la réflexion.

IDÉE DIRECTRICE 19 : Raisonner

Une histoire ancienne raconte qu'un chien courait le long d'une route en suivant une piste. Soudainement, la route s'est divisée en trois directions. Le chien a reniflé sur la première et a secoué la tête ; puis il a reniflé sur la deuxième et a à nouveau secoué la tête ; rapidement, **sans renifler**, il est allé sur la troisième comme s'il était certain d'y retrouver le parfum.

Si cette histoire était vraie, elle serait un exemple de la façon dont les animaux (y compris les humains) raisonnent. Le chien avait apparemment compris qu'il n'y avait que trois possibilités. Après avoir éliminé les deux premières, il en a conclu qu'il **s'ensuivait** que la troisième **devait** être la bonne.

Quand nous raisonnons, nous essayons de nous représenter, à partir de ce qui nous est donné ou raconté, ce qui va suivre. (Au lieu de ‹représenter›, nous pouvons dire ‹inférer›). Se représenter ou inférer est central au raisonnement.

On peut raisonner à propos de tout : politique, éducation, sport. Mais ce qui est important, c'est qu'on peut raisonner à propos de morale. C'est ce qu'on peut appeler le «raisonnement moral». (Le raisonnement moral ne serait pas une sorte différente de raisonnement, mais le raisonnement à propos d'un type de sujet différent.)

Voici un exemple de raisonnement non moral :

– Si Jim mesure plus d'1,80 m, il est grand
– Jim mesure plus d'1,80 m.
– Il s'ensuit donc qu'il est grand.

Et un exemple de raisonnement moral :

– Si Jim vole un bien de Marie, aux yeux de la loi, Jim est un voleur.
– Jim a volé un bien de Marie.
– Aux yeux de la loi, Jim est donc un voleur.

Il est clair que la recherche éthique est très dépendante du raisonnement moral. Le raisonnement n'est pas simplement arbitraire ou subjectif : il suit des règles logiques strictes qui font partie de notre langage de sorte que nous suivons naturellement ses règles quand nous apprenons à parler correctement. Le raisonnement n'est pas simplement arbitraire ou subjectif : il suit des règles logiques strictes qui font partie de notre langage, de sorte que nous suivons naturellement ces règles quand nous apprenons à parler correctement.

Certaines personnes ont l'impression que la seule chose qui soit spéciale à propos du raisonnement moral, c'est qu'il traite de sujets moraux alors que d'autres considèrent qu'il s'agit de raisonnement moral quand nous délibérons à propos des prémisses et pas simplement de la conclusion.

Voici un exemple de raisonnement :

– Si Lisa aime les animaux, elle n'en mangera pas.
– Lisa mange des animaux.
– Conclusion : aucune

Mais on pourrait modifier la première prémisse :

– Si Lisa aime les animaux, elle en mangera.
Ou – Si Lisa n'aime pas les animaux, elle n'en mangera pas.
Ou – Si Lisa n'aime pas les animaux, elle en mangera.

IDÉE DIRECTRICE 19 : Raisonner

À ce point de vue, ce n'est que quand nous prenons en compte la variabilité des prémisses que le raisonnement devient un raisonnement *moral*. (Ici, la seconde prémisse n'est pas en cause parce qu'on peut supposer que c'est un fait que Lisa mange des animaux.)

EXERCICE : Raisonner à propos de questions morales

Peux-tu trouver comment compléter ces cas ?

1. Pierre est plus grand que Jacques.
   Jacques est plus grand qu'Antoine.
   Donc,
2. Toute cruauté est mauvaise.
   Marcher délibérément sur la queue d'un chat est cruel.
   Donc,
3. Si Hank en avait l'occasion, il vendrait sa mère.
   Il ne l'a pas encore vendue.
   Donc,
4. Certains volcans sont meurtriers.
   Donc,
5. Tous les agresseurs sont des mauvais garçons.
   Bill et Jeff sont des agresseurs.

EXERCICE : Un comportement déraisonnable

Parmi les comportements que voici, lesquels considérerais-tu comme déraisonnables, non réfléchis ou bons ?

	déraisonnable	non réfléchi	bon	?
1. Tu veux réchauffer ton repas dans un poêlon, tu allumes la plaque avant et mets ton poêlon sur la plaque arrière.				
2. Tu veux prendre un bain chaud et tu remplis la baignoire d'eau froide.				
3. Tu veux attirer l'attention de ton ami et tu lui donnes un coup de poing dans l'estomac.				
4. Tu es dans un canot et tu découvres qu'au fond, il y a de l'eau. Tu perces un trou dans le fond du canot.				
5. Tu ne sais que faire avec tes détritus. Donc, tu creuses un trou pour les y mettre.				
6. Tu ne veux pas qu'on sache que tu as de grands pieds. Alors tu achètes des chaussures trop petites pour toi.				
7. Tu achètes un billet à la loterie.				
8. Tu achètes des choses dont tu te débarrasses rapidement.				
9. Tu veux complimenter ta copine pour son nouveau vêtement et tu lui demandes combien de temps il a fallu pour le confectionner.				
10. Tu veux montrer à ton amie combien tu l'aimes et tu écris à ses parents pour leur dire que tu veux l'épouser.				

IDÉE DIRECTRICE 20 : Les jugements

Il existe de nombreux types de jugement :

- Une **décision** : Notre chat était très malade et nous avons **décidé** de l'emmener chez le vétérinaire.
- Un **accord** : Mon ami trouve que Tintin est un héros sympathique et je suis **d'accord** avec lui.
- Une **mesure** : Une enquête médicale a **compté** pour cette année trois cas de varicelle dans la ville.
- Une **conclusion** logique : Dans ce film, les acteurs étaient bons, l'intrigue bien menée, les prises de vue excellentes. J'en **conclus** que c'est un bon film.
- Prendre un **décret** : Le tribunal a **décrété** que l'accusé est coupable.
- Un **prédicat** : Pour moi, mon jeans est **bleu clair**.
- Une pensée ou une action découlant d'une **obéissance** délibérée à une **règle** : Le feu est devenu vert, autorisant ainsi les voitures à passer.
- Une pensée ou une action délibérément produite en dépit de **l'absence de règle** : Picasso a peint des œuvres n'obéissant à aucune règle.

EXERCICE : Les jugements

Trouvez des jugements exemplatifs des formes ci-dessus.

En trouvez-vous d'autres qui n'appartiennent pas à ces huit sortes ?

IDÉE DIRECTRICE 21 : Imagination et imagination morale

Tout comme le raisonnement, quand il est appliqué à des questions morales, est appelé *raisonnement moral*, l'imagination appliquée à des questions morales est appelée *imagination morale*.

Chaque fois que nous nous mettons à la place de quelqu'un d'autre, nous sommes engagés dans un acte d'imagination morale (appelé parfois *empathie*).

IDÉE DIRECTRICE 21 : Imagination et imagination morale

Quand nous essayons d'anticiper ce qu'il va arriver si nous engageons dans l'un ou l'autre type de conduite ou que nous nous demandons quelles pourraient être les conséquences d'une action, nous accomplissons un acte d'imagination morale.

Quand nous lisons une histoire et que nous mettons ensemble un certain nombre de descriptions faites par l'auteur pour finir par nous sentir dans les pensées, les sentiments et les actes de personnages comme s'ils étaient réels, nous sommes dans l'imagination morale.

Chaque fois que, sur base de quelques observations du comportement d'une autre personne, nous pouvons supposer ce que peut être sa vie, nous sommes engagés dans un acte d'imagination morale.

Chaque fois que nous sympathisons avec une personne au point de sembler pouvoir partager ses joies et ses peines, nous sommes engagés dans un acte d'imagination morale.

Chaque fois que nous postposons d'agir à l'égard d'une autre personne jusqu'à ce que nous ayons essayé d'imaginer ce que cela nous ferait si le même acte était accompli à notre égard, nous sommes engagés dans un acte d'imagination morale.

Il est clair que l'imagination morale est d'importance majeure dans l'expérience morale. Sans imagination morale, le raisonnement moral et le caractère moral seraient mécaniques et superficiels.

EXERCICE : Imaginer comment ce serait

Plus riche est notre expérience, plus riches sont les comparaisons que nous pouvons faire et plus nous sommes prêts à comprendre par analogie. Nous pouvons imaginer à quoi peut ressembler une chose si nous pouvons déjà la relier à quelque chose qui nous est familier. Je peux n'avoir jamais vu de zèbre ni même une photo de zèbre, mais si on me dit que ça ressemble à un âne avec des rayures, je peux facilement me l'imaginer. Ma familiarité avec l'âne m'a servi de base de comparaison. Ceci est dû à ma propre expérience. Mais c'est le raisonnement analogique qui me donne la procédure cognitive appropriée. Cette part vient de mon habileté à penser. C'est en mettant ensemble notre expérience et notre habileté que nous pouvons développer notre imagination.

Fais travailler ton imagination et dessine ce qui suit :

	ressemblance	différence
1. un loup	un chien policier	simplement plus fier
2. du fromage suisse	un fromage régulier	simplement rempli de trous
3. la chenille	un carrousel	simplement monte et descend
4. un mal de dents	un mal d'estomac	seulement dans la bouche
5. une moto	un vélo	simplement avec moteur
6. un cœur de chou	un cœur de laitue	simplement goût différent
7. un géant	une personne	simplement plus grand
8. un elfe	un enfant	plus petit et plus rapide
9. une chute d'eau	une rivière	coulant tout droit
10. un léopard	un tigre	taches au lieu de rayures

PLAN DE DISCUSSION : Imaginer ce qu'il en serait

1. As-tu déjà utilisé ton imagination pour apprendre quelque chose ? Peux-tu donner un exemple ?

2. As-tu déjà utilisé ton imagination pour te souvenir de quelque chose ? Peux-tu donner un exemple ?

3. As-tu déjà utilisé ton imagination pour dessiner ou faire quelque chose ? Peux-tu donner un exemple ?

4. As-tu déjà utilisé ton imagination pour te rendre compte de quelque chose ? Peux-tu donner un exemple ?

5. As-tu déjà utilisé ton imagination pour t'amuser ou passer ton temps ? Peux-tu donner un exemple ?

PLAN DE DISCUSSION : Le raisonnement analogique en éthique

Un acte d'imagination morale peut comporter un raisonnement analogique. Envisagez les situations problèmes que voici et discutez-en :

1. Quand Nicolas a reçu accidentellement une caisse sur son orteil, Isabel a essayé de se souvenir de ce qu'elle a ressenti quand elle a eu son pouce pris dans la portière de la voiture.

2. Tom a perdu son emploi et toute la famille vit des moments durs. Jenny déclare : « Je ne peux m'imaginer ce que ce doit être. Mes parents ont *toujours* eu du travail. »

IDÉE DIRECTRICE 21 : Imagination et imagination morale

3. Le frère d'Isabelle a marché accidentellement sur la patte du chat qui s'est mis à hurler. Isabelle a pris le chat dans ses bras faisant ce reproche à son frère : « Tu lui as fait mal. » Il a répondu : « Oh non ! Les animaux ne sentent rien. »
4. Catherine parle chaque jour avec amour à ses plantes. Sa sœur lui dit : « Pourquoi t'en préoccuper ? » Et Catherine lui répond : « Marrant, c'est ce que disent des gens à mon prof de français. »

EXERCICE : Se mettre à la place de quelqu'un d'autre

Il nous arrive de nous mettre à la place d'une autre personne en nous demandant comment nous nous sentirions si nous étions dans sa situation.

Parfois nous nous disons que c'est ce que nous avons fait alors qu'il n'en est rien.

Dans les cas ci-dessous, chaque personne prétend s'être mise à la place d'une autre. On te demande si tu es d'accord ou non et pourquoi.

d'accord   pas d'accord   ?

1. « Comme Margaux et moi avons échangé nos places, je comprends comment elle se sent en arithmétique. »
2. « Comme Margaux et moi sommes toujours habillées de même, elle doit ressentir la même chose que moi à propos de l'habillement. »
3. « Je sais que Cécile est fort amoureuse de moi. Après tout, c'est bien normal. Si j'étais à sa place, comment pourrais-je ne pas éprouver le même sentiment ? »
4. « J'adore faire rire Margaux. Chaque fois qu'elle rit, Éva rit aussi. Elle doit donc avoir envers Margaux les mêmes sentiments que moi. »
5. « J'ai serré la main à Margaux. J'ai fait une petite pression et elle me l'a rendue. Cela m'en a dit beaucoup sur ses sentiments à mon égard. »
6. « Un jour j'ai vu Jordan se moquer de la façon de s'habiller d'Alice. Cela m'a fait très mal pour Alice : il aurait aussi bien pu se moquer de chacune de nous. »

CHAPITRE V

IDÉE DIRECTRICE 1 : Les mutants

En biologie, un mutant est une plante ou un animal très différent des membres normaux de l'espèce. La différence arrive de manière abrupte, sans résulter d'un changement lent et graduel. Un individu produit par un changement soudain dans la cellule germinale est appelé un mutant. Les mutants ont souvent été des objets d'intérêt pour les écrivains traitant d'événements fantastiques (par exemple les tortues ninja). Noùs se prétend un mutant car, contrairement aux autres membres de son espèce, elle possède la capacité de parler.

EXERCICE : Les mutants

Es-tu d'accord ou pas avec les phrases suivantes ? Justifie ta réponse.

1. « Mes parents ont les yeux bruns et moi j'ai les yeux bleus. Je dois être une mutante. »
2. « Mes parents ont les cheveux bruns et moi j'ai les yeux bleus. Je dois être une mutante. »
3. « Le pourcentage de centenaires augmente. Il doit s'agir de mutants. »
4. « David doit être un mutant. Personne d'autre n'a comme lui six doigts à chaque main. »
5. « Depuis que ma sœur sort avec ce garçon, elle est devenue très intelligente. Elle doit être une mutante. »

IDÉE DIRECTRICE 2 : Être déloyal ou trahir

Une personne qui est fidèle à une autre, à un pays ou à des idéaux est dite ‹loyale›. On peut aussi être considéré comme traître à un ami, à son mari ou à sa femme.

Trahir ou être déloyal(e) semble dès lors avoir beaucoup en commun avec violer une promesse. Tout ceci suppose un engagement antérieur. Quand il n'y a pas eu d'engagement, il est plus difficile de montrer qu'une personne a été déloyale.

EXERCICE : Être déloyal, trahir

Les individus suivants peuvent-ils être accusés de déloyauté ?

1. Max est un espion de l'ennemi en temps de guerre.
2. C'est Cynthia qui a dénoncé à la police le réseau de contrefaçon de son mari.
3. Sam n'est pas d'accord avec sa famille à propos de la valeur des patins à roulettes.
4. Carine ne raconte pas à son petit ami qu'elle sort avec John.
5. Séverine oublie régulièrement d'arroser ses plantes.
6. Nicole traverse la rue quand le signal est rouge.
7. Romain révèle le mot de passe de sa communauté à quelqu'un d'une autre communauté.
8. Marc travaille pour une compagnie spécialisée dans les cigarettes pour enfants.
9. Catherine refuse d'avoir des enfants alors que son mari en voudrait.
10. Renaud conspire pour renverser un dictateur sanguinaire.

IDÉE DIRECTRICE 3 : Préserver

Quand on pense ‹préserver›, on pense aux réserves d'animaux, où ces derniers sont protégés des chasseurs ; on pense aux conserves de fruits et de légumes destinés à être mangés plus tard ; on pense aux momies égyptiennes qui datent de plusieurs millénaires ; on pense aussi au patrimoine architectural conservé.

PLAN DE DISCUSSION : Préserver

1. Si tout ne doit pas être préservé, comment faire la distinction entre ce qui doit l'être et ce qui ne le doit pas ?

2. Serait-il possible que l'on préserve les plus mauvaises coutumes et institutions plutôt que les meilleures ?
3. Le langage a-t-il été inventé pour préserver nos pensées ?
4. L'écriture a-t-elle été inventée pour préserver nos pensées ?
5. Les codes moraux sont-ils préservés ou se modifient-ils avec le temps ?

IDÉE DIRECTRICE 4 : Intégration et solidarité

La solidarité est une façon de décrire ce qui est alternativement appelé ‹vivre ensemble›, intégration, fraternité : une interdépendance étroite, affective autant que cognitive, des humains. C'est l'opposé de la notion que l'humanité est une jungle composée d'animaux violemment antisociaux et compétitifs. En classe, c'est dans la <u>communauté de recherche</u> que se révèle la solidarité : le souci de l'autre l'emporte sur l'esprit compétitif.

PLAN DE DISCUSSION : La solidarité

Dis si tu es d'accord ou non avec les phrases suivantes et justifie ta réponse.

d'accord   pas d'accord   ?

1. C'est dans sa famille que l'enfant fait sa première expérience de la solidarité.
2. À l'école, les enfants font partie de leur classe de la manière dont, chez eux, ils font partie de leur famille.
3. Pour plus de solidarité, les enfants devraient acquérir un nom de classe, tout comme les enfants nés dans une famille acquièrent un nom de famille.
4. Des exemples de solidarité devraient être les églises, les unités militaires, les sociétés financières et économiques, les fraternelles et les passagers d'un bus.
5. Plus il y a de solidarité moins il y a d'individualisme : un banc de poissons en est un bon exemple.

IDÉE DIRECTRICE 5 : Les individus

Les individus sont des choses uniques, séparées, particulières. Cette mouche sur le mur est une chose individuelle. Cette chaise est une chose individuelle. Cette feuille de papier aussi.

Bien sûr, les choses peuvent se trouver en groupes ou autres arrangements. Elles sont reliées les unes aux autres et ces connexions s'appellent des relations. La mouche sur le mur est reliée aux autres mouches, au mur, à la vie des insectes en général, au chat qui l'observe, etc. Elle est reliée aussi à ses ailes, à ses pattes, à ses yeux.

Mais si nous l'envisagions hors contexte, elle ne serait plus un individu. En tant qu'individu, elle est indivisible : si on la divise, son individualité prend fin.

PLAN DE DISCUSSION : L'individualité

1. Un mouton dans un troupeau est-il un individu ?
2. Un coureur dans une compétition est-il un individu ?
3. Le pied d'un coureur à pied est-il un individu ?
4. Deux sœurs d'âge différent sont-elles des individus ?
5. Deux vrais jumeaux sont-ils des individus ?
6. Notre individualité croît-elle avec nos différences ?
7. Notre individualité croît-elle à mesure que nous nous distançons des autres ?
8. Si, de jumeaux, l'un(e) se met à penser pour ou par lui(elle)-même davantage que l'autre, est-il(elle) plus un individu que son jumeau ou sa jumelle ?

Pixie dit qu'elle a ce sentiment bizarre que cette girafe parle <u>pour toutes les girafes</u>. Un membre d'une espèce pourrait-il représenter toute l'espèce ?

Certainement que plus un seul être est individualiste, moins il est susceptible de représenter sa tribu, son clan ou son espèce. Un seul vairon dans un banc de vairons peut, au contraire, tout à fait représenter le banc. C'est pareil pour une seule oie dans un vol d'oies. Chacune est représentative du tout.

Par contre, lorsqu'il s'agit de parler pour le groupe, la question est beaucoup plus complexe. Un humain peut-il parler au nom de tous les humains ? Une girafe qui parle peut-elle parler au nom de toutes les girafes qui ne parlent pas ?

EXERCICE : Parler pour tous ceux de son espèce

Pour faire cet exercice, choisissez un papier dans le bol qui vous est présenté. Quand vient votre tour, dites quelques mots à propos de l'espèce que vous avez choisie.

Voici ce que comportent ces petits papiers :

éléphants
marsouins
micro-organismes
humains
saumons
corbeaux
alligators

Ajoutez d'autres catégories suggérées par la classe.

IDÉE DIRECTRICE 6 : Le sacrifice

En nous sacrifiant, nous nous investissons dans quelque chose qui a de la valeur, qui nous est précieux parce que nous croyons que c'est le seul moyen que nous avons d'obtenir quelque chose qui a encore plus de valeur pour nous. On peut faire le sacrifice d'un cinéma pour économiser l'argent pour s'acheter un vêtement, comme on peut sacrifier sa propre indépendance au profit de sa famille.

EXERCICE : Le sacrifice

Dans quels cas penses-tu qu'il s'agit d'un véritable sacrifice et dans quels cas penses-tu que ce n'en est pas un ?

<u>sacrifice</u> <u>pas sacrifice</u> <u>?</u>

1. « Pour laisser de la place pour de la crème glacée, je ne mangerai pas d'épinards. »
2. « Pour pouvoir fumer des cigares, je vais laisser tomber la cigarette. »

3. « Pour pouvoir accepter cette position clé dans la plus grande firme informatique, je vais devoir laisser tomber ce poste de vendeur de journaux. »
4. « Je vais laisser tomber mon job dans la vente pour pouvoir passer plus de temps avec mon mari. »
5. « Pour laisser de la place pour des épinards, je ne mangerai pas de crème glacée. »
6. Marc : « Je vais arrêter les paris sur chevaux pour pouvoir aider ma femme dans sa campagne pour la présidence. »

IDÉE DIRECTRICE 7 : Révéler

Lorsque, tout à coup, un mystère est clarifié et que nous comprenons ce qui jusque-là avait été une énigme, on parle souvent de *révélation*.

Si, à cause de son histoire mystérieuse et de sa créature mystérieuse, nous associons Pixie à l'entretien de mystères, nous sommes amenés à associer Noûs à la perception de révélations.

Si le mot grec Noûs peut se traduire par esprit, idée ou raison, il semble être utilisé ici dans le sens particulier de recherche active et de révélation du caractère rationnel du monde. Peut-être Noûs, la girafe, n'acquiert-elle pas tant sa connaissance par le travail ardu d'un raisonnement logique que par des visions et intuitions soudaines qui lui révèlent le côté réaliste de la nature.

EXERCICE : Révéler

Dans ces phrases, choisis le mot qui convient le mieux :

1. Au début de la pièce, le rideau s'est ouvert (identifiant) (montrant) (révélant) (indiquant) la distribution des personnages.
2. Doris a lu le dernier chapitre de l'histoire mystérieuse qui (expliquait) (décrivait) (cachait) (révélait) l'identité du meurtrier.
3. Quand Georges a enlevé son anorak, la maigreur de son corps s'est (affichée) (montrée) (révélée) (fait voir).
4. La (nouvelle) (révélation) (information) (surprise) que la preuve avait été truquée a mis rapidement fin au procès.

Note : On peut donner plus d'une réponse.

IDÉE DIRECTRICE 8 : Beau/belle

Voici pour vous une opportunité de discuter avec votre classe du fait qu'on peut appeler ‹beau› quelque chose à cause de *la manière dont ses parties sont reliées entre elles* et non parce qu'elles sont belles en elles-mêmes. Par exemple, si l'on regarde les voitures miniatures, modèles de vraies voitures sport, on peut les trouver belles même si les fenêtres sont minuscules, le capot extrêmement long et les phares plus grands que la normale. Pourtant, si on regarde ce modèle globalement, l'effet peut en être très beau. La question n'est pas que chaque partie soit belle, mais comment chacune est reliée à toutes les autres et à l'objet entier.

On trouve souvent belle une girafe ou beau un cerf même si certaines parties de leur corps peuvent sembler étranges. La girafe a un cou extrêmement long qui, en lui-même, peut paraître très laid, mais si on le regarde dans sa *relation* avec les pattes et avec le corps et si on voit comment, en bougeant, elle coordonne toutes ses parties, on n'hésite pas à la qualifier de belle.

De même, un cerf avec ses bois qui lui poussent dans la tête est une créature très bizarre, ce qui ne l'empêche pas d'être magnifique si l'on prend en compte tout son corps.

PLAN DE DISCUSSION : les choses belles possèdent-elles de belles parties ?

1. Si une chute de neige est belle, cela signifie-t-il que chaque flocon est beau ?
2. Si un livre est beau, cela signifie-t-il que chacune de ses pages est belle ?
3. Si un tigre est beau, cela signifie-t-il qu'il a de belles dents ?
4. Si un désert est beau, cela signifie-t-il que chacun de ses grains de sable est beau ?
5. Si la première étoile à apparaître la nuit est belle, chaque partie que nous pourrions voir de cette étoile est-elle belle ?

PLAN DE DISCUSSION : Être beau/belle

1. Quelle est la différence entre un chaton ordinaire et un beau chaton ?
2. Quelle est la différence entre une maison ordinaire et une belle maison ?

3. Quelle est la différence entre un arbre ordinaire et un bel arbre ?
4. Quelle est la différence entre une journée ordinaire et une belle journée ?
5. Quelle est la différence entre une chanson ordinaire et une belle chanson ?
6. Connais-tu des gens qui sont beaux par certains côtés mais pas par d'autres ?
7. Se peut-il que toute personne soit belle par certains côtés ?
8. Se peut-il que personne ne soit beau par aucun côté ?
9. Une personne pourrait-elle être belle sans avoir belle allure ?
10. Une personne peut-elle faire de belles choses ? Si oui, peux-tu donner un exemple ?
11. Une personne qui fait de belles choses est-elle une belle personne ?
12. Pourrais-tu être une belle personne si tu faisais des tas de choses qui ne sont pas bien ?
13. Pourrais-tu être beau/belle même si beaucoup de gens trouvent que tu ne l'es pas ?
14. Pourrais-tu avoir des traits très ordinaires et pourtant être beau/belle ?
15. Pourrais-tu avoir des traits non habituels et pourtant être beau/belle ?

PLAN DE DISCUSSION : Quelles sortes de choses sont belles ?

1. Une maison peut-elle être plus belle qu'une chute d'eau ?
2. Une fleur peut-elle être plus belle qu'une maison ?
3. Le dessin d'une fleur peut-il être plus beau que la fleur elle-même ?
4. La photo d'un coucher de soleil peut-elle être plus belle que le coucher de soleil lui-même ?
5. Le portrait d'une personne peut-il être plus beau que la personne elle-même ?
6. Un film à propos d'un chevreuil peut-il être plus beau que le chevreuil lui-même ?
7. Un morceau de musique à propos d'une rivière peut-il être plus beau que la rivière ?
8. Des objets naturels peuvent-ils être laids ?

IDÉE DIRECTRICE 9 : Humain

On appelle personnes des hommes, des femmes et des enfants qui possèdent des traits distinctifs tels que la rationalité ou l'aptitude à la rationalité. Mais si un animal comme Noûs nous démontrait qu'il est capable de rationalité, pourrions-nous aussi dire de lui qu'il est une personne ? La réponse n'est pas claire.

Pour désigner l'être humain, on parle d'‹homme›, particulièrement en tant qu'espèce biologique distincte. Or le même mot est trop souvent considéré comme ne désignant qu'une personne mâle, ce qui le rend souvent critiquable.

‹Humain› est généralement réservé à l'espèce biologique à laquelle nous appartenons. Même si tous les humains sont considérés comme des personnes, il ne s'ensuit pas que toutes les personnes soient des êtres humains.

PLAN DE DISCUSSION : Les êtres humains et être humain

1. Si Noûs peut penser et parler, est-elle humaine ?
2. Si Pixie est un être humain, est-elle aussi un animal ?
3. Pixie et Noûs sont-elles toutes deux des mammifères ?
4. Si Noûs était née dans un œuf, serait-elle un mammifère ?
5. Si Pixie avait du sang froid plutôt que du sang chaud, toutes les autres choses étant égales, serait-elle encore considérée comme un être humain ?
6. Les définitions que voici sont-elles applicables aux humains ?
    a. L'homme est l'animal qui rit et pleure.
    b. L'homme est l'animal concevable.
    c. L'homme n'est rien d'autre que l'histoire de l'homme.
    d. L'homme est l'animal qui envisag l'avant et l'après.
7. Si l'homme est l'être qui veut modifier son environnement, les castors ne devraient-ils alors pas être considérés aussi comme humains ?
8. Si l'homme est l'être qui peut parler, les perroquets ne devraient-ils alors pas être considérés aussi comme humains ?
9. Si l'homme est l'être qui communique symboliquement, les abeilles ne devraient-elles alors pas être considérées comme humaines ?

IDÉE DIRECTRICE 10 : Saint(e)

Les saints sont des gens tellement vertueux qu'ils semblent être catégoriquement à part du reste de l'humanité. Surtout s'ils sont très patients, charitables ou doux. Les saints sont souvent liés à des religions particulières où ils font l'objet d'une vénération spéciale.

Parfois, les saints sont assimilés à des héros par le fait qu'on peut dire des deux qu'ils sont allés au-delà de leur devoir. Non seulement ils font tout ce que doit faire une personne vertueuse, ils font plus. Si on leur demande pourquoi ils se comportent de la sorte, quelle obligation ils ont, ils répondront qu'ils n'ont pas d'autre obligation que celle qu'ils se donnent à eux-mêmes. Personne ne les pousse à agir ainsi. C'est tout simplement que le héros choisit d'être extraordinairement courageux et le saint d'être extraordinairement patient, charitable ou doux.

EXERCICE : Saints et héros

Donne ton avis à propos des phrases suivantes :

	d'accord	pas d'accord	?
1. « C'est déjà assez dur pour moi de faire ce que j'ai à faire. Il ne faut pas s'attendre à ce que je fasse plus. »			
2. « Je pense que les gens les plus heureux sont ceux qui en font le moins possible et qui sont tout de même considérés comme ayant fait leur devoir. »			
3. « C'est facile d'être un saint si on n'a pas de vices. Les vrais saints sont ceux qui doivent lutter avec eux-mêmes pour se débarrasser de leurs vices. »			
4. « Facile d'être un héros si l'on n'a pas peur. Mais seuls les simples d'esprit n'ont pas peur. Je suppose donc que beaucoup de héros sont des simples d'esprit. »			

IDÉE DIRECTRICE 11 : La punition

Ceux qui possèdent l'autorité de faire les lois ou autres règles et de les renforcer ont aussi le pouvoir de punir ceux qui ne respectent pas les règles ou qui ne remplissent pas leurs obligations. C'est pourquoi les gouvernements mettent en place des systèmes de police pour attraper ceux qui sont considérés comme violeurs de la loi, ainsi que des tribunaux pour les juger et des prisons pour les punir.

Bien sûr, la prison n'est pas le seul moyen de punir ceux qui agissent mal. On peut leur faire payer des amendes ou les priver de certains droits (droit de vote, droit de quitter le pays). Certaines sociétés pratiquent le châtiment corporel. D'autres encore acceptent la peine capitale.

Il y a des gens qui critiquent les systèmes existants. Pour eux, seuls ceux pour lesquels aucune réhabilitation n'est possible devraient être punis en les isolant du reste de la société. Quant aux autres, ils devraient être aidés à se réintégrer dans la société après s'être reconstruits.

PLAN DE DISCUSSION : La punition

Discute des opinions que voici :

1. « La punition doit être adaptée au délit. »
2. « Même si je me sais innocent, je ressens encore le besoin d'être puni pour quelque chose. »
3. « Je sais que j'ai mal agi. Mais je continue à penser que je ne devrais pas être puni pour ce que j'ai fait. »
4. « Chaque fois que tu fais quelque chose de mal, dis que c'est à cause de ton éducation. »
5. « Toute punition doit être humaine. Le problème, c'est que personne ne sait ce que veut dire une "punition humaine". »

EXERCICE : Les réprimandes ci-dessous peuvent-elles être considérées comme punitions suffisantes ?

1. La mère de Claire : « Claire, tu devrais être honteuse de frapper ainsi ton petit frère de quatre mois ! »
2. L'enseignant d'Albert : « Albert, je sais que tu n'as pas pris la veste de Jacques. Pourtant, nous t'avons tous vu la regarder et je ne veux aucun vol dans cette classe. »
3. Le père de Thomas : « Thomas, ne penses-tu pas que ce serait mieux de mettre <u>d'abord</u> tes chaussettes avant de mettre tes chaussures ? »
4. La policière : « Les gars, j'espère que ce n'est pas l'un de vous qui a mis un autocollant sur ma voiture de police. »
5. Le maçon : « Je vais devoir dire que vous avez marché dans le ciment frais alors que nous sommes en train de faire un nouveau trottoir. »

IDÉE DIRECTRICE 12 : Être prêt

Être prêt, c'est s'être préparé à faire quelque chose. Être prêt, ce n'est pas juste une disposition à faire quelque chose. Un verre, c'est fragile et donc prédisposé à se casser si on le laisse tomber mais il n'est pas *prêt* à se casser. Un boxeur qui a perdu la forme peut être disposé à se battre mais il n'y est pas prêt.

Par ailleurs, être prêt n'est pas nécessairement le stade qui précède immédiatement l'action. Celui qui donne le départ d'une course crie : « À vos marques ! Prêts ! Allez-y ! » Si l'on prend cela au pied de la lettre, on commence par se préparer puis la tension et l'alerte étant au maximum, on démarre enfin.

EXERCICE : Se préparer

D'après toi, lesquels sont prêts ?

	prêt partiellement	pas du tout	?

1. « Bien sûr que je suis prêt pour aller à l'école. J'ai mis mes chaussettes non ? »
2. « Je reconnais les lettres. Je suppose donc que je suis presque prêt à lire. »
3. « Quand le professeur me pose une question, qu'attend-il de moi ? »
4. « Je vais lever mon bras au cas où le professeur poserait une question. »

EXERCICE : Se préparer

Jean déclare : « Je ne suis pas prêt à aller dormir. »

I. Questions à discuter
   1. Dois-tu *te préparer* pour aller dormir ou cela arrive-t-il que tu sois prêt ou pas ?
   2. Dois-tu *te préparer* avant de pouvoir manger ?
   3. Dois-tu *te préparer* avant de pouvoir penser ?
   4. Dois-tu *te préparer* avant de pouvoir être prêt ?

IDÉE DIRECTRICE 12 : Être prêt

II. Exprimez ce qui suit :
   1. Montre-nous la différence entre la façon dont tu te prépares à dormir et celle dont ton chien s'y prépare.
   2. Montre-nous la différence entre la façon dont tu te prépares à souffler les bougies de ton gâteau d'anniversaire et celle dont tu te prépares à siffler.
   3. Montre-nous la différence entre un coq qui s'apprête à chanter et une corneille qui s'apprête à s'envoler.

III. De chacune de ces démonstrations, quelqu'un peut-il expliquer les différences ?

Nous avons déjà parlé à plusieurs reprises de ‹disposition›. Une autre façon de le comprendre, c'est de lui substituer ‹être prêt›. Si les deux expressions ne sont pas tout à fait interchangeables, elles sont assez similaires.

Une personne disposée à jouer s'intéresse habituellement au jeu et y est prête. Une personne disposée à dire la vérité y est habituellement prête. Être prêt à faire une chose, c'est y avoir été préparé. On ne peut considérer comme vertueuse une personne qui n'est pas préparée à agir de manière vertueuse quand l'occasion l'exige.

EXERCICE : Être prêt

Vois si cet exercice traitant de la manière d'utiliser l'expression ‹être prêt› dans le langage ordinaire t'aide pour les concepts qu'elle représente. (Plus d'une réponse correcte est possible.)

1. Être prêt c'est (avoir pris ses marques) (être préparé à l'action) (en attente) (vigilant).
2. L'utilisation d'‹être prêt› dans l'expression ‹prêt, disposé et capable› est-elle la même que dans ‹À vos marques ! Prêts ! Allez-y !› ou est-elle différente ?
3. Le joueur de tennis s'entraîne avant un match pour (se préparer) (être prêt à frapper la balle) (s'amuser) (confiant) (être payé).
4. Un nageur qui s'apprête pour une compétition olympique sait qu'il sera jugé seulement sur (sa pratique) (son niveau de préparation) (son attitude) (son esprit sportif) (sa performance).
5. Quand il s'agit d'incendies, les pompiers sont plus (expérimentés) (calmes) (compétents) (préparés) (courageux) que les victimes.

IDÉE DIRECTRICE 13 : Les bonnes raisons

D'ordinaire, nous gardons nos croyances dans notre esprit sans nous demander si elles sont ou non étayées par de bonnes raisons. Il n'y a rien à redire cela.

Le besoin de raison se fait sentir lorsqu'il se passe quelque chose qui introduit le doute dans nos croyances. Cela arrive souvent quand nous les rendons publiques. *Affirmer* ou *étaler* ses croyances, c'est les faire valoir. Chaque fois que nous émettons une opinion, nous devrions être prêts à l'accompagner d'une ou plusieurs raisons.

Lorsque nous proposons une raison, il faut qu'il y ait un lien évident entre la raison et l'opinion en question. La raison doit se rapporter à la question. Si un enfant dit que la terre est faite de fromage, cela n'expliquera pas comment la lune tourne autour de la terre. La raison invoquée n'est pas pertinente.

La raison peut être valable mais insuffisante. Dans ce cas, beaucoup de raisons dont chacune est insuffisante peuvent devoir être complétées et, ensemble, peuvent être pertinentes. Un enfant peut trouver bon un livre parce qu'il est bien illustré. Ce qui est insuffisant. Cette raison doit être renforcée par d'autres, par exemple que l'histoire est intéressante, que les caractères sont vivants et que l'écriture est belle. Chaque raison doit avoir un poids ou une crédibilité et, combinées, elles donneront plus de poids à l'opinion en question.

Une simple raison peut avoir plus de poids que l'opinion qu'elle soutient parce que l'opinion est sujette à controverse tandis qu'à la raison on souscrit généralement, trouvant qu'elle va de soi. Si un enfant ne veut pas aller à l'école en disant qu'il est malade, cette seule raison (si elle est vraie) suffirait à justifier sa revendication. Elle est à la fois *forte* et *pertinente*.

Si les bonnes raisons sont toujours fortes et pertinentes, leur force peut venir du fait qu'elles agissent seules ou combinées.

EXERCICE : Les bonnes raisons : leur pertinence

Des gens peuvent proposer des raisons qui n'ont rien à voir avec ce dont ils parlent.

Pa exemple, si on dit : « j'aime les pommes parce que les perroquets boivent de la soupe », c'est peut-être vrai que les perroquets boivent de

IDÉE DIRECTRICE 13 : Les bonnes raisons

la soupe mais cela n'a rien à voir avec le fait qu'une personne aime les pommes. Ce n'est donc pas une raison.

Peux-tu dire si dans les phrases que voici, les gens donnent des raisons pertinentes à ce qu'ils disent :

1. « J'aime l'école parce que j'aime les gens que j'y rencontre. »
2. « J'aime l'école parce qu'il y a toujours quelque chose à y faire. »
3. « J'aime l'école parce que le riz chinois est tellement bon. »
4. « J'aime l'école parce que je n'aime pas prendre de bains. »
5. « J'aime l'école parce que j'aime tout ce qui m'amène à penser. »

EXERCICE : Les bonnes raisons : leur force

Lorsque vous émettez une opinion, vous souhaitez l'accompagner d'une ou de plusieurs raisons. Bien sûr, ces raisons doivent avoir un rapport avec votre opinion. Si vous voulez convaincre, vos raisons doivent être plus fortes que l'opinion qu'elles soutiennent.

Supposons, par exemple : « J'ai aimé le film parce qu'il avait de bons acteurs, il était très excitant sans être effrayant », tu as donné tes trois raisons d'avoir aimé ce film. Les trois sont pertinentes et ensemble, elles donnent de la force.

Peux-tu dire si les gens que voici justifient leurs propos par des raisons pertinentes ?

1. « J'ai aimé ce film parce que les pop-corn étaient bons. »
2. « J'ai aimé ce film parce qu'il était en couleurs. »
3. « J'ai aimé ce film parce que la fin était belle. »
4. « J'ai aimé ce film parce qu'à aucun moment il n'était ennuyeux, les acteurs semblaient réels et la prise de vue était intéressante. »
5. « J'ai aimé ce film parce que j'avais une entrée gratuite. »

EXERCICE : Les bonnes raisons

A. Quelles raisons peut avoir Paul de prononcer ces phrases ? (Notez au tableau les réponses de chaque enfant.)
   1. « J'aime nager. »
   2. « Je vais très souvent à l'école. »
   3. « Je pense que Marc et Laura sont frère et sœur. »

4. « Je suppose que cette année nous irons en vacances en famille. »
   5. « La voiture est dans le garage. »
B. Sélectionnez une de ces raisons et demandez à la classe :
   1. Trouvez-vous certaines de ces raisons meilleures que d'autres ?
   2. Si oui, lesquelles ? À votre avis, qu'est-ce qui fait qu'une raison est meilleure que les autres ?

EXERCICE : Les bonnes raisons

Trouvez-vous que ce que disent ces enfants a du sens ?

1. Jeanne : « Je ne vais pas nager parce que je suis une bonne nageuse. »
2. Jeanne est une nouvelle élève. Personne d'autre de sa classe ne sait nager. Elle déclare : « Je ne vais pas nager parce que je suis une bonne nageuse. »
3. « J'aime les fraises parce qu'elles me rendent malade. »
4. « Je sais qu'il va pleuvoir demain parce qu'il pleut aujourd'hui. »
5. « Je sais qu'on sera mardi demain parce qu'aujourd'hui c'est lundi. »

IDÉE DIRECTRICE 14 : Vrai

Des phrases peuvent être considérées comme *vraies* pour de multiples raisons.

D'abord une phrase vraie semble *correspondre* à un état réel d'affaires dont il est question dans la phrase. Si on dit, par exemple, que l'herbe est verte, on peut dire que c'est vrai parce qu'on a pu observer un objet appelé herbe et observer aussi qu'elle est verte.

Une autre raison pour appeler vraie une phrase, c'est que ce qu'elle affirme comporte une définition de mots et que les définitions sont jugées vraies quand le terme que nous cherchons à définir veut dire la même chose que les mots que nous utilisons pour le définir. Dire, par exemple, « les plans sont des surfaces planes » est considéré comme vrai car, *par définition*, les plans sont définis comme des surfaces planes.

IDÉE DIRECTRICE 14 : Vrai

Une autre raison encore pour dire qu'une phrase est vraie c'est qu'on peut valablement la déduire de ce que nous savons déjà vrai. Ceci est parfois appelé l'approche par *cohérence* (ou consistance) de la vérité.

Il peut être utile pour les jeunes de savoir qu'il n'y a pas qu'une seule raison pour appeler vraies ou fausses des phrases et de leur faire rencontrer les diverses raisons habituellement utilisées.

EXERCICE : Raisons d'appeler vraies des phrases

Dans les cas que voici, peux-tu donner une raison pour laquelle celui ou celle qui parle considère que sa phrase est vraie ?

I.

1. « La neige est blanche. Comment je le sais ? Parce qu'en ce moment, il y a de la neige et que cette neige est blanche. »
2. « 1 + 1 = deux. Comment je le sais ? Parce que ce que nous voulons dire par 2 est exactement la même chose que ce que nous voulons dire par un plus un. »
3. « Les ogres sont plus méchants que les dragons et les dragons sont plus méchants que les trolls. Puisque je pense que ces deux phrases sont vraies, alors "les ogres sont plus méchants que les trolls" doit être vraie aussi. »
4. « Je sais que c'est vrai que les chats sont des mammifères. Comment je le sais ? C'est que les mammifères nourrissent leurs petits et que les chats nourrissent leurs petits. »
5. « Je sais qu'un ballon est rond parce que le mot *ballon* signifie une chose ronde avec laquelle on peut jouer. »

II.

Pouvez-vous dégager quelque chose de cette histoire ? Cela pourrait-il être dit *vrai* ?

Un jour, l'évêque fut invité à une réception donnée par le duc en son honneur pour son 50e anniversaire comme évêque.

Entouré des autres invités, il raconta ses souvenirs. « Savez-vous », raconta-t-il, « que mon premier jour, la première personne que j'ai confessée était un assassin ! »

Un peu plus tard, le duc entra. Il proposa un toast pour l'évêque en déclarant : « Imaginez-vous que je fus la première personne à me confesser à l'évêque le jour où il prit ses fonctions ! »

EXERCICE : Phrases qui doivent être vraies et phrases qui ne le doivent pas

Dans les phrases que voici, lesquelles sont vraies parce qu'elles nous disent comment les mots sont définis et lesquelles le sont parce qu'on en a suffisamment la preuve ?

	vraie par définition	vraie par preuve	?
1. Les bébés ne sont pas des adultes.			
2. Les gens mariés ne sont pas célibataires.			
3. Deux est la moitié de quatre.			
4. Les allumettes mouillées ne brûlent pas.			
5. Les hivers au Canada sont froids.			
6. Les amis ne sont pas des ennemis.			
7. Les dogues sont des chiens.			
8. La Suède est un pays d'Europe.			
9. Un couteau chaud coupe le beurre facilement.			
10. Là où il y a des écoles, il y a des élèves.			

PLAN DE DISCUSSION : Qu'est-ce qui rend vraie une histoire ?

1. Si une histoire se base sur des faits, doit-elle être vraie ?
2. Si quelqu'un construit une histoire, cela veut-il dire qu'elle ne peut être vraie ?
3. Une histoire à propos de quelque chose qui s'est vraiment passé raconte-t-elle nécessairement la vérité ?
4. Une histoire à propos de gens réels, vivants, est-elle nécessairement vraie ?
5. Si une histoire raconte la manière dont les choses se passent *toujours*, cela la rend-il vraie ?
6. Une histoire à propos d'animaux qui se parlent est-elle nécessairement fausse ?
7. Une histoire à propos de gens qui ont vécu il y a cent ans est-elle nécessairement fausse ?

IDÉE DIRECTRICE 14 : Vrai

8. Une histoire à propos de quelque chose qui s'est passé il y a 1000 ans peut-elle être vraie ?
9. Une histoire qui ne contiendrait *que* des faits doit-elle être vraie ?
10. Une histoire qui a une fin heureuse peut-elle être vraie ?

EXERCICE : Comment pouvons-nous dire ce qui est vrai ?

Cet exercice traite des différents moyens d'essayer de trouver ce qui est vrai.

Vous voyez un certain nombre de situations. Et en dessous, certains moyens de trouver.

Choisissez pour la situation problématique la méthode qui vous convient et justifiez votre choix.

Problème :

1. On te demande s'il est 3 heures du matin.
2. On te demande ton âge.
3. On te demande si le temps est compté en centimètres ou en pieds.
4. On te demande si le Portugal est à l'est ou à l'ouest de l'Espagne.
5. On te demande si tu préfères la crème glacée ou le gâteau au chocolat.
6. On te demande si George Washington est toujours le président des États-Unis.
7. On te demande si l'eau salée gèle.
8. On te demande s'il y aura une guerre en Asie l'an prochain.
9. On te demande à combien de kilomètres de la capitale se trouve ta ville.
10. On te demande comment tu vas.

Moyens

a. Consulter un dictionnaire.
b. Consulter une encyclopédie.
c. Demander à l'enseignant.
d. Demander à tes parents.
e. Regarder ta montre.
f. Demander à la première personne que tu rencontres.
g. Organiser un projet de recherche.

h. Chercher la réponse à la télévision.
i. Regarder un cadran solaire.
j. Regarder si le soleil est juste au-dessus de ta tête.
k. Demander à ton meilleur ami ou à ta meilleure amie.
l. Réfléchir un moment.
m. Consulter ton horoscope.
n. Prendre ta boussole.
o. Regarder dans un atlas.
p. En discuter avec la classe.
q. Jouer à pile ou face.
r. Tirer au sort.
s. Demander à un élève plus âgé.
t. Regarder dans le journal.
u. Écrire au président.
v. Donner un coup de téléphone à la personne en question.
w. Dire que ce ne sont pas tes affaires.
x. Consulter ton acte de naissance.
y. Chercher dans ta mémoire.
z. Répondre que la question n'a aucun sens.
aa. Faire une expérience.
bb. Rien de tout cela.

IDÉE DIRECTRICE 15 : Bien

Noûs parle des critères du Beau, du Vrai et du Bien. Il s'agit là de trois critères généraux que nous utilisons habituellement pour évaluer différentes sortes de choses. Devant une œuvre d'art ou devant la nature, on peut se demander : « Est-ce que c'est beau ? » Pour chaque phrase, chaque déclaration, chaque affirmation, on peut se demander : « Est-ce vrai ? » Et pour le reste, on peut se demander : « Est-ce bien ? »

Chacune des réponses à ces questions est un jugement. Et on attend de chaque jugement qu'il soit basé sur une raison. Il faut une raison pour appeler belle une chose ou pour décider d'une déclaration si elle est vraie ou pour qualifier de bien quelque chose.

Il existe cependant deux sens à ‹bien› : une chose peut-être bien en elle-même, intrinsèquement ; elle peut aussi être bien pour autre chose. La santé correspond au premier sens tandis que la médecine correspond au second : nous l'estimons bonne parce qu'elle existe dans l'intérêt de notre santé. La beauté est bonne en elle-même, mais l'art est bon parce qu'il produit la beauté.

EXERCICE : Bien

Dans chacune des phrases que voici, il y a deux blancs qu'on vous demande de remplir. Pour le premier, choisissez un mot de la colonne A et pour le second, un mot de la colonne B. Si vous n'arrivez pas à trouver le mot juste pour le second blanc, dites-le et donnez-en la raison.

1. ----------- est bien parce que cela te protège de --------.
2. ----------- est bien parce que cela te donne un(e) --------.
3. ----------- est bien parce que cela t'aide à --------.
4. ----------- est bien parce que tout ce que tu utiliserais d'autre pour faire éclater --------.
5. ----------- est bien parce que cela t'aide à traverser --------.
6. ----------- est bien parce que cela nous fait comprendre --------.
7. ----------- est intrinsèquement bien parce que cela aide à obtenir quelque chose d'autre.

Colonne A	Colonne B
Le vêtement	La pluie
Une voiture	Voir
L'argent	Éducation
Un parapluie	Rivières
Une chaise	Monde
Un pont	Voyage
La gentillesse	Croire
L'eau	Acheter
La vérité	Faire confiance
La lumière	Ballons
L'école	
L'honnêteté	
Le bonheur	
Une épingle	

IDÉE DIRECTRICE 16 : Les standards

Un standard peut être une ligne de séparation que nous installons et qui nous fait mettre au-dessus ce que nous considérons comme bien et en dessous tout ce nous considérons comme mauvais. Par exemple, on peut mettre la barre à 70 % pour passer de classe.

Un ophtalmologue met à 20/20 la vision acceptable. Dans ce cas, plus (30/30) est une faiblesse et 15/15 est une force.

On parle aussi de standards à propos d'unités de mesure (m, km, litre, décilitre, etc.).

EXERCICE : Les normes

Es-tu d'accord ou non avec ce qui suit ?

<u>D'accord</u> <u>pas d'accord</u> <u>?</u>

1. « Le mile est un standard de mesure, le km non. »
2. « 10 cl est pour un litre ce que 10 cm est pour 1 m.
3. « L'enseignant n'avait pas le droit de mettre la norme pour la dictée à 80 %. Il m'a fait échouer. »
4. « L'ophtalmologue n'avait pas le droit de mettre la norme de vision à 20/20. Il m'a fait rater le test.

CHAPITRE VI

IDÉE DIRECTRICE 1 : Faire du mal

Faire du mal, c'est nuire, blesser, faire souffrir ; c'est causer de la douleur ou de la souffrance ; c'est affecter négativement.

Nuire est un principe d'importance considérable dans certaines théories philosophiques. Par exemple, il a été dit que le seul fondement qu'a un gouvernement d'interférer dans la liberté des citoyens, c'est de prévenir le mal fait à **d'autres**. L'État peut intervenir dans mes libertés si je menace de nuire aux autres ou si je les prive de leurs libertés.

Si le mal est souvent compris au sens physique, il ne se limite pas à cela. Il peut tout aussi bien se comprendre au sens psychologique. Il peut aussi être social, dans le sens que mon action pourrait faire du tort à la réputation de quelqu'un.

PLAN DE DISCUSSION : Faire du mal

1. Les gens peuvent-ils se nuire à eux-mêmes ?
2. Peut-on permettre le mal si la victime ne se plaint pas ?
3. Les médecins sont entraînés à ne **faire aucun mal**. Or la chirurgie blesse. Est-ce faire du mal ?
4. Si quelqu'un a raconté des mensonges à ton sujet, cela a-t-il pu te nuire ?
5. Si personne de ton entourage n'a jamais été affecté par un incendie, cela prouve-t-il que les incendies soient inoffensifs ?

PLAN DE DISCUSSION : Le seul test pour savoir si une action est bonne ou mauvaise, est-ce si elle cause ou non du tort à d'autres ?

1. Chaque fois que M. Collins voit son beau-frère, il tente de le tuer. Mais à chaque fois il rate son coup. Il trouve que puisqu'« aucun préjudice n'a été commis », on ne peut l'arrêter.
2. M. Collins pense que son beau-frère tourmente sa sœur. Le beau-frère se défend toujours en disant qu'il ne fait pas de mal à son épouse et que le dommage est purement psychologique.

IDÉE DIRECTRICE 2 : Les intentions

Étant donné que des actes peuvent être considérés comme *bons* ou *mauvais*, il semblerait qu'il faille faire la distinction entre *l'intention* de s'engager dans une action destructrice et celle de s'engager dans une action constructive. Par exemple, si c'est mal de mettre le feu à la maison de son voisin, c'est une indication de malveillance qu'on en ait *l'intention*. De même, la police ne peut arrêter quelqu'un parce qu'il passe devant la banque ; cependant, s'il passe et repasse avec insistance et que la police, devenue suspicieuse, l'arrête et découvre dans sa voiture des armes, de la nitroglycérine et des plans de l'intérieur de la banque, elle pensera certainement détenir la preuve de son intention de commettre un délit, même s'il n'a rien fait.

Les enfants eux-mêmes sont conscients de ce que certaines de leurs actions peuvent ou non être accompagnées d'intention (voir ce qu'ils veulent dire par « je ne l'ai pas fait exprès »). Néanmoins, quand un enfant dit qu'il n'a pas eu l'intention de faire du mal à quelqu'un, c'est peut-être vrai parce que, souvent, les enfants ne voient pas la connexion entre ce qu'ils font et les conséquences possibles de leurs actes.

PLAN DE DISCUSSION : Connaître les intentions

1. Trouves-tu parfois difficile de comprendre ce que quelqu'un d'autre s'apprête à faire ?
2. Penses-tu que d'autres gens peuvent parfois avoir des difficultés à comprendre ce que tu t'apprêtes à faire ?
3. Y a-t-il des gens dont les intentions sont toujours très claires ?
4. Y a-t-il dans ta classe des élèves qui ont toujours l'air innocents mais dont tu sais que leurs intentions sont généralement malveillantes ?
5. Y a-t-il dans ta classe des élèves qui ont toujours l'air coupables ou malveillants mais dont tu sais qu'en réalité ils sont parfaitement au-dessus de tout soupçon ?
6. Les animaux ont-ils des intentions ? Par exemple, si ton chat ou ton chien gratte à la porte ou chasse un autre chat ou un autre chien, peut-on leur attribuer des intentions ?
7. Un gland a-t-il l'intention de devenir un jour un chêne ?
8. Peux-tu intentionnellement jouer un mauvais tour à quelqu'un tout en disant que tu n'avais pas *l'intention* de lui faire de mal ?

IDÉE DIRECTRICE 2 : Les intentions

9. Si, sans en avoir l'intention, tu as fait quelque chose qui s'est révélé très avantageux pour quelqu'un, pourrais-tu te vanter d'avoir accompli une bonne action ?
10. Si quelque chose que tu fais a des conséquences non intentionnelles, en es-tu responsable ? Par exemple, tu as, sans intention, laissé brûler le feu du pique-nique et un feu de forêt en est résulté.

PLAN DE DISCUSSION : Que se passe-t-il quand nous avons l'intention de faire quelque chose ?

1. Si tu as *l'intention* d'aller à une fête à laquelle tu es invité(e), cela signifie-t-il que tu as *planifié* d'y aller ?
2. Si tu as *l'intention* d'aller à cette fête, cela signifie-t-il que tu *souhaites* y aller ?
3. Si une personne t'invite à une fête, cela signifie-t-il que cette personne *souhaitait* t'inviter ?
4. Si une personne s'est *souvenue* de t'inviter à sa fête, cela veut-il dire qu'elle avait l'*intention* d'*oublier* de t'inviter ?
5. Si une personne a *oublié de t'inviter* à sa fête, cela veut-il dire que c'est *intentionnellement* qu'elle l'a fait ?
6. Si tu as l'habitude de te brosser les dents chaque matin, cela signifie-t-il que, chaque matin, tu as *l'intention* de le faire avant de le faire vraiment ?
7. Si, malade, tu es incapable de faire ton devoir, cela signifie-t-il qu'avant de tomber malade tu en avais *l'intention* ?

PLAN DE DISCUSSION : Intentions malveillantes et intentions bienveillantes

1. Que signifie l'expression : « L'enfer est pavé de bonnes intentions » ?
2. Y a-t-il une différence entre tes plans et tes intentions ?
3. Fais-tu une différence entre tes intentions et tes buts ?
4. Fais-tu une différence entre tes intentions et tes ambitions ?
5. Fais-tu une différence entre tes intentions et tes désirs ?
6. Arrive-t-il que nous ayons de bonnes intentions mais que le résultat de ce que nous faisons soit nuisible ?

7. Arrive-t-il que nous ayons l'intention de blesser mais que, contrairement à nos attentes, le résultat de nos actions soit positif ?
8. Les gens animés de bonnes intentions ont-ils plus de difficultés à savoir que faire que les gens animés de mauvaises ?
9. Si quelqu'un te sauve la vie sans en avoir l'intention, dois-tu le remercier ?
10. Si un sauveteur (pompier, maître-nageur) te sauve la vie, dois-tu le remercier ?
11. Que trouves-tu de plus grave : faire quelque chose de mal non intentionnellement ou planifier quelque chose de mal sans le savoir ?
12. Que trouves-tu de plus grave : faire une promesse à ton ami et ne pas la tenir ou ne pas promettre d'aider ton ami qui en a besoin même si tu aurais pu le faire facilement ?

PLAN DE DISCUSSION : Les intentions malignes

Discutez si vous pensez que les cas suivants sont des illustrations d'actions intentionnellement malignes.

1. Caroline qui adore voir des pneus plats met toujours de gros clous devant sa maison.
2. Élisabeth pensant que son petit frère manque de fer met des trombones dans sa bouillie.
3. Thomas sachant que sa sœur aime aller à la pêche en été lui offre pour Noël une boîte de vers vivants.
4. Pour attirer l'attention de Nicolas, Gaëlle le pince.
5. Pour attirer l'attention d'Élisabeth, Nicolas la pince.

PLAN DE DISCUSSION : Si quelque chose est fait non intentionnellement, cela signifie-t-il que ce n'est pas mal ?

Qu'une action soit faite avec intention ou pas est une considération importante pour émettre un jugement moral. Mais ce n'est pas la seule considération. Parmi les autres, on peut se demander si elle est légale ou illégale et quelles ont été les conséquences de l'action, si elles ont été bénéfiques ou négatives pour tous les gens concernés ? C'est ainsi qu'un conducteur peut causer un accident mortel sans en avoir eu l'intention et être reconnu coupable d'homicide involontaire.

On peut être rendu responsable de ce qu'on fait même sans intention. Discutez des exemples que voici :

1. Olivier a mis son pied dans le couloir sans avoir l'intention de faire trébucher Gerry. Or ce dernier a trébuché et est tombé. Il souffre d'une commotion cérébrale. Olivier mérite-t-il d'être puni ? Doit-il être réprimandé ?
2. Mme Dupont : « Je n'avais pas vraiment l'intention d'acheter ce billet de loterie. Je ne mérite donc pas vraiment d'avoir gagné. Je vais donner cet argent à une œuvre. »
3. Oscar : « J'ai fait intentionnellement un hold-up à la banque. Mais je n'avais pas l'intention de garder l'argent et je l'ai donné à une œuvre. »
4. Élise : « Je n'ai pas enfreint de règle en entrant hier dans la classe avec un chien mort que j'avais trouvé sur mon chemin. Je n'avais pas l'intention de provoquer chez mon professeur une attaque cardiaque mais je suppose que c'est quasiment ce qu'elle a eu. »
5. Jan : « Chaque jour, je fais non intentionnellement des tas de mauvaises choses. Je suppose que c'est parce que je suis très impulsif et que j'ai donc une très pauvre faculté de jugement. »

IDÉE DIRECTRICE 3 : Le bénéfice

Willa prétend que parfois quelqu'un agit d'une manière qui est habituellement considérée comme mauvaise mais dont les conséquences sont bénéfiques pour tous. Ceci pose la question : un acte mauvais peut-il avoir des conséquences positives ?

Nous devons comprendre qu'il y a des moments où nos valeurs sont en compétition. Par exemple, l'honnêteté et la compassion sont des vertus. Il n'y a pas de problème si nous pouvons agir sur les deux à la fois.

Mais supposons qu'un bandit aux abois tienne votre famille en otage. Vous ressentez une grande compassion pour votre famille mais le voleur vous pose une question, il vous demande par exemple si vous le trouvez beau. Devez-vous mentir ? Si vous dites la vérité, il peut tuer votre famille. Quelles vertus sont prioritaires ? Comment le savoir ?

Une manière de décider, c'est d'envisager quel est le moyen d'action qui va produire le plus grand nombre de bénéfices ou d'avantages pour toutes les personnes concernées. Il faudra peser le poids des bénéfices par rapport aux coûts ou les avantages par rapport aux désavantages.

EXERCICE : Les bénéfices

Avec lesquelles des phrases que voici à propos de ce qui est bénéficiaire pour tous ceux qui sont concernés es-tu d'accord ou non ?

	d'accord	pas d'accord	?

1. « J'ai été élue présidente de la classe, ce qui bénéficiera à tous les gens concernés. »
2. « Fais ce que tu juges bon pour toi et pas pour les autres ! »
3. « Notre ville a fini par installer des égouts. Cela bénéficiera à tous les gens concernés. »
4. « Le fait que je sois né dans une famille riche bénéficie à tous les gens concernés. »

PLAN DE DISCUSSION : Quand les conséquences sont-elles désastreuses et quand sont-elles positives ?

	désastreuses	positives	?

1. Notre ville a installé un réseau d'égouts très sophistiqué permettant d'écouler l'eau en cas de pluies abondantes. Les conséquences ont été très positives : nous avons économisé beaucoup d'argent. Quelles autres conséquences pourrait-il y avoir ?
2. Certains citoyens voudraient éliminer les infirmières scolaires en disant que les enfants doivent plutôt être envoyés chez le médecin de famille. Quelles seraient les conséquences négatives et positives si ce changement se produisait ?
3. Certains citoyens souhaitent doubler le salaire de l'entraîneur de football pour pouvoir attirer de meilleurs joueurs. Quelles seraient les conséquences positives et négatives si cela se faisait ?

IDÉE DIRECTRICE 4 : Tout a-t-il une raison ?

Noûs prétend que la raison pour laquelle il y a des arbres, c'est pour fournir des feuilles à manger aux girafes. A-t-elle raison ? A-t-elle raison dans tout ce qu'elle pense à propos des raisons et des buts ?

IDÉE DIRECTRICE 4 : Tout a-t-il une raison ?

Quand une personne a comme but de faire une chose, c'est sa raison. Si tu vas dans un magasin et que tu veux acheter une brosse à dents, acheter la brosse à dents est ton but et aussi ta raison. Chaque fois que tu fais quelque chose pour faire apparaître ou se passer autre chose, c'est ta raison de faire ce que tu as fait.

Parfois, plusieurs personnes sont impliquées. La raison qu'a le menuisier de fabriquer une chaise, c'est de donner à quelqu'un un siège pour s'asseoir. Ou bien une personne peut planter un arbre pour donner à sa famille un peu d'ombre.

D'autre part, si un gland prend racine et grandit en chêne, est-ce que devenir un chêne est la raison qui a fait prendre racine au gland ? Pourrions-nous dire que puisque les humains ont des buts (et ainsi des raisons), tout ce qui se passe dans la nature a aussi un but ou une raison ? Est-ce pour nous donner de la lumière que le soleil « se lève » ou parce qu'il ne peut rien faire d'autre ? Est-ce pour maintenir les plages propres qu'un océan a des vagues ou est-ce parce qu'il ne peut rien faire d'autre ?

Dans cet épisode, le raisonnement de Noûs semble tellement minable qu'il rend presque malade Miranda. Par contre, Pixie a conscience que Noûs marche en chancelant et elle ne comprend pas immédiatement qu'elle est sérieuse.

Pour conclure, nous pouvons dire que nous devrions être conscients des buts que nous attribuons à des objets naturels ou inanimés. Il peut s'agir de <u>nos</u> propres buts et pas de ceux des objets. La montre n'a aucune raison de faire ce qu'elle fait, pas plus que l'arbre n'en a de faire pousser des feuilles pour que les girafes puissent les manger.

PLAN DE DISCUSSION : Raisons et causes

Es-tu d'accord avec les phrases suivantes ?

1. Tu penses que tu dors la nuit pour te reposer alors qu'en fait tu dois dormir parce que tu es trop fatigué(e) pour rester plus longtemps éveillé(e).
2. Tu penses que les étoiles sortent la nuit alors qu'en fait elles sont là tout le temps : c'est juste que tu ne peux les voir à la lumière du jour.
3. Tu penses que les poules pondent des œufs pour que tu puisses te faire des omelettes alors qu'en fait, elles pondraient des œufs, qu'on les mange ou pas.

4. La raison pour laquelle les gens construisent des poulaillers, c'est pour prendre les œufs aux poules et les vendre comme aliment.
5. Beaucoup de gens font des choses sans avoir de bonne raison et beaucoup de choses qui arrivent semblent avoir une raison alors qu'en fait elles n'en ont pas.
6. Une manière d'être «raisonnable», c'est d'avoir une bonne raison pour tout ce que l'on fait d'important.
7. Rien ne se passe sans cause mais il y a plein de choses dont les causes nous sont inconnues.
8. Certaines choses sont à la fois des causes et des raisons. (Par exemple, la raison de certaines choses peut être leur cause.)

IDÉE DIRECTRICE 5 : Les objectifs

On dit parfois que, dans le monde, tout a une raison et que cette raison est sa raison d'exister.

Bien sûr, si nous parlons d'objets fabriqués par l'homme, nous pouvons accepter que leurs buts soient leurs raisons d'exister. Quand nous disons que le but d'une voiture, c'est de transporter des passagers, c'est effectivement sa raison d'exister.

Toutefois, est-ce que chaque chose a un but ? Le but de la lune est-il d'éclairer les terriens ? Et comme le dit Noûs, le but des arbres est-il de donner de l'ombre aux hommes pour les protéger du soleil ?

On peut voir ainsi l'importance de la distinction entre objets fabriqués par l'homme et objets naturels. Contrairement aux objets naturels, les objets faits par l'homme ont vraisemblablement des buts.

EXERCICE : Les objectifs

Combien de buts peux-tu attribuer à chacune des choses que voici ?

1. des marteaux
2. des exercices
3. des pelleteuses
4. des rivières
5. des portes de garage
6. des skis

7. des bureaux
8. des crayons
9. des souris
10. des gens

IDÉE DIRECTRICE 6 : Pourrait-on être trop humain ?

Certains traits humains peuvent être en trop grande quantité ou en quantité insuffisante. Par exemple, être trop courageux(se) devient de la témérité. Être trop économe peut être pris pour de l'avarice.

Par contre, certains traits ne peuvent apparemment jamais pouvoir être en trop grande quantité. Une personne peut-elle être intelligente, heureuse, raisonnable ou sage en excès ?

Finalement, c'est une question d'espèce. Un ours peut-il être trop ours, un chat trop félin, un chien trop canin ? C'est la même chose pour les métiers : un plombier peut-il être trop comme un plombier et un chanteur peut-il être trop comme un chanteur ?

Que dire alors de l'humain ? Une personne peut-elle être trop humaine ? Nietzsche a défendu l'idée qu'être humain c'est être imparfait, ce qui a pour résultat qu'on peut être trop humain. Ne pensez-vous pas que si nous pouvions nous débarrasser de nos faiblesses, nous serions plus qu'humains ?

PLAN DE DISCUSSION : Y a-t-il des traits mauvais que tous les humains possèdent ?

1. L'être humain a-t-il certaines faiblesses ou est-il parfait ?
2. Ces faiblesses sont-elles éparpillées ou tous les humains se les partagent-ils ?
3. L'être humain est-il universellement belliqueux ?
4. Si tu as répondu oui à la troisième question, serait-il correct de dire que les humains sont belliqueux ou ne vaudrait-il pas mieux dire qu'ils sont agressifs ? (On pourrait défendre ici l'idée que la guerre n'est pas un trait personnel mais une institution sociale.)
5. Ne serait-il pas mieux de dire que tous les humains naissent avec des tendances à être à la fois agressifs et non agressifs ou pacifiques ?

6. Un philosophe a comparé l'homme à un funambule qui, à mi-chemin, doit affronter la difficile ascension. Dirais-tu que c'est une bonne ou une mauvaise illustration ?

EXERCICE : Être trop quelque chose

1. Un poisson peut-il jamais devenir trop poisson ?
2. Une fourmi peut-elle jamais devenir trop fourmi ?
3. Un chien peut-il jamais devenir trop canin ?
4. Les soleils peuvent-ils jamais devenir trop solaires ?
5. Des frères peuvent-ils devenir trop fraternels ?

EXERCICE : Ne peut-il jamais y avoir trop de... ?

Pixie se demande s'il est possible d'être « trop humain ». Ceci pose la question du nombre d'or. Est-il possible d'être trop vertueux ? Est-il possible d'être trop intelligent ? Est-il possible d'avoir trop de jugement ?

	jamais	possible d'être trop possible	?
1. malin			
2. émotif			
3. intelligent			
4. réfléchi			
5. calculateur			
6. frugal			
7. généreux			
8. propre			
9. sale			
10. prompt			
11. rempli de considération			
12. serviable			
13. compatissant			
14. égoïste			
15. fantasque			
16. incorrect			

17. accommodant
18. calme
19. chaleureux
20. critique

IDÉE DIRECTRICE 7 : Compter sur les autres

Que signifie être complètement *responsable* ? N'existe-t-il pas de situation où d'autres nous demandent de l'aide sans que nous puissions faire la même chose ? Tous nous tiennent pour responsables de ce qui s'est mal passé alors que nous ne pouvons pas les considérer comme responsables. C'est ce que signifie compter sur les autres.

C'est une situation dans laquelle on se sent vraiment très seul, comme le dit Noûs. Les autres ne sont pas une grande aide et nous nous sentons abandonnés, isolés.

C'est pourquoi il est important que la classe devienne une communauté dans laquelle on peut toujours se tourner vers les autres pour les aider tandis qu'eux aussi peuvent nous aider.

PLAN DE DISCUSSION : Responsabilité et être seul

1. Quelle est la différence entre ‹être irresponsable› et ‹ne pas être responsable› ?
2. Quelle est la différence entre ‹ne pouvoir compter que sur soi-même› et ‹ne pas pouvoir compter sur les autres› ?
3. Y a-t-il une différence entre ‹être responsable› et ‹être blâmable› ?

EXERCICE : Avoir le droit de compter sur les autres

Es-tu d'accord avec les phrases suivantes ou pas ?

<u>d'accord</u> pas d'accord ?

1. « J'ai le droit de compter sur Lulu et Jenny pour m'aider pour mon devoir. Après tout, ce sont mes sœurs. »
2. « J'ai le droit de compter sur Sam pour m'aider pour mon devoir. Après tout, il est mon voisin. »
3. « J'ai le droit de garder les livres que j'ai empruntés à la bibliothèque de l'école. Après tout, c'est ma bibliothèque. »

IDÉE DIRECTRICE 8 : La raisonnabilité

Dire d'une personne qu'elle est raisonnable, c'est dire (1) qu'elle agit raisonnablement et (2) qu'elle est prête à tout moment à écouter la raison.

Que veut dire ‹agir raisonnablement› ? Une réponse possible, c'est qu'une telle personne a toujours de bonnes raisons d'agir comme elle le fait. En fait, ses raisons sont meilleures que toute autres raison qu'elle pourrait avoir d'agir autrement. Par exemple, tu pourrais avoir de bonnes raisons pour regarder la télévision mais tu peux en avoir de meilleures encore pour faire ton devoir.

Une manière de comprendre cette conduite raisonnable, c'est d'envisager les exemples de son contraire. Par exemple, si tu sais que ton ami a un numéro de téléphone privé, il serait déraisonnable d'essayer de le trouver dans un annuaire téléphonique. Ce serait déraisonnable que tu te promènes avec en mains un chapeau retourné en disant que tu espères qu'un billet de 500 euros y tombe du ciel. Comme il est tout aussi déraisonnable de se frapper la tête en disant que c'est si bon quand on s'arrête.

Il faut faire la distinction entre une conduite déraisonnable et une conduite *irrationnelle* qui implique un désordre mental ou un déséquilibre et, à l'autre extrême, un comportement qui est tout simplement non réfléchi, illustrant habituellement un jugement pauvre.

EXERCICE : Un comportement raisonnable

Comment classerais-tu ces exemples de comportements ?

	peut-être raisonnable mais curieux	non réfléchi ou sans tact	déséquilibré mentalement dérangé ?
1. Laura a affûté ses patins à glace pendant l'été.			
2. Thierry salue à plusieurs reprises sur le chemin de l'école alors qu'il n'y a personne.			
3. Eva raconte à tout le monde qu'elle est la favorite du professeur.			
4. Éléonore envoie de l'argent à des enfants étrangers.			
5. Éric adore chatouiller les gens au menton.			

IDÉE DIRECTRICE 9 : Pour toujours

Si on dit : « Les planètes et les étoiles peuvent apparaître et disparaître mais l'univers durera toujours. » Ce qu'on veut dire, c'est que l'univers n'a pas de fin : il continue indéfiniment.

Par contre, si on dit ‹toujours›, on veut habituellement dire ‹chaque fois›. Si l'on dit : « Le soleil se lève toujours », on veut dire que cela arrive à répétition et sans faille. Bien sûr, ce qui arrive toujours peut aussi être quelque chose qui arrivera indéfiniment.

Par contre, il y a ces choses qui n'arrivent jamais comme des ronds carrés ou des choses qui se contredisent, comme des cloches ne sont pas des cloches et des chats ne sont pas des chats.

Pour aller encore plus loin, à la fois pour toujours et pour jamais, il y a ces choses qui arrivent parfois comme des individus à deux têtes ou des chiens à six pattes ou des gens qui aiment la bonté pour elle-même.

EXERCICE : Toujours, parfois, jamais

Réponds aux questions que voici :

<u>toujours</u> <u>parfois</u> <u>jamais</u> <u>?</u>

1. Fais-tu exprès de faire crisser ta craie sur le tableau ?
2. Quand tu manges des escargots, y mets-tu du sel ?
3. Peux-tu dire la différence entre vérité et mensonge ?
4. Est-ce que des gens disent derrière ton dos combien tu es puissant ?
5. En classe, lèves-tu la main pour intervenir, même si tu n'as rien à dire ?
6. Dis-tu souvent la vérité ?
7. Refuses-tu souvent une crème glacée ?
8. À ton avis, faut-il punir les élèves qui passent leurs notes en classe ?
9. Quand tu bouscules quelqu'un, t'excuses-tu ?
10. Quand tu auras changé de classe, combien de fois penses-tu que ton instituteur actuel pensera à toi ?

IDÉE DIRECTRICE 10 : Éducation morale et styles d'enseignement

Melle Merle explique aux élèves qu'il y a cinq vertus que, dès le début, elle aimerait les voir posséder. Ce sont : la compassion, la responsabilité, le courage, l'honnêteté et la loyauté. Pour cette enseignante, l'éducation morale consiste à leur inculquer ces vertus.

Bien sûr, nous pouvons être d'accord avec elle pour considérer ces vertus comme des vertus majeures. Mais nous pouvons ne pas être d'accord sur la façon de les acquérir. Autrement dit, nous pouvons être d'accord avec ses objectifs mais pas avec sa méthode. (Bien sûr, nous pourrions peut-être en apprécier certains aspects...)

Remarquons que Pixie et ses condisciples ne rejettent pas les valeurs de Melle Merle. Rappelons-nous toutefois que, l'an dernier, ils avaient comme enseignant M. Mulligan dont le style était très différent. M. Mulligan est un adepte de la méthode de recherche alors que Melle Merle est beaucoup plus une enseignante traditionnelle qui veut faire passer ses connaissances et ses idées dans les esprits des enfants. Il se peut qu'avec l'arrivée de la mère de Pixie dans la classe, les enfants sentent qu'il s'agit à nouveau d'une enseignante tournée vers la recherche, peut-être même très permissive.

Ici, ils peuvent avoir raison ou pas. Mais un des objectifs majeurs de *Noûs*, c'est d'amener les élèves à voir qu'il existe beaucoup de vertus (une quantité innombrable de choses importantes, de valeurs) mais qu'il n'y a que quelques méthodes pour les enseigner et que, dans ce domaine, la différence peut-être significative. Quand des élèves trouvent intéressant ou ennuyeux un cours, ce n'est pas souvent sur le sujet qu'ils se prononcent, mais sur la façon d'enseigner. Les élèves aiment s'intéresser à des matières qui les concernent ; ils aiment délibérer de leurs opinions et de leurs valeurs. Noûs est un programme qui en donne l'occasion.

PLAN DE DISCUSSION : Quels sont les bénéfices d'un cours d'éducation morale ?

1. Peux-tu être une bonne personne sans savoir clairement ce que cela signifie ?
2. Peux-tu savoir ce qu'est une bonne personne sans en être une toi-même ?

3. Se pourrait-il que, même si tu répètes tout le temps combien tu trouves important d'être bon/bonne, finalement tu ne sois pas toi-même bon/bonne ? Pourquoi pas ?
4. Si tu discutes souvent de la bonté avec tes camarades de classe, crois-tu que tu seras meilleur(e) que si on te commande tout simplement d'être bon ?
5. Que préfères-tu : un cours d'éducation morale par une série de conférences ou par des discussions ?

CHAPITRE VII

IDÉE DIRECTRICE 1 : La recherche éthique

La recherche éthique est à distinguer de l'instruction morale. À l'armée, un officier peut **instruire** un groupe de soldats qui mémorisent ses instructions : il leur dit ce qu'ils doivent faire et ce qu'ils ne peuvent pas faire. Il ne s'agit pas de dialogue.

La recherche éthique, par contre, est censée être un dialogue par le fait que tous ceux qui sont concernés s'efforcent de comprendre quels sont les problèmes et de chercher ensemble des solutions. Dans la recherche éthique, une hypothèse peut être proposée, ce qui amènera le groupe à évaluer dans quelle mesure cette hypothèse est prometteuse.

Comprenons bien que recherche éthique et instruction morale peuvent arriver aux mêmes réponses à un problème donné. La différence vient de la démarche. Par exemple, les deux démarches arriveront probablement à la conclusion que l'honnêteté est une vertu mais l'instruction morale ignorera sans doute la possibilité que l'honnêteté ne soit pas la meilleure politique dans certaines situations (quand une réponse honnête serait susceptible de nuire à beaucoup) alors que la recherche éthique explorera les limites de la validité de l'honnêteté aussi bien que ses exemples habituels.

EXERCICE : Quelle est la démarche d'éducation morale utilisée dans les cas que voici ?

	instruction morale	recherche éthique	?
1. « Dans notre classe, nous envisageons les vices et les vertus dans des discussions démocratiques. »			
2. « Nous avons appris les règles de ce jeu par une feuille qui se trouvait dans la boîte. »			
3. « Questionner l'autorité n'est pas bien. »			
4. « Il est parfois bon de questionner l'autorité. »			

IDÉE DIRECTRICE 2 : Méthode de Mlle Merle

Comme on l'a vu, la liste de Melle Merle des cinq types de conduite vertueuse contient beaucoup de choses remarquables et très peu qui sont critiquables. Un exemple de ce qui pourrait être considéré comme critiquable, c'est qu'elle ne propose pas de procédure de décision quand deux vertus sont en conflit. Par exemple, deux garçons sont grands amis mais l'un veut faire ses devoirs alors que l'autre veut jouer. Ceci aboutit à une confrontation dans l'esprit du premier entre amitié et travail. Melle Merle ne dit pas comment ce genre de conflit peut être résolu.

Cet exemple nous fait comprendre que les réserves de Pixie et de ses camarades de classe à propos de la démarche de Melle Merle concernent la **méthode** plutôt que le **contenu**. L'enseignante explique que pour amener les enfants à accepter les vertus qu'elle préconise, elle utilise quatre méthodes : des **règles**, une **instruction**, une formation **d'habitudes** et un **entraînement**. Pixie et les autres enfants ressentent que ces méthodes sont en conflit avec celle de leur apprentissage de l'année précédente avec M. Mulligan. La méthode de Melle Merle ne semble pas leur permettre de s'engager de manière adéquate dans la recherche éthique. Ce qu'ils veulent, c'est *discuter eux-mêmes des problèmes moraux et penser par eux-mêmes à la manière de les résoudre.*

Ceci constitue en soi un problème moral sérieux. Nous pouvons imaginer facilement que Melle Merle ne trouvera pas acceptable l'approche des enfants (contrairement à la mère de Pixie). D'autre part, la recherche morale en faveur chez les enfants peut-elle être en rapport avec la tâche délicate mais importante de s'occuper des valeurs auxquelles les enfants devraient souscrire ?

Il est clair que l'entrée en scène de la mère de Pixie avec son approche personnelle de l'éducation morale – sans oublier l'urgence du besoin de Noûs de prendre une décision morale qui affectera sa vie entière – ces deux facteurs compliquent grandement la situation mais peuvent aussi fournir de nouvelles ouvertures pour une résolution.

A. Les règles

L'une des méthodes favorites d'éducation morale consiste en l'inculcation de règles comme moyens de contrôle des actions et jugements moraux de l'enfant. La règle lui fournit des raisons d'agir conformément aux souhaits de ses parents ou de ses enseignants. Prenons l'exemple d'un enfant qui veut jouer avec un verre en cristal. Il sait que ses parents le lui ont interdit. Cette règle résonne dans son esprit et c'est sa raison pour ne pas le faire.

Bien sûr, une règle n'est forte que dans la mesure où l'autorité qui l'édicte est forte. Les règles édictées par des autorités (parents, enseignants, pouvoirs publics) seront acceptées par les enfants en proportion de la confiance qu'ils leur portent.

En vertu de structures institutionnelles spécifiques, des règles existent. Cela signifie, par exemple, que si l'on emprunte de l'argent, la règle veut qu'on le restitue. Si on achète une marchandise, la règle exige qu'on la paie. Une fois le cadre institutionnel explicité et accepté, les règles sont contraignantes, tout comme si on joue à un jeu, sorte de cadre institutionnel, on est censé respecter les règles.

À la fois par leur expérience en famille et à l'école, les enfants sont familiers avec les règles. Les sortes de règles sont variées. Certaines sont données (par exemple à l'école) et d'autres peuvent être adoptées (les règles de la classe ou certaines règles de la conversation). Ces dernières sont des règles que nous décidons et que nous adoptons pour nous-mêmes afin de simplifier notre vie quotidienne.

EXERCICE : Décider du bien et du mal dans un cadre institutionnel

Dans chaque cadre institutionnel existent habituellement des règles qui disent comment s'y comporter. Par exemple, quand le juge entre dans la salle du tribunal il est jugé *bon* que les gens se lèvent et *mal* qu'ils restent assis. Autre exemple : dans un camp de vacances, on trouve que c'est *bien*, une fois le repas terminé, de débarrasser les tables et de les nettoyer et de considérer comme *mal* de ne pas le faire.

Peux-tu donner les règles similaires qui règlent le bien et le mal dans les cadres institutionnels que voici ?

1. l'armée
2. la marine
3. une banque
4. une école
5. une église
6. le football
7. le volley-ball
8. les affaires
9. le gouvernement
10. la maison

EXERCICE : Les règles

Es-tu d'accord ou non avec les phrases que voici ? Justifie ta réponse.

d'accord   pas d'accord   ?

1. Toutes les familles ont les mêmes règles.
2. Les règles ne sont faites que par les parents.
3. Parfois, des enfants inventent des règles.
4. Seuls les parents peuvent imposer des règles.
5. Violer une règle n'est jamais bien.
6. Si une personne rechigne à obéir à une règle, celle-ci s'applique tout de même à elle de la même manière.
7. Si une personne est incapable d'obéir à une règle, la règle ne s'applique pas à elle.
8. Les règles de la famille restent les mêmes, que les parents soient là ou non.
9. Certaines règles nous sont imposées par d'autres.
10. Parfois nous inventons des règles et les imposons à d'autres.
11. Parfois nous inventons des règles et les imposons à nous-mêmes.
12. Parfois des règles sont inventées par d'autres, mais nous les acceptons et nous les imposons à nous-mêmes.

PLAN DE DISCUSSION : Règles et liberté

Votre classe a été choisie pour faire un voyage en Inde. Votre avion a des problèmes au-dessus du Pacifique et tente de débarquer sur une île déserte. Il fait un crash. Vous seuls survivez. À vous donc de décider comment vous allez vivre sur cette île.

1. Penses-tu que vous pouvez vivre sans règles ?
2. S'il faut des règles, qui les fera ?
3. Si ceux qui feront des règles doivent être sélectionnés, selon quelles règles le seront-ils ?
4. Aurez-vous une réunion de classe pour décider des règles et de ceux qui les feront ?

5. Avant de décider de règles de conduite pour chacun, n'avez-vous pas besoin de règles de procédure ? Qu'entend-on par là ?
6. Pourquoi, après une révolution, certains pays ont-ils eu besoin d'une assemblée constituante ? (Les États-Unis, la France, la Belgique, notamment.)
7. Sur votre île, pourriez-vous d'abord vous accorder sur une Constitution ?
8. Si vous aviez une Constitution, vos lois devraient-elles être en accord avec elle ou pourraient-elles être en désaccord ?
9. Quels droits seraient garantis pour chacun d'entre vous par cette Constitution ?

EXERCICE : Guidance par règles et guidance par jugement

Le problème de ce qui est bien ou mal peut parfois être résolu en consultant la règle ou les règles s'appliquant à la situation où l'on se trouve. Une fois que l'on connaît la règle, cela peut être très simple de l'appliquer. Par exemple, si ton école a comme règle qu'après une absence, tu ne peux retourner en classe qu'après avoir présenté une excuse, la chose à faire, c'est présenter une excuse.

Il y a tout de même ici deux problèmes. Premièrement, tu ne sais pas avec certitude quelle règle s'applique à ta situation. Il conviendra donc que tu t'informes des règles et que tu utilises ton jugement pour savoir laquelle convient dans ton cas.

Deuxièmement, il peut n'y avoir aucune règle qui s'adapte à ta situation. On trouve des règles dans les jeux, dans des cadres institutionnels comme l'école, l'armée, la banque, les tribunaux, les églises, les camps, etc. Par contre, dans tes relations personnelles avec d'autres, tu peux avoir à te guider toi-même beaucoup plus par jugement personnel que par des règles de jeu ou des règles institutionnelles.

Dans les cas que voici, te fierais-tu plus aux règles ou à ton jugement ?

1. Tu te trouves dans un pays dont les règles de circulation ne sont pas exactement les mêmes que dans le tien, comment vas-tu décider que faire ?
2. Tu trouves un portefeuille. Il contient de l'argent. Il semble appartenir à quelqu'un que tu connais et que tu ne m'aimes pas. Comment vas-tu décider que faire ?

3. Tu t'es disputé(e) avec ton copain ou ta copine et tu voudrais te réconcilier. Comment vas-tu décider de t'y prendre ?
4. Quelqu'un vient d'avoir un accident. Tu es le seul témoin. Comment vas-tu décider que faire ?
5. Tu as prêté de l'argent à un ami à la condition qu'il te le rende. Mais voilà qu'il ne peut le faire. Comment vas-tu décider que faire ?

B. Création d'habitudes

Voilà une occasion d'amener vos élèves à réfléchir sur les habitudes qu'ils ont déjà. Ensuite, demandez-leur si ces habitudes leur sont utiles ou néfastes. Les deux possibilités doivent être explorées à fond.

Par exemple, pour l'aspect constructif, pensons à quel point nous bénéficions de ne pas avoir à réfléchir à propos des nombreuses choses que nous faisons de façon routinière au cours d'une journée. Si, chaque jour, nous devions prendre une décision pour nous lever, nous brosser les dents, nous habiller, pour manger ou pour quoi que ce soit d'autre, ce serait une grosse perte de temps. Vues sous cet angle, les habitudes sont très économiques. Elles nous permettent d'agir de manière automatique dans des situations stables et fixes.

Par contre, dans une situation qui requiert une pensée originale ou une innovation, les habitudes peuvent constituer un obstacle. Devenus rigides et inflexibles, nous sommes esclaves de nos habitudes au lieu qu'elles nous servent. Par exemple, certains élèves peuvent avoir l'habitude de faire leurs devoirs dès qu'ils rentrent à la maison mais si un événement surgit qui les en empêche, ils devront laisser de côté cette habitude et s'adapter en faisant leur travail le soir ou en allant à l'école sans l'avoir fait.

Dans un cas comme celui-ci, nous cassons l'habitude pour de bonnes raisons que nous pourrions expliciter.

EXERCICE : Les habitudes

Discutez des exemples d'habitudes que voici et discutez de leur possible utilité :

1. Raphaël est un grand joueur de tennis. Avant de lancer la balle, il a chaque fois l'habitude de se toucher la tête et le visage pendant trois secondes.
2. Le père d'Eddy a comme habitude de mettre ses lunettes chaque matin.
3. Géraldine a l'habitude d'avaler chaque fois qu'elle boit du jus d'orange.

4. Eddy a l'habitude de lire couché au sol sur le dos avec les pieds sur le sofa.
5. Eddy a l'habitude de faire sonner son réveil chaque matin.
6. Caroline a l'habitude de faire une grimace chaque fois qu'est mentionné le nom de Jack.
7. Caroline a l'habitude de regarder la télévision en faisant ses devoirs.
8. Eddy a l'habitude de dire des choses désagréables à propos des amis de Caroline.
9. La mère d'Eddy a l'habitude d'arriver à l'heure à son travail.
10. Eddy a l'habitude de manger quand il a faim et il a toujours faim.

C. L'entraînement

Melle Merle dit que ce qu'elle fait pour amener les élèves à se concentrer sur les vertus, c'est pratiquer **l'entraînement** pour qu'ils puissent mémoriser les vertus. Pour elle, c'est de l'éducation puisque ça fonctionne.

Melle Merle a raison d'identifier l'entraînement à la mémorisation. Si vous amenez votre chien au dressage, l'instructeur va sans aucun doute vous montrer comment arriver à ce que le chien mémorise certains signaux et certaines réponses à ceux-ci. Au contraire, une école s'efforce d'amener les élèves à réfléchir à ce qu'ils essayent d'apprendre et à **penser pour eux-mêmes**. C'est cela qu'on appelle l'éducation.

Ce que dit Melle Merle, c'est autre chose. Elle trouve que son cours d'éducation morale est éducatif parce qu'il fonctionne. A-t-elle raison ? Deviendrions-nous plus moraux simplement en ayant appris par cœur une liste de vertus ?

EXERCICE : *Classement de pratiques en entraînement ou en éducation*

	enseignement	éducation	?
1. « J'ai étudié toute la nuit et maintenant je peux réciter les noms de tous les pays africains. »			
2. « Mon professeur d'art m'apprend comment peindre des ombres et des lumières, mais le sujet du tableau, c'est moi qui le choisis. »			

3. « Mon chien d'aveugle est non seulement capable de raisonnement, il est aussi capable de juger. »
4. « Tu peux m'entraîner à devenir un piètre conducteur, mais si tu veux que je devienne bon, tu dois m'éduquer. »
5. « Mémoriser est un niveau de pensée très bas, associé avec l'endoctrinement plutôt qu'avec l'éducation. »

IDÉE DIRECTRICE 3 : Première liste de vertus pour Melle Merle

Melle Merle semble concevoir l'instruction comme une combinaison d'explication et de persuasion. C'est ainsi qu'elle déclare que si on a besoin d'éducation morale pour pouvoir affronter le danger, elle expliquera ce qu'est le courage et nous incitera à être courageux malgré notre peur.

Peut-être que ce qu'elle a en tête quand elle parle d'‹instruction›, ce soit ‹direction›. Tout comme, quand nous sommes perdus, nous cherchons quelqu'un qui puisse nous rediriger, elle considère sa seconde méthode comme une méthode dans laquelle l'enseignant **dirige** les élèves dans leur comportement, ce qu'elle appelle ‹instruction› parce que cela sonne plus éducatif.

A. La compassion

On dit que nous éprouvons de la compassion quand nous ressentons une peine sincère pour la souffrance d'autres personnes, en même temps qu'un désir de les aider.

Certains auteurs ont à ce propos une vision assez faible. Par exemple, Kant. Tout d'abord, pour Kant, la compassion est un sentiment et les sentiments ne se commandent pas. Nous ne pouvons nous faire ressentir de la compassion si nous ne l'avons pas déjà en nous. La compassion ne fait donc pas vraiment partie de notre caractère moral. C'est comme la sympathie que des animaux ressentent pour d'autres de leur espèce.

Ensuite, pour Kant, une action n'est vraiment vertueuse que si elle est faite avec un sens du devoir envers la loi morale. Un acte qui vient d'un sentiment de compassion n'est pas moral. Il n'est ni bon ni mauvais. Pour Kant, une personne compatissante n'aide pas les gens en détresse parce qu'elle est vertueuse mais parce que le faire la rend heureuse et que sa motivation est donc égoïste.

EXERCICE : Compatir

Donnez votre avis à propos des phrases suivantes.

<u>d'accord</u> <u>pas d'accord</u> <u>?</u>

1. « Je ne partage pas l'avis de Kant. Si on est vraiment vertueux, pas besoin d'ordres pour faire le bien. Si on le fait, c'est parce qu'on le veut. »
2. « J'éprouve de la compassion pour ceux qui souffrent dans les films ou dans les livres, mais pas dans la vie réelle. »
3. « Si on doit y penser, c'est que ce n'est pas un sentiment sincère. »
4. « Des sentiments comme la compassion nous poussent à accomplir les actes adéquats. »
5. « Je travaille dans un hôpital parce que j'aime beaucoup ressentir de la compassion. »
6. « Je travaille dans un hôpital parce que j'aime faire des choses pour des gens pour lesquels j'éprouve de la compassion. »

B. La responsabilité

Une personne qui choisit **sciemment** d'accomplir une action est censée être **responsable** de cette action. Ou bien, si une personne n'a pas évité de faire quelque chose qu'elle aurait pu éviter, elle est considérée comme **responsable** de cette action.

Responsable peut être utilisé de manière différente. Une personne qui occupe une position officielle (médecin, policier, enseignant) peut être considérée comme responsable par l'autorité qu'elle exerce dans un certain domaine. Ces personnes peuvent être tenues pour responsables de ce qui se passe dans leur domaine.

Si une personne est responsable d'un acte, elle peut être condamnable et même punie, si l'acte n'a pas été accompli correctement ou ne l'a pas été du tout.

PLAN DE DISCUSSION : Responsable

1. Je suis un enseignant du primaire. Au début de l'année scolaire, les élèves ne savent pas lire. Suis-je responsable ?
2. Si, en fin d'année, mes élèves ne savent toujours pas lire. Suis-je responsable ?
3. Qu'aurait-il pu arriver, en cours d'année scolaire, qui aurait pu les empêcher de lire, ce qui ne m'en rendrait pas responsable ?
4. En tant qu'élève, suis-je responsable du maintien de l'ordre ?
5. En tant que parent, suis-je responsable de la quantité de travail à domicile que l'enseignant(e) donne à mes enfants ?
6. En tant que directeur, suis-je responsable si les enseignants arrivent toujours en retard ?
7. En tant que membre de la commission scolaire, suis-je responsable si l'école n'est pas bien entretenue ?

C. Le courage

On dit de certaines personnes qu'elles ont du courage quand elles agissent en dépit des risques, des dangers ou des obstacles. Ceci ne veut pas dire qu'une personne courageuse est nécessairement sans peur : on peut être courageux malgré sa peur.

Puisqu'un excès de courage constitue imprudence ou témérité, donner à nos actes la dose adéquate de courage est une question de jugement.

Les gens qui possèdent de multiples vertus et qui, en plus, ont le courage d'accomplir des actes vertueux malgré les dangers encourus, sont appréciés.

Ceci soulève la question de savoir si le courage est une vertu en elle-même ou s'il ne l'est qu'en conjonction avec d'autres qui le mettent en place. Par exemple, certaines amitiés demandent du courage pour être affichées en public ; comme certaines fidélités sont faciles à tenir tant qu'il n'y a pas de risque.

PLAN DE DISCUSSION : Dans quelles circonstances le courage est-il une vertu ?

1. Une personne non raisonnable peut-elle malgré tout être courageuse ?
2. Une personne malhonnête, déloyale et irresponsable peut-elle malgré tout être courageuse ?

3. Une personne malhonnête mais loyale peut-elle malgré tout être courageuse ?
4. Si une personne demande de l'argent parce qu'elle fait des choses dangereuses (un pompier, par exemple), cela signifie-t-il qu'elle n'est pas vraiment courageuse ?
5. Si une personne éprouve de la peur quand elle est confrontée au danger, cela signifie-t-il qu'elle n'est pas vraiment courageuse ?
6. Une personne peut-elle ne pas ressentir la peur et pourtant ne pas être considérée comme courageuse ?
7. Dans quelles circonstances le courage est-il une vertu et dans quelles circonstances ne l'est-il pas ?

D. L'honnêteté

Une personne qui ment, qui triche, qui vole et qui trompe est dite **malhonnête**. Si quelqu'un tente d'amener quelqu'un d'autre à croire quelque chose de faux, on le considère comme **trompeur**. Quelqu'un qui raconte délibérément des choses fausses est un **menteur**. On peut le considérer simplement comme **non fiable**.

Une personne honnête est, pour cette raison, une personne honorable quand il s'agit de vérité, d'argent ou de moralité.

On peut manquer de beaucoup d'autres vertus et tout de même être honnête, tout au moins au sens de **direct**. (On peut imaginer un paysan simple ou un voleur candide.) On peut cependant relier d'autres sens d'honnêteté à d'autres vertus, la responsabilité par exemple.

PLAN DE DISCUSSION : Être honnête et dire la vérité

1. Y a-t-il des moments où tu dois être honnête sans qu'il s'agisse de dire la vérité ?
2. Y a-t-il des moments où tu dois dire la vérité sans que ce soit une question d'honnêteté ?
3. Par exemple, si on te demande quelle est la capitale de la France et que tu réponds « Londres », mens-tu ?
4. Et si tu as répondu « Paris », cela veut-il dire que tu es une personne (honnête) (bien informée) ?
5. Peux-tu penser à certaines circonstances dans lesquelles tu ne dirais pas la vérité tout en ne te trouvant pas malhonnête ?

E. La loyauté

Certains philosophes ont pensé que la loyauté peut être une vertu très positive – et peut-être même une des plus importantes lorsque nous nous voyons comme êtres sociaux. Royce, par exemple, pense que nous devenons des êtres moraux en nous dépassant et en étant loyaux à une cause qui nous dépasse. On pourrait rétorquer : « Mais alors, que dire de ces fanatiques qui se dévouent à des causes comme le fascisme, ce que nous déplorons ? » La réponse de Royce, c'est qu'il ne s'agit pas d'embrasser une cause quelconque. Ce qu'il faut plutôt, c'est adopter le principe de loyauté lui-même, ce qui veut dire pour lui que notre loyauté à *notre* cause doit être telle qu'elle n'empêche pas d'autres gens d'être loyaux à *leurs* causes. Ma loyauté envers la démocratie ne peut empêcher le partisan du totalitarisme d'être loyal à sa propre cause ; toutefois, cette loyauté à sa cause pourrait m'empêcher d'être loyal à la mienne.

EXERCICE : Que signifie ‹être loyal› ?

I. La loyauté

                                                         d'accord pas d'accord ?

1. « La loyauté, c'est respecter sa parole d'honneur. »
2. « La loyauté, c'est être fidèle à son serment. »
3. « La loyauté, c'est être fidèle à son gouvernement. »
4. « La loyauté, c'est le respect de son chef. »
5. « La loyauté, c'est le respect de la Constitution. »
6. « La loyauté, c'est ne pas tenir ses promesses. »
7. « La loyauté, c'est l'obéissance à la loi. »
8. « La loyauté, c'est le respect de ses engagements. »
9. « La loyauté, c'est la fidélité à une confiance. »

II. Comment formulerais-tu ta propre définition de la loyauté ?

III. Penses-tu qu'il soit possible que ta définition soit bonne, même si, selon cette définition, personne ne pourrait être qualifié de loyal ?

PLAN DE DISCUSSION : Loyauté et réciprocité

Dans quelles circonstances est-il approprié pour la loyauté d'être réciproque et dans quelles circonstances ne l'est-ce pas ? Peut-être pouvons-nous éclairer quelque peu ce problème en discutant des questions que voici :

1. Entre amis, la loyauté est-elle de mise ?
2. Entre gens mariés, la loyauté est-elle de mise ou est-ce correct que l'un soit loyal et l'autre pas ?
3. Entre copains, la loyauté est-elle de mise ?
4. Entre camarades de classe, la loyauté est-elle de mise ?
5. Entre frères et sœurs, la loyauté est-elle de mise ?
6. Est-ce approprié pour des enfants d'être loyaux envers leurs parents, sans que l'inverse soit nécessaire ?
7. Est-ce approprié pour des enfants d'être loyaux envers leurs animaux, tout en permettant à ceux-ci de ne pas être loyaux envers eux ?
8. Est-ce approprié pour des citoyens d'être loyaux envers leur gouvernement, même si celui-ci n'est pas loyal envers eux ?
9. Les gens sur qui s'exerce l'autorité doivent-ils être loyaux envers l'autorité sans que la réciproque soit vraie ?
10. Est-ce possible d'être loyal envers son environnement naturel ?
11. Y aurait-il un sens dans lequel notre environnement naturel pourrait être dit ‹loyal› ?

IDÉE DIRECTRICE 4 : Les obligations

Il y a certaines choses que d'autres personnes attendent de nous et qu'elles sont en droit d'attendre. Il s'agit de nos ‹obligations› ou ‹devoirs›.

Par exemple, si l'on emprunte de l'argent à quelqu'un, on est censé le rendre et cette personne a le droit d'attendre qu'on le rende. C'est une obligation que l'on doit accepter.

En tant que citoyen, on a l'obligation d'obéir à la loi. En tant qu'élève, on a l'obligation d'obéir aux règles de l'école. On doit obéir aux lois naturelles comme aux lois civiles. Si on tombe d'un avion, on tombe obligatoirement sur terre. Si on se promène dans la pluie sans parapluie, on sera obligatoirement mouillé.

Les obligations sont souvent mises en parallèle avec les droits. Ainsi, ce que l'on doit aux autres sont nos obligations ; ce que les autres nous doivent constitue nos droits.

PLAN DE DISCUSSION : Envers qui avons-nous des obligations ?

1. Tu as un animal de compagnie. As-tu des obligations envers lui ? A-t-il des obligations envers toi ?
2. Suppose que tu sois dans la classe de sixième. As-tu des obligations envers la personne qui était ton instituteur en deuxième ?
3. Suppose que tu prennes une orange dans un étalage de fruits. As-tu des obligations envers le propriétaire de cet étalage ?
4. Si tu voulais arracher les pages d'un livre de la bibliothèque de l'école, envers qui aurais-tu l'obligation de ne pas le faire ?
5. Un bébé d'un jour a-t-il des obligations ?

IDÉE DIRECTRICE 5 : L'intégrité

De gens qui nous paraissent probes, sensés, irréprochables, d'une honnêteté sans faille sont parfois traités par nous d'intègres.

L'intégrité est peut-être plus importante que la simple honnêteté. Cette dernière est une vertu parmi d'autres alors que l'intégrité se rapporte à l'intégralité du caractère d'une personne, caractère qui, nous le savons, comporte toutes les qualités de cette personne (aussi bien que ses défauts, évidemment).

C'est pourquoi il convient, quand on rencontre le mot ‹intégrité›, d'essayer de le comprendre comme ‹rectitude›, vertu probablement la plus précieuse.

PLAN DE DISCUSSION : Caractère et intégrité

1. Si un vice est une faille dans le caractère d'une personne, qu'est-ce qu'une vertu ?
2. Dire d'une personne qu'elle est intègre, cela veut-il dire qu'elle a un caractère parfait ?
3. Dire que l'ensemble est la somme de ses parties, le caractère d'une personne est-il la somme de ses vertus et de ses vices ?
4. Dire que l'ensemble est plus que la somme de ses parties (comme une mélodie peut être considérée comme plus que les notes particulières qu'elle contient) est-ce que le caractère d'une personne est plus que la somme de ses vertus et de ses vices ?

5. Quand nous parlons du ‹caractère› d'une personne, faut-il comprendre que nous nous référons à son ‹caractère moral› ?
6. En parlant de l'‹intégrité› d'une personne, parle-t-on de son ‹intégrité morale› ?

IDÉE DIRECTRICE 6 : Chacun à son tour

Prendre son tour est une procédure utile pour obtenir des résultats que tous les gens concernés trouveront équitables. Ce qui est encore plus important, c'est qu'il s'agit d'une procédure pour amener la justice à laquelle les enfants semblent recourir sans l'intervention des adultes.

EXERCICE : Quand convient-il de prendre son tour ?

	approprié	non approprié	?
1. « Louise, roulons chacune à notre tour sur ton vélo. Je roulerai les lundis, mercredis et vendredis et toi les mardis, jeudis et samedis. »			
2. « Marc, emmenons tour à tour Louise au cinéma. Je l'emmènerai le premier et le troisième samedi du mois et toi le deuxième et le quatrième. »			
3. « Louise, faisons la vaisselle chacun à notre tour. Tu laves et moi j'essuie. »			
4. « D'accord, Louise, regardons la TV chacun à notre tour. Tu choisis un programme pendant une demi-heure et puis j'en choisirai un autre. »			
5. « Louise, si nous faisions tour à tour nos devoirs ? Qu'en penses-tu ? Ce soir, je ferai le tien et le mien et demain tu feras le mien et le tien. »			
6. « Louise, cela me fait mal de te voir souffrir pour aller à l'école et devoir porter tous ces livres et cahiers. Laisse-moi porter les miens et les tiens un jour et tu les porteras le lendemain. »			

IDÉE DIRECTRICE 7 : Les qualités intellectuelles

Les bons penseurs possèdent de nombreuses habiletés et sont capables de raisonner. Ils ont aussi l'esprit critique et ce que certains appellent des « qualités intellectuelles ». C'est ainsi qu'une personne peut questionner de façon mécanique toute suggestion qui est faite par les gens qui l'entourent mais qu'elle manque de l'esprit critique qui implique une attitude réellement questionnante.

Quelqu'un de très créatif aura vraisemblablement de très belles idées. Un bon penseur aura vraisemblablement des qualités intellectuelles.

EXERCICE : Distinguer les qualités intellectuelles

1. Comment distinguer la <u>patience</u> de la <u>persévérance</u> ?
2. Comment distinguer <u>l'humilité</u> de la <u>capacité de se soumettre à la critique</u> ?
3. Comment distinguer <u>l'ouverture d'esprit</u> de <u>l'esprit d'équité</u> ?
4. Comment distinguer <u>l'impartialité</u> de <u>l'intégrité</u> ?
5. Comment distinguer le <u>courage</u> de la <u>confiance en soi</u> ?
6. Comment distinguer la <u>précision</u> de <u>l'objectivité</u> ?
7. Comment distinguer la <u>cohérence</u> de <u>l'aversion à l'autocontradiction</u> ?
8. Comment distinguer le <u>dégoût de l'erreur</u> de celui de <u>l'équivoque</u> ?
9. Comment distinguer <u>l'amour de la raison</u> de <u>l'amour de la vérité</u> ?
10. Comment distinguer <u>l'empathie</u> de <u>l'écoute de l'autre</u> ?

IDÉE DIRECTRICE 8 : La conversation

Quand des gens se parlent entre eux de manière informelle, que ce soit pour échanger de l'information ou des opinions, on dit qu'ils conversent. Ces conversations peuvent parfois être de nature sérieuse. Le plus souvent, elles sont plutôt légères alors que le dialogue est plus formel. Converser, c'est comme lancer une balle vers un filet ; le dialogue ressemble plus à un match de tennis.

D'autres interprétations de la ‹conversation› peuvent la prendre de manière plus sérieuse.

IDÉE DIRECTRICE 9 : Le critère de pertinence

EXERCICE : La conversation

Dans les questions à choix multiples que voici, tu peux choisir plus d'une réponse :

1. La conversation comporte toujours (parler) (bavarder) (chuchoter) (penser).
2. Converser comporte parfois (blaguer) (manger) (écrire) (badiner).
3. Une conversation inclut nécessairement (amitié) (loisir) (art d'écrire) (rien de tout ça).
4. Les conversations ne sont jamais (exploratoires) (expérimentales) (ennuyeuses) (limitées à une seule personne) (rien de tout ça).
5. Converser, c'est (discuter) (dialoguer) (rester au téléphone) (communiquer).

IDÉE DIRECTRICE 9 : Le critère de pertinence

Quand nous hésitons à propos de la chose à faire dans une situation donnée, il arrive que nous remarquions qu'un certain type d'action va être pertinent et que nous comprenions que c'est la chose à faire.

Par exemple, pour la première fois de votre vie, vous entrez dans un tribunal. À l'entrée du juge, vous ne savez que faire mais, comme chacun se lève, vous comprenez que c'est ce que vous aussi avez à faire.

Un autre exemple : vous visitez un pays étranger. Vous constatez que les gens n'utilisent ni les fourchettes, ni les couteaux, ni les cuillères mais qu'ils mangent avec leurs doigts. Quel comportement devez-vous avoir ?

Un autre exemple encore : vous voyez des enfants qui maltraitent un chat. Serait-ce approprié de votre part de le faire parce qu'ils le font ? Qu'est-ce que ceci vous apprend à propos des limites du critère de pertinence ?

PLAN DE DISCUSSION : Approprié

Envisagez les remarques que voici et suggérez des critiques positives ou négatives.

1. « Les chaussures appropriées sont celles qui conviennent aux pieds. De même, l'action appropriée est celle qui convient à la situation. »

2. « Pour m'habiller, la cravate que je choisirai devra faire contraste avec mon costume. De même, l'action appropriée contraste généralement avec la situation. »
3. « Si mon vélo est en panne parce qu'il a besoin d'une nouvelle pièce, la pièce que je vais acquérir doit permettre à nouveau son utilisation. »
4. « Si mon vélo tombe tout le temps en panne, je trouverai la partie responsable et je la remplacerai par une partie fiable. De même, si je continue à faire quelque chose qui a des conséquences catastrophiques, tôt ou tard j'aurai à faire quelque chose qui n'entraîne plus les mêmes conséquences. »
5. « Si un problème surgit à la maison, il convient de faire tout ce qui peut améliorer les relations familiales. C'est la même chose pour l'école : s'il y a un problème, il faut faire tout ce qui améliorera l'éducation. »
6. « Certains types d'actions sont appropriés à la maison alors que d'autres ne le sont pas. C'est pareil pour l'école. »
7. « Quand tu écris une histoire, tu dois lui donner la fin appropriée qu'elle exige ou qu'elle appelle. De même, quand tu te trouves dans une situation difficile, tu dois faire ce que la situation requiert. »
8. « Quand j'arrive presque au bout de l'histoire que j'écris, je me demande quelle sorte de fin elle appelle et puis j'y réponds à ma manière. De même, chaque fois que je me trouve dans une situation difficile et que je me sens poussé à faire une chose, ce que je ferai sera ma manière personnelle de répondre à cet appel. Je ne me dis pas "n'importe quoi convient à la situation". »

EXERCICE : Approprié

Comment évaluerais-tu les actions que voici ?

	bonne bon moment	bonne mauvais moment	mauvaise bon moment	mauvaise mauvais moment	?
1. Elia a *jeté sa pelure de banane sur le trottoir*. Quelques minutes plus tard, quelqu'un a glissé dessus.					

IDÉE DIRECTRICE 9 : Le critère de pertinence

2. Quand Elia a entendu un grand craquement dans la pièce voisine, suivi par les pleurs de sa petite sœur, *elle a fermé la porte* pour ne plus entendre ces bruits.
3. Entendant que Patrick avait gagné un prix, Elia avait décidé de le féliciter, *ce qu'elle a fait 20 ans plus tard.*
4. Quand le frère d'Elia s'est coupé au doigt et qu'il saignait fort, elle a compris que c'était urgent et elle lui a mis tout de suite un pansement bien serré.
5. Quand un garçon qu'elle ne connaissait pas a voulu la toucher, Elia lui a *donné un coup et s'est enfuie.*
6. Quand le remplaçant de l'instituteur est entré, Elia lui a *sauté au cou et* l'a embrassé.
7. Pour aller au service religieux, Elia *porte son plus beau jeans et son* plus beau T-shirt.
8. Comme Elia n'avait plus d'argent pour s'acheter un chocolat, elle *s'est assise sur le sol de la salle de sport avec une soucoupe pendant un match de basket.*

EXERCICE : *Des récompenses méritées*

Dans cet exercice, essaie de juger si ces récompenses sont bien appropriées.

| | appropriée | non appropriée | ? |

1. L'enseignant : « Pauline, si toutes tes réponses en arithmétique sont bonnes, je te donnerai la meilleure note. »
2. Le père : « Pauline, chaque fois que tu feras attention à ce que je te raconte, je te donnerai un euro. »
3. La tante : « Pauline, si tu me donnes un baiser, je te donnerai un euro. »
4. Un garçon : « Pauline, si tu fermes les yeux, je te récompenserai d'un baiser. »
5. Le vendeur : « Pauline si tu m'achètes un billet de loterie, je te donnerai une chance de gagner un million d'euros. »
6. Le professeur d'art : « Pauline, si tu peux me dire la différence entre l'ombre de cette porte et celle de ce verre, je dirai à la classe à quel point ta perception est fantastique. »
7. La sœur : « Pauline, si je te reprends à lire mes mails, je te donnerai une récompense dont tu te souviendras. »
8. La mère : « Pauline, je n'ai aucune récompense à te donner. Chaque chose constitue sa propre récompense. »

PLAN DE DISCUSSION : Émotions appropriées et émotions non appropriées

Dans les exemples que voici les émotions sont-elles appropriées ou inappropriées ? Si elles ne le sont pas, dans quelles circonstances le seraient-elles ?

1. Tu regardes une comédie, tu t'amuses et tu ris.
2. Tu lis une BD et tu es effrayé(e).
3. Tu entends la cloche du déjeuner. Et tu es dégoûté(e).
4. Tu entends un train qui s'approche et tu as peur.
5. C'est ta première journée de classe dans une nouvelle école et tu es un peu anxieux/anxieuse.

CHAPITRE VIII

IDÉE DIRECTRICE 1 : Théorie des émotions et des perceptions selon Isabel

Pour Isabel, les émotions nous mettent en contact avec le monde tandis que les perceptions nous mettent en contact avec notre corps. Quand nous voyons quelqu'un maltraiter des enfants, nous éprouvons de la colère. C'est comme si la colère était le lien entre cette personne et nous. Par ailleurs, si nous avons un trou dans une dent, nous percevons une douleur. Cette sensation nous connecte avec notre dent.

Pour Isabel, émotions et perceptions sont donc toutes deux des relations. C'est pourquoi nous ne pouvons pas les voir comme nous voyons des tables et des chaises. La colère et la peur sont réelles, même si elles ne sont pas visibles. C'est pareil dans le monde physique. Le sucre est soluble même si la solubilité n'est pas visible – ce qu'on peut seulement voir, c'est la dissolution du sucre. Le verre peut se casser même si cette capacité à se casser ou sa fragilité n'est pas visible.

EXERCICE : Perceptions et émotions

Comment classeriez-vous ce qui suit :

<u>sensation</u>   <u>émotion</u>   <u>les deux</u>   <u>aucun</u>   <u>?</u>

1. Tu vois un homme maltraiter un chien.
2. Tes chaussures sont trop petites.
3. Manger de la crème glacée te plaît.
4. Tu visites le pôle Sud et tu n'aimes pas.
5. Tu es impressionné(e) de voir Saturne au télescope.
6. Tu as mal à la tête.

IDÉE DIRECTRICE 2 : Se soucier

Se soucier recouvre une immense famille d'émotions. Si quelque chose semble n'avoir pour nous aucune importance, nous ne nous en soucions pas et n'essayons pas d'en prendre soin. Ce souci (ce soin) représente donc notre réponse à une expérience qui compte pour nous. Si notre maison nous importe, nous en prenons soin : nous n'essayons pas de la détruire ni d'y mettre le feu.

Aimer est une sorte de soin ou de souci. Bien sûr, il en existe une énorme variété en fonction de la différence entre les choses aimées. L'amour pour des personnes est différent de l'amour de choses ou d'idéaux, de celui de son pays ou d'un sport.

Chaque sorte peut être définie de diverses manières. Dans le cas d'amour d'une personne pour une autre, une définition type pourrait être que c'est une situation dans laquelle le bonheur de l'autre compte autant pour soi-même que le sien propre.

PLAN DE DISCUSSION : Aimer

1. Quelle différence fais-tu entre l'amour des parents pour leurs enfants et l'amour de ces enfants pour leurs parents ?
2. Quelle différence fais-tu entre l'amour d'enfants pour leurs camarades de classe et leur amour pour leur famille ?
3. En quoi l'amour pour son copain ou sa copine ressemble-t-il à l'amour qu'on éprouve pour sa nourriture favorite ?
4. En quoi l'amour que l'on a pour la musique diffère-t-il de celui que l'on a pour l'étude ?
5. Si ton bonheur compte autant pour moi que le mien, suis-je (a) quelqu'un qui est amoureux/amoureuse de toi ; (b) ami(e) ; (c) membre de ta famille ; (d) quelqu'un pour qui tu es un(e) ami(e) ?

IDÉE DIRECTRICE 3 : Les relations

Les relations sont tellement fondamentales qu'il est difficile de trouver les mots exacts pour les définir. On peut utiliser un synonyme : **connexions**. Connexion entre quoi ? Entre n'importe quoi : entre une saison et une autre, entre une langue et une autre, entre un nom et un autre, entre telle école et telle autre, entre une année et une autre, etc.

En bref, les **choses** ont des relations les unes avec les autres et le mot «choses» est ici tellement général qu'il inclut même les gens. Deux choses

IDÉE DIRECTRICE 3 : Les relations

peuvent avoir des relations innombrables l'une avec l'autre. Par contre, toute relation peut être connectée à des milliers de choses différentes.

Par exemple, entre deux personnes peuvent exister d'innombrables relations : de taille, de poids, d'âge, d'apparence, etc. D'autre part, vu la relation père-fils, il peut y avoir un nombre incalculable de personnes à qui cette relation s'applique.

Lorsque, dans ce passage, Pixie discute des relations, nous sommes amenés à penser les relations en tant que connexions entre deux ou plusieurs choses tangibles. C'est dans ce sens que nous comprenons facilement des relations comme :

partie de	le long de	plus fort que
sœur de	plus tôt que	plus grand que
ami(e) de	plus tard que	plus lourd que
moyen pour	en tête de	plus facile que

Des concepts abstraits peuvent ne pas spécifier des relations particulières comme celles qui viennent d'être citées mais spécifient certains types de relations en général. Par exemple, le concept abstrait de **loyauté** peut couvrir un grand groupe de relations représentant la fidélité d'une sorte ou d'une autre : fidélité de parents à leurs enfants, fidélité de citoyens à leur pays, fidélité à une idéologie, fidélité des banques à leurs clients, fidélité d'amoureux l'un envers l'autre. Etc.

EXERCICE : Les vertus comme types de relation

On peut voir **l'honnêteté** comme une classe de relations : entre acheteurs et vendeurs, entre maris et femmes, entre professeurs et élèves, entre frères et sœurs, etc.

Peux-tu penser à des classes de relations pour chacune des vertus suivantes ?

1. L'amitié
2. la responsabilité
3. le courage
4. le respect
5. la tolérance

PLAN DE DISCUSSION : Les relations

1. Quelle relation vois-tu entre une villa et un château ?
2. Quelle relation vois-tu entre ajouter et soustraire ?
3. Quelle relation vois-tu entre les semaines et les mois ?
4. Quelle relation vois-tu entre Paris et la France ?
5. Quelle relation vois-tu entre la glace et la vapeur ?
6. Quelle relation vois-tu entre l'alcool et l'ivresse ?
7. Quelle relation vois-tu entre tourner en rond et avoir le vertige ?
8. Quelle relation vois-tu entre la vitesse du son et celle de la lumière ?
9. Quelle relation vois-tu entre la glace à la vanille et le sirop au chocolat ?
10. En quoi les relations diffèrent-elles des choses ?
11. En quoi les relations sont-elles comme des choses ?
12. Sans choses, y aurait-il encore des relations ?
13. Sans relations, pourrait-il y avoir encore des choses ?
14. Serait-il possible qu'il existe une chose sans aucune relation ?
15. Une chose peut-elle avoir des relations internes ? Si oui, peux-tu donner un exemple ?

EXERCICE : Que sont les relations ?

Entre ce qui suit, quelle est la principale différence ?

1. La relation entre un cavalier et son cheval et la relation entre le chauffeur et sa voiture ?
2. La relation entre un médecin et son patient et la relation entre un acheteur et un vendeur ?
3. La relation entre amis et une relation amour-haine ?
4. La relation entre le feu et l'eau et la relation entre le feu et le papier ?
5. La relation entre les écrivains et leurs romans et la relation entre les peintres et leurs tableaux ?
6. La relation entre le cœur et le sang et la relation entre les poumons et l'air ?

7. La relation entre les nuages et la pluie et la relation entre la neige qui tombe et les congères ?
8. La relation entre les États-Unis et le Canada et la relation entre la Provence et la Bretagne ?
9. La relation entre le soleil et la lumière solaire et la relation entre une ampoule électrique et la lumière électrique ?

EXERCICE : Relations partie-tout

Complète les phrases suivantes :

1. Si une roue est une partie de vélo, alors un patin est une partie de ......
2. Si un lacet est une partie de chaussure, alors un bouton est une partie de ......
3. Si un panneau est une partie de mur, alors un ...... est une partie de sol.
4. Si une lettre est une partie de mot, alors une plume est une partie de ......
5. Si un dessus de table est une partie de table, alors ...... est une partie de bureau.
6. Si une seconde est une partie de minute, alors une minute est une partie de ......
7. Si 1 cm est une partie de mètre, ... est une partie de km.
8. Si un dl est une partie de litre, un ...... est une partie de décalitre.
9. Si une ancre est une partie de bateau, alors une passerelle est une partie de ....

IDÉE DIRECTRICE 4 : Les communautés

Les communautés sont des groupes de gens qui partagent leurs valeurs et leurs expériences. Souvent, les gens se connaissent et s'identifient fortement à leur communauté. Une petite ville peut constituer une communauté, de même qu'une secte religieuse ou un ordre, un club, une tribu ou une famille.

Une communauté de recherche est un groupe de gens qui partagent des valeurs concernant la recherche de la vérité ou du sens et qui coopèrent dans la recherche dans une situation problématique. Ce peut être un groupe d'élèves, de chercheurs, un jury ou des membres d'une discipline professionnelle ou académique.

EXERCICE : Les communautés de recherche

	typique d'une communauté de recherche		
	<u>oui</u>	<u>non</u>	<u>?</u>

1. Critiquer la personne qui parle plutôt que ce qu'elle dit.
2. Justifier ses opinions par des raisons.
3. Ignorer les points de vue d'autres.
4. Chercher à coopérer pour trouver plutôt que chercher la victoire d'une partie sur l'autre.
5. Suggérer des façons de tester les idées des autres.
6. Essayer de résoudre les controverses par le vote.
7. Accueillir des idées nouvelles permettant d'expliquer la preuve ou de résoudre le problème, à condition de n'offenser personne.

IDÉE DIRECTRICE 5 : ‹La règle d'or›

Ce qu'on entend par ‹règle d'or› ou juste milieu, c'est le moyen terme qui évite les extrêmes de part et d'autre. Par exemple, le courage est le moyen terme ou le juste milieu entre la couardise et la témérité. Cette modération ne peut cependant s'appliquer à toutes les vertus.

EXERCICE : Existe-t-il un juste milieu ?

Certains disent que la vertu morale réside dans la *modération* ou la *tempérance* et que le manque de vertu correspond à l'extrême, c'est-à-dire à manifester trop ou trop peu d'une qualité donnée.

Comment classeriez-vous ce qui suit ?

	<u>trop</u>	<u>juste</u>	<u>trop peu</u>	<u>?</u>

1. courageux
2. timoré
3. impétueux

4. auto indulgent
5. modéré
6. indifférent
7. mesquin
8. prodigue
9. généreux
10. vain
11. fier
12. humble
13. irascible
14. flegmatique
15. équilibré
16. querelleur
17. obséquieux
18. amical
19. coopératif
20. souple
21. rigide
22. effronté
23. timide
24. modeste

IDÉE DIRECTRICE 6 : Liste des vertus et des vices selon Geraldo

Nous avons dit précédemment (chap. 4, idée directrice 16) que les vices sont des faiblesses de caractère. Maintenant que nous avons discuté du ‹juste milieu›, nous voyons que ces faiblesses surviennent parce qu'on a trop ou trop peu d'une caractéristique donnée plutôt que de l'avoir modérément. Les vices repris ici semblent être des contraires associés aux vertus de courage et de générosité.

Trois critères pour les qualités avaient été donnés : qu'elles manifestent une certaine dose d'idéalisme, qu'elles fassent preuve d'émotion et qu'elles révèlent des dispositions à l'action. Les vices sont en accord avec les vertus en fonction des deux derniers critères : s'ils font preuve d'émotion et d'une disposition à agir, ils sont diamétralement opposés en ce qui concerne la présence ou l'absence d'idéaux moraux.

En ce qui concerne les **fins**, buts ou objectifs, les gens vertueux préfèrent ce qui est **bien** à ce qui est **mal**. Pour les **moyens**, méthodes ou procédures, ils préfèrent les **bons** aux **mauvais**. C'est l'absence de ce composant conceptuel qui distingue principalement les vices des vertus. Contrairement aux non vertueux, les gens vertueux s'appliquent à faire ce qui convient, au bon moment et au bon endroit.

PLAN DE DISCUSSION : Les vices

1. Certains vices sont-ils pires que d'autres ? Peux-tu donner des exemples ?
2. Certains vices sont-ils davantage tournés vers l'action que d'autres ? Peux-tu donner des exemples ?
3. Certains vices sont-ils dus à un trop-plein d'émotions ?
4. Certaines émotions peuvent-elles être extrêmes sans pourtant être des vices ?
5. L'absence de vice constitue-t-elle une vertu ?
6. Les vices sont-ils des dispositions à faire ce qui est mal au mauvais moment et au mauvais endroit ?
7. Si un vice ne nuit pas, est-il encore mauvais ?
8. L'argent serait-il à la racine de tous les vices ?

EXERCICE : Distinguer les vertus des vices

Comment classeriez-vous ce qui suit ? Construisez une phrase pour illustrer votre réponse. Par exemple : « Jean montre sa gratitude (vertu) pour toute faveur qui lui est faite. »

	vertu	vice	les deux	aucun	dépend du contexte
1. La rapidité					
2. L'efficacité					
3. Le charme					
4. La gentillesse					
5. La persévérance					

6. L'humilité
7. La sévérité
8. L'ouverture d'esprit
9. La sagacité
10. Le calme
11. Le bonheur
12. L'ambition
13. La serviabilité
14. Le goût de l'ordre
15. Le magnétisme
16. L'indifférence
17. Le scepticisme
18. La gratitude
19. Le respect
20. La cordialité
21. Le travail
22. La crainte
23. La malhonnêteté
24. La stupidité
25. L'obéissance

IDÉE DIRECTRICE 7 : Force, empressement, disposition

Geraldo définit la force comme « la capacité d'agir d'une certaine manière et y être prêt(e) ». Il explique que les vertus et les vices sont des forces et des faiblesses, ce qui signifie qu'ils représentent des façons d'être préparé à l'action.

Même si Geraldo ne mentionne pas ‹disposition› et ‹capacité›, ce sont des mots qui y sont reliés. Une disposition est une inclination à agir d'une certaine manière et pas seulement la capacité.

C'est la différence entre **rapide** et **gentil**, les deux exemples qu'il prend. On peut être rapide mais paresseux, ce qui a pour conséquence qu'on ne court pas souvent vite. Par contre, si l'on est gentil, on est probablement disposé à l'être chaque fois que c'est possible. C'est une inclination naturelle.

Les qualificatifs éthiques sont probablement dispositionnels. C'est-à-dire qu'ils décrivent comment nous nous comportons d'une certaine manière quand nous en avons l'occasion. Si une personne n'est déplaisante qu'occasionnellement, quand l'occasion s'en présente, on ne peut lui appliquer, comme à une personne qui l'est tout le temps, le qualificatif de ‹déplaisante›.

PLAN DE DISCUSSION : Les vertus et les vices, des forces et des faiblesses

1. Mme Dupont est faible devant l'alcool. Est-ce un vice ?
2. M. Dupont est fort au jeu de cartes. Est-ce une vertu ?
3. Mme X est forte quand il s'agit de cuisiner. Est-ce une vertu ?
4. Mme X a plus de patience que la plupart des autres gens. Est-ce une vertu ?
5. Mme X adore l'argent. Est-ce une vertu ?
6. Toutes les forces sont-elles des vertus et toutes les faiblesses des vices ?
7. Dans quelles circonstances les forces sont-elles des vertus et les faiblesses des vices ?
8. Peut-on être généreux sans être vertueux, parce qu'on n'est pas disposé à être généreux ?
9. Une personne qui n'est pas pré disposée à être gentille peut-elle l'être malgré tout ?

IDÉE DIRECTRICE 8 : Le caractère

Pour les partisans de l'éducation morale traditionnelle, l'éducation aux valeurs devient l'éducation aux vertus et l'éducation aux vertus devient l'éducation du caractère. Le mot ‹caractère› a pour eux une force persuasive : il veut presque dire ‹bon caractère›.

Pour les partisans de la recherche éthique, ‹caractère› est un mot moralement plus neutre. Il représente le mélange de vertus et de vices que possède une personne : c'est la structure de leur distribution.

C'est ainsi qu'une ville a beaucoup de quartiers dont chacun a son caractère (festif, économique, dissolu, etc.). Le caractère de la ville dans son ensemble est la structure de ces structures. Il en est de même avec le caractère humain global : il est fait de beaucoup de structures de distribution de vertus et de vices subordonnés, chacune avec son propre caractère. Le caractère global d'un homme inclut sa structure de vertus comme mari ou père et de vices comme homme d'affaires.

EXERCICE : Le caractère

Associe les phrases avec les descriptions.

Phrases :

1. « Cette pièce de théâtre comporte une fameuse dose de caractères. »
2. « Marc est l'original de la ville. »
3. « La partie ancienne de la ville a un caractère très riche. »
4. « Je n'apprécie pas le caractère de ce gouvernement. »
5. « Elle a toujours montré l'exemple avec son caractère courageux. »
6. « Ce texte comporte 2225 caractères. »

Descriptions :

a. lettres
b. qualité essentielle
c. structure de comportement
d. personnages joués par des acteurs
e. force morale
f. excentrique

IDÉE DIRECTRICE 9 : Les analogies

Peu d'habiletés cognitives ont l'ampleur d'application qui caractérise la pensée analogique. Elle est essentielle à la théorie du raisonnement inductif, ce qui, à son tour, est essentiel au processus de recherche scientifique. Elle est essentielle à la créativité artistique pour mettre en poésie et en prose des expressions figuratives, pour faire des variations en musique, en peinture et en architecture. Elle est importante en mathématiques où elle contribue à découvrir des rapports. Elle l'est aussi en religion où elle est fréquemment utilisée comme moyen de comprendre la relation entre ce qui a été expérimenté et ce qui ne l'a pas été.

Une comparaison dit une relation de similarité entre deux *choses*. Par exemple, « Ses yeux étaient comme des étoiles » ou « Ses yeux brillaient comme des étoiles ». Une analogie dit une relation de similarité entre deux *relations* ou *ensembles de relations*. Par exemple, « Les chatons sont aux chats ce que les chiots sont aux chiens » met l'accent sur la similarité des relations parent-enfant parmi diverses créatures. Ou : « Les doigts sont aux mains ce que les orteils sont aux pieds » met l'accent sur la similarité des relations parties-tout.

Nous rencontrons généralement deux types principaux d'analogie. L'un d'eux comprend quatre termes (A, B, C, D) dont le premier et le deuxième sont reliés entre eux comme le troisième et le quatrième sont reliés entre eux. Donc : *A est à B ce que C est à D.*

Par exemple :

— Les ailes sont pour les oiseaux ce que les nageoires sont pour les poissons.
— Le réfrigérateur est au froid ce que le four est à la chaleur.

L'autre type familier d'analogie comporte deux termes et deux activités. Le modèle en serait : *Faire A, c'est comme faire B.*

Exemples :

— Manger avec des baguettes, c'est comme marcher sur des échasses.
— Regarder la télé, c'est comme regarder les rêves d'autres gens.

EXERCICE : Le raisonnement analogique

Cet exercice teste ton aptitude à faire des analogies. Quelle est la meilleure que tu peux faire en choisissant un exemple de la colonne A et un de la colonne B ? (Les deux sont reliés par ‹de la même manière que› ou ‹comme› ou ‹est comme›.)

<u>Colonne A</u>
les doigts sont pour les mains
le petit-déjeuner est pour le souper
boire de l'eau à la cuillère
perdre la tête parce que ton pneu de vélo est plat
les chiens sont pour les épagneuls

chatouiller le pied de quelqu'un qui dort
les pages sont pour les livres
les chiens sont pour les enfants

<u>Colonne B</u>
regarder la télé sans le son
les orteils sont pour les pieds
prendre un bain avec ses chaussures
les arbres sont pour les chênes
se sentir fier parce que le soleil se lève
les garçons sont pour les filles
vouloir la lune
lundi est pour vendredi
mettre un clou sur le siège de quelqu'un

IDÉE DIRECTRICE 9 : Les analogies

les semaines sont pour les jours
les articulations sont pour les genoux
vouloir la lune
manger de la crème glacée avec tes doigts
les semaines sont pour les années
les enfants sont pour les adultes
les voitures sont pour les adultes

EXERCICE : Évaluer les analogies

Dans cet exercice, on vous demande de classer les analogies d'après l'échelle suivante :

A = très bonne
B = bonne
C = ok (ni bonne ni mauvaise)
D = pauvre
E = inacceptable

Soyez prêts à justifier votre classement.

1. Les pensées sont aux penseurs ce que les chaussures sont aux fabricants de chaussures.
2. Pouffer de rire est à rire ce que gémir est à pleurer.
3. Les épingles sont pour épingler ce que les aiguilles sont pour aiguilleter.
4. Les épingles sont pour les têtes d'épingle ce que les aiguilles sont pour le chas d'une aiguille.
5. Le pain est aux flaques ce que le beurre est à la pluie.
6. Les mots sont aux histoires ce que les semences sont aux parterres de fleurs.
7. Les idées sont pour les enfants ce que les souvenirs sont pour les adultes.
8. Essayer d'amener quelqu'un à penser, c'est comme promener un chien.
9. Amener son bulletin chez soi, c'est comme arracher un pansement d'une blessure ouverte.

10. Vouloir écouter deux conversations à la fois, c'est comme vouloir faire bouillir de l'eau dans le frigo.
11. Essayer d'apprendre quelque chose de la TV, c'est comme essayer d'apprendre d'une publicité aérienne.
12. Mettre de la choucroute sur ta pizza, c'est comme mettre des pâtes dans ton milk-shake.
13. Vouloir enseigner au moyen d'un test, c'est comme vouloir mettre de l'air dans un pneu au moyen de la jauge de pression.
14. La craie est au tableau ce que la plume est au papier.
15. Les gens âgés sont différents des jeunes comme les Américains diffèrent des étrangers.

EXERCICE : Construire des analogies en complétant des phrases

Dans cet exercice, il s'agit de construire des phrases comportant trois blancs. Pour le premier blanc, choisissez un mot de la première colonne ; pour le deuxième, un mot de la deuxième ; pour le troisième, un mot de la troisième.

Quand je _____, je me sens comme un(e) _____.

Colonne 1	Colonne 2	Colonne 3
je suis fâché(e)	vertigineux	trombone
je déteste	nostalgique	cheminée
j'aime quelqu'un	pourpre	pétard
je sais que je suis aimé(e)	sonore	pastèque
je pense	vert	moteur
j'arrive en retard à l'école	gracieux	homard
j'espère	constipé	journée d'été
j'ai un(e) ami(e)	rouge	cornichon
je travaille	vertigineux	rivière
je dors	brillant(e)	chant
je suis malheureux(euse)	en bois	planche à roulettes
je suis têtu(e)	glissant	ballon
j'essaie d'être prudent(e)	puissant(e)	hachoir
je regarde la télé	a du cran	voiture de pompiers
je mange des spaghetti	flottant	poignée de main

Colonne 1	Colonne 2	Colonne 3
je murmure	salé	acrobate de cirque
je suis fière/fière	effrayé(e)	tambour major
je rêve	lassé(e)	libellule
je fais un vœu	majestueux	crapaud
	heureux/heureuse	paquebot de croisière
	mouillé(e)	poème
	gluant(e)	nombril

IDÉE DIRECTRICE 10 : Le jugement

Un jugement est une manière de décider ou de régler une situation problématique. Il existe deux types principaux de jugement : guidés par une règle ou non.

Un jugement guidé par une règle obéit à une règle et la règle est la raison qui fait du jugement ce qu'il est. Si je m'arrête au feu rouge, c'est parce qu'une règle m'y oblige. Une autre sorte de jugement guidé par une règle est plus complexe. Il s'agit d'une organisation de règles appelée algorithme. Par exemple, les instructions pour assembler un meuble – ou un vélo – forment un algorithme. On est obligé de suivre chaque étape proposée.

Outre les jugements guidés par une règle ou par des algorithmes, il y a ceux qui sont guidés par des critères, ceux qui sont guidés par le contexte et ceux qui sont intuitifs. Un critère est une base de comparaison. Pour juger, on n'est pas forcé de suivre les critères, mais si on le fait, ils serviront de raisons. Si l'on est guidé par la situation globale dans laquelle on se trouve plutôt que par un détail ou un critère particulier, il s'agit d'un jugement guidé par le contexte. Et si rien ne le guide, le jugement est dit intuitif. (Les jugements intuitifs sont peut-être tous des jugements guidés par le contexte.)

EXERCICE : Classer des jugements

Classez les jugements selon la catégorie.

	Jugement guidé par :			
	une règle	un algorithme	des critères	le contexte ?

1. Pendant le match de tennis, l'arbitre crie au joueur : « Out ! »
2. Le marchand te dit : « C'est deux euros, s'il vous plaît ! »
3. Pour le dictionnaire, « cat » en anglais veut dire « chat » en français.
4. Si on se base sur la dimension, la Californie est plus grande que la Belgique.
5. Le neurochirurgien a agi très vite pour cette urgence.

IDÉE DIRECTRICE 11 : Le raisonnement moral

Dans un argument logique correct, les prémisses sont vraies (ou peuvent être supposées vraies) et l'argument est formellement correct («valide»). Toutefois, nombre de philosophes soutiennent que la logique formelle est trop mécanique pour pouvoir être appelée raisonnement moral. Pour eux, il n'y a raisonnement moral que lorsque nous revoyons nos prémisses et que nous les réajustons de manière à réviser nos plans ou nos concepts de départ pour en adopter de mieux adaptés.

EXERCICE : Exemples de raisonnement moral

Les phrases suivantes sont probablement insensées (sauf la 2e). Peux-tu voir ce qui cloche ? Comment les réécrirais-tu pour les rendre sensées ?

1. Aucun acte de cruauté n'est un acte correct.
   Tous les actes des bons samaritains sont des actes de cruauté.
   C'est pourquoi aucun acte des bons samaritains n'est correct.
2. Tous les cas de gentillesse sont des cas de bonté.
   Aucun cas de brutalité n'est un cas de bonté.
   C'est pourquoi aucun cas de brutalité n'est un cas de gentillesse.
3. Tous les exemples de meurtres sont des exemples de tueries.
   Toutes les exterminations de cafards sont des exemples de tueries.
   C'est pourquoi toutes les exterminations de cafards sont des exemples de meurtres.

4. Chaque fois que je frappe mon petit frère, il pleure.
Aucun moment où mon petit frère pleure n'est un moment où avoir pitié de lui.
Aucun moment où avoir pitié de mon petit frère n'est un moment où je le frappe.
5. Tous les moments de chagrin sont des moments où le réconfort est nécessaire.
Tous les moments où le réconfort est nécessaire sont des moments où il est rare.
C'est pourquoi tous les moments où le réconfort est nécessaire sont des moments de chagrin.

IDÉE DIRECTRICE 12 : L'imagination morale

L'imagination morale peut signifier plusieurs choses.

Cela peut faire référence à la capacité d'une personne de se mettre à la place d'une autre et de vivre en imagination des situations morales difficiles de l'autre personne.

Cela peut faire référence à la capacité d'entrer dans les aspects moraux d'une œuvre littéraire (roman, histoire courte) et de vivre en imagination les problèmes moraux des caractères du récit.

Cela peut faire référence à la capacité de penser à l'avance aux conséquences possibles d'une certaine manière d'agir dans une situation donnée.

Cela peut aussi particulièrement faire référence à la capacité d'adopter la « Règle d'or » dans des situations éthiques.

PLAN DE DISCUSSION : L'imagination morale

1. Est-ce approprié, à la lecture d'un livre, d'éprouver de l'empathie avec un caractère et pas avec les autres ?
2. Éprouver de l'empathie pour tous les caractères détruit-il la capacité de faire des jugements moraux ?
3. Vois-tu une différence entre saisir une situation morale au moyen de son imagination morale et la saisir au moyen de sa compréhension ?
4. L'imagination morale est-elle le seul moyen pour un humain d'en comprendre un autre ?

5. Est-ce que plus les gens sont différents, plus ils ont besoin d'imagination morale pour se comprendre ?
6. Cela veut-il dire que les êtres humains ne peuvent comprendre les animaux que par des actes extrêmement osés d'imagination morale ?
7. Cela signifie-t-il que les animaux ne sont pas capables d'empathie pour les humains ?
8. En utilisant son imagination morale, une personne peut-elle éprouver de l'empathie pour des choses comme des arbres, des montagnes, des mégots de cigarettes ou des fauteuils ?
9. Vois-tu une différence (et si oui, laquelle ?) entre l'imagination morale et l'imagination littéraire ?

IDÉE DIRECTRICE 13 : Tenir compte des circonstances

Dire : « quelles que soient les circonstances », revient à dire que c'est « toutes choses étant égales ». Par contre, en insistant sur le contexte de la situation, on fait un jugement « tout bien considéré ».

Supposons le cas d'une personne qui se fait arrêter pour excès de vitesse et qui plaide sa cause en invoquant une circonstance spéciale : un cas de vie ou de mort le faisant conduire quelqu'un à l'hôpital. Dans un cas tel que celui-là, à supposer que le témoignage de ce chauffeur soit vrai, il serait probablement rare qu'un juge refuse de tenir compte des circonstances.

Par contre, une personne peut postuler un travail et être refusée. Après investigation, on découvre que ses qualifications sont égales si pas supérieures à celle des autres candidats. Si elle va au tribunal, le juge pourrait dire : « Si nous supposons que toutes les choses sont égales, cette femme aurait dû obtenir le poste. L'employeur n'a montré aucune circonstance prouvant que les choses n'étaient pas égales. C'est donc la raison pour laquelle cette femme doit être engagée. »

Les cas vécus ne se prêtent pas aussi facilement à rejeter les circonstances que le sont les cas hypothétiques. Par exemple, on pourrait discuter de la distance jusqu'où peut sauter une personne sur la lune, en précisant « toutes choses étant égales ». Il s'agit d'une personne de même poids, de même force, portant le même équipement, etc. Autrement dit, il y a des moments où, pour les besoins de la discussion, nous rejetons les différences contextuelles et circonstancielles pour nous concentrer sur les traits singuliers qui nous intéressent dans la comparaison.

EXERCICE : Tenir compte des circonstances

Quelles circonstances devraient-elles être prises en compte dans les cas suivants d'action envisagée ?

1. « Maintenant que mon amie Sabine m'a raconté son secret, je pense que je vais le raconter à mon amie Pierrette. »
2. « Faire du patin à glace sur le lac semble facile. Je pense que je vais essayer. »
3. « Je pense que je vais aller rendre visite à mon ami André, tempête de neige ou pas tempête de neige. »
4. « Ah, cet examen final en anglais ! Vite qu'il commence ! »
5. (L'enseignant) : « Mélissa m'a rendu une feuille blanche. Je suppose que ce sera un zéro. »
6. « Le feu est vert, je peux traverser. »
7. « Oh, un portefeuille par terre ! Il est pour celui qui le trouve ! »

IDÉE DIRECTRICE 14 : Principes moraux ou maximes morales

Brian et Kate voudraient disposer d'une liste d'exemples de règles morales ou de principes moraux (ce qu'on peut appeler des maximes). Similaires aux proverbes, ces règles sont sous forme de commandements plutôt que de simples déclarations.

Discutons de celles que voici :

1. <u>Œil pour œil, dent pour dent</u> : Fais aux autres ce qu'ils t'ont fait. Principe très ancien.
2. <u>Traite les autres comme tu voudrais qu'ils te traitent</u> : C'est presque la Règle d'or.
3. <u>Traite des cas similaires de manière similaire et de manière différente des cas différents</u> : C'est une des façons d'Aristote d'exprimer le principe de justice.
4. <u>Essaie d'apporter le plus grand bien pour le plus grand nombre de personnes</u> : Ce que Jérémie Bentham a appelé le principe d'utilité, trouvant qu'il devait guider tous nos calculs moraux.

5. <u>Fais ce que tu peux pour réduire le niveau de cruauté dans le monde</u> : Phrase que pourrait avoir prononcée Richard Rorty, préoccupé par la cruauté.
6. <u>Obéis toujours à tes parents même s'il te disent : fais ce que je dis et non ce que je fais</u> : Obéissance absolue à l'autorité, avec comme condition que l'autorité parle et agisse avec cohérence.
7. <u>Fais la chose juste à faire</u> : Que pourrait-on faire d'autre ? Cette phrase pourrait être vide.
8. <u>Traite les gens comme des fins et pas comme des moyens</u> : Il s'agit d'une maxime de Kant, voulant garantir par là que tous les êtres humains soient toujours traités avec respect.
9. <u>Ne nuis pas</u> : Extrait du serment d'Hippocrate juré par tous les médecins.
10. <u>Prends soin de toi</u> : Cette sentence trouve raisonnable de penser d'abord à son propre intérêt.

PLAN DE DISCUSSION : Principes moraux ou maximes

Ces dix maximes sont-elles cohérentes les unes avec les autres ?

IDÉE DIRECTRICE 15 : Élimination de la cruauté : un idéal moral

Une manière de penser les vertus, c'est de les considérer comme des dispositions à édicter des idéaux de conduite et une manière de penser aux idéaux, c'est de les considérer comme des concepts importants.

Mais dans ce cas, les vices sont des dispositions à adopter des extrêmes de conduite déplorable dont un exemple peut être la cruauté. En effet, pour le philosophe Richard Rorty, il est plus important de diminuer la cruauté (sans doute la souffrance venant d'une telle cruauté) dans le monde que d'encourager les vertus.

La réduction de la cruauté peut être envisagée comme un idéal positif – idéal qui peut être approché par l'autocritique, l'autocorrection, le self-control, de la part de la société tout autant que de la part de l'individu.

IDÉE DIRECTRICE 16 : L'adoption

EXERCICE : Quand peut-on dire d'une personne qu'elle est partisane de la cruauté ?

Comment classerais-tu ce qui suit ?

	accepte la cruauté	n'accepte pas la cruauté	dépend du contexte	?

1. « La torture est bonne pour les psychopathes criminels. »
2. « Tout ce que je veux, c'est l'amour et l'amour, c'est de la souffrance. »
3. « La cruauté n'est affreuse que si la victime est innocente et si personne n'est innocent. »
4. « Je hais la cruauté sous toutes ses formes. »
5. « Je voudrais être cruelle mais je n'ose pas. »
6. « La cruauté est méprisable ; elle doit donc être méprisée. »
7. « La guerre est cruelle ; la cruauté est un vice ; c'est pourquoi la guerre est un vice. »
8. « Je fais tourner des chats en rond. Ce n'est pas grave : ce ne sont que des chats. »
9. « Pas de problème que des gens soient cruels, du moment qu'ils soient punis après. »
10. « Je suis contre toute forme de cruauté sauf pour une punition cruelle et inhabituelle, bien sûr. »

IDÉE DIRECTRICE 16 : L'adoption

Pixie demande à sa mère s'ils peuvent adopter Noûs. Évidemment, ce mot peut être considérablement élargi ou rétréci. Il est rétréci quand on l'utilise uniquement par rapport à l'adoption d'humains par d'autres. Il est élargi quand on parle d'adopter un chien ou même d'adopter une position.

Quelle différence cela fait-il quand des gens adoptent quelque chose ? S'il s'agit d'une poupée ou d'une robe, vont-ils la traiter différemment que s'ils les avaient achetées ? Existe-t-il des adoptions légales et des adoptions illégales ? Cela fait-il une différence ?

PLAN DE DISCUSSION : L'adoption

1. Des adultes adoptent des enfants. Les enfants peuvent-ils adopter des adultes ?
2. Des gens adoptent des chats. Les chats peuvent-ils adopter des gens ?
3. Est-il possible d'adopter un pays comme si c'était le sien, même si on n'y est pas né ?
4. Les gens qui ont choisi de vivre dans un autre pays seront-ils plus ou moins patriotes que ceux qui n'ont pas choisi de vivre dans le pays où ils sont nés ?
5. Y a-t-il des avantages à être enfant adopté ?
6. Y a-t-il des avantages à être dans un pays dont la plupart des citoyens sont venus du monde entier ?

IDÉE DIRECTRICE 17 : Les procédures

Tu as probablement oublié que, petit, tu as appris à lacer tes chaussures. Tu as découvert qu'il y avait une procédure pour résoudre ce problème et que tu devais l'apprendre.

Il s'agissait d'un problème relativement simple dans le sens que tu n'as pas eu le choix : il n'y avait qu'une seule manière de lacer tes chaussures. Mais quand il s'agit de problèmes moraux, il y a habituellement un choix à faire parmi une série de procédures et l'on agit alors en fonction de ce choix.

Voici quelques procédures que l'on peut envisager quand on se demande que faire dans une situation morale donnée :

A. « Est-ce que j'aimerais que quelqu'un agisse de la manière dont je compte agir ? »
B. « Est-ce qu'on m'a enseigné quelle est la chose correcte à faire dans une situation telle que celle-ci ? »
C. « Des possibilités qui me sont offertes, lesquelles auraient les meilleures conséquences pour tous ceux qui sont concernés ? »

D. « Comment dois-je agir de manière à causer le moins d'ennuis à autrui ? »
E. « Quelle est la sorte de personne que je veux être ? »

EXERCICE : Choisir les procédures

Voici quelques situations problématiques. Quelle *procédure* choisirais-tu pour chacun des cas ? (Tu ne dois pas dire ce que tu ferais mais simplement indiquer le raisonnement.)

1. Tu participes à une expédition en montagne avec un ami. Tu deviens malade. Ton ami te propose de descendre avec toi ou d'aller seul au sommet pendant que tu l'attends. Il souhaite que tu décides toi-même. Quelle procédure choisirais-tu ?

2. Tu as le choix entre deux carrières : quelque chose de pas intéressant mais qui te rendra vite riche et un travail excitant dans lequel il y a peu de chance que tu gagnes jamais beaucoup d'argent. Quelle procédure choisirais-tu ?

3. Le pays dont tu es citoyen attaque son voisin, petit et pacifique, sans excuse ni avertissement. Tu es appelé au service militaire. Quelle procédure choisirais-tu pour décider que faire ?

4. Tu as un rendez-vous avec une personne merveilleuse, mais pour cela il te faut une voiture et tu n'en as pas ; tu n'as même pas de permis de conduire. Ton ami qui a les deux te les offre. Quelle procédure choisirais-tu pour décider que faire ?

5. À la bibliothèque de l'école, il y a eu le feu et toutes les fiches indiquant les livres empruntés ont été détruites. Tu as plusieurs livres en prêt. Quelle procédure choisirais-tu pour décider que faire ?

CHAPITRE IX

IDÉE DIRECTRICE 1 : Kidnapper

Bizarrement, ce mot qui fait référence au vol d'une personne se concentre sur celui d'un enfant. Toutefois, enlever contre son gré une personne adulte s'appelle kidnapper.

Le kidnapping est sévèrement réprouvé dans la plupart des pays, car il s'agit d'une violation des droits de la famille comme de ceux de la personne enlevée. Bien sûr, il est en déclin à mesure que les pays adoptent des lois empêchant le travail des enfants dans les mines et les usines.

Le kidnapping d'animaux est un thème rarement rencontré en littérature, parce que le vol d'un oiseau dans son nid ou d'un lionceau à ses parents n'est pas défini comme tel : les animaux ne sont pas considérés comme des personnes et seules les personnes peuvent être kidnappées.

PLAN DE DISCUSSION : Les animaux peuvent-ils être kidnappés ?

1. Si un gorille est plus intelligent qu'un bébé de quelques jours et que tous deux sont enlevés, lequel de ces cas sera considéré comme un kidnapping ?
2. Quelle est la différence entre un kidnapping et un vol ?
3. Si un enfant qui vit avec un de ses parents est volé par l'autre, s'agit-il d'un kidnapping ?
4. Quelle est la différence entre kidnapper et adopter ?
5. Des kidnappeurs qui pourvoient l'enfant volé de toutes sortes de choses luxueuses sont-ils encore coupables de kidnapping ?

IDÉE DIRECTRICE 2 : Être vigilant

Être vigilant peut avoir plusieurs sens dans la vie courante, ce qui peut troubler les enfants. Ce peut être synonyme de prudent, soucieux, attentif, scrupuleux, méticuleux, perfectionniste... Le sens dépend évidemment du contexte.

Ici, cela veut sans doute dire qu'il convient d'être circonspect, qu'il faut prendre des précautions et envisager les conséquences de ce que l'on s'apprête à faire. C'est l'inverse d'inattentif, irréfléchi ou téméraire.

EXERCICE : *Vigilant ou insouciant ?*

Dans les cas que voici, qui est vigilant et qui est insouciant ? Quelqu'un est-il *trop* prudent ?

1. Quand il pleut, Denise met toujours un imperméable.
2. Sally traverse la rue que le feu soit vert ou rouge.
3. Parfois, Andy allume la cuisinière et ne l'éteint pas.
4. Robert remet toujours son chewing-gum dans son emballage avant de l'avaler.
5. Lucie ne s'essuie jamais les pieds en rentrant.
6. Carine porte toujours des gants en caoutchouc pour manger.
7. Liliane ne joue jamais avec des allumettes le dimanche.
8. Sidney ramasse toujours les bris de verre dans la rue.

EXERCICE : *Attention et soin.*

Expliquez l'attention et le soin dans les exemples que voici.

1. Les pompiers et leur matériel.
2. Les fermiers et l'irrigation.
3. Les jardiniers et leurs plantes.
4. Les enseignants et leurs élèves.
5. Les concierges et leur bâtiment.
6. Les éditeurs de presse et leurs journaux.
7. Les parents et leurs enfants.
8. Les infirmières et leurs patients.
9. Les hôtesses de l'air et les voyageurs.
10. Les dentistes et les dents.

IDÉE DIRECTRICE 3 : La modestie

La modestie est l'opposé de la vantardise et de l'ostentation. Une personne modeste exprime une opinion modérée de sa propre valeur, parle et s'habille sobrement. Les gens modestes ne prétendent pas être brillants. Un comportement immodeste est généralement considéré comme regrettable.

EXERCICE : Distinguer le modeste de l'immodeste.

<u>modeste</u> <u>immodeste</u> **?**

1. « Je suis vraiment très fier et content de moi parce que je prétends être beaucoup plus modeste que je ne le suis. »
2. « Je suis le plus grand et c'est une affirmation absolument modeste parce que je suis réellement beaucoup plus grand que n'importe qui. »
3. « Je suis la plus timide du monde, mais je ne le dis pas parce qu'on va croire que je me vante. »
4. « Si j'échoue à tous mes cours, c'est parce que je suis trop modeste pour bien les travailler. »
5. « Les gens raisonnables dans leur façon d'agir sont généralement modestes dans leur façon de penser. Je dois reconnaître que c'est ainsi que je suis. »

IDÉE DIRECTRICE 4 : L'éducation

Noûs déclare que l'expérience l'a éduquée. Qu'a-t-elle voulu dire ?

Cela ne veut pas dire simplement aller à l'école. On peut très bien y aller sans recevoir d'éducation.

Ce n'est pas la même chose qu'acquérir de l'information. Un ordinateur est rempli d'informations mais on ne peut pas dire qu'il est éduqué.

On est plus proche en parlant d'acquisition de connaissances. Mais, à nouveau, comme l'ordinateur, on peut avoir de la connaissance mais manquer de compréhension.

Alors, être éduqué serait-ce la même chose qu'acquérir de la compréhension ? Les deux choses ne semblent pas égales.

Acquérir de l'éducation semble comporter de l'expérience : devenir éclairé, acquérir les valeurs et le jugement, pouvoir saisir le sens des significations des événements.

L'éducation que Noûs a tirée de l'expérience est une des choses qui lui sont arrivées qui ont changé sa vie.

EXERCICE : Lesquels parmi ces gens font une expérience ?

	font une expérience	ne font pas une expérience	?
1. « N'est-ce pas magnifique de nager dans l'océan ? »			
2. « Jamais rien ne m'arrive. »			
3. « Attention, tu as roulé sur mon pied avec ton vélo ! »			
4. « Je n'arrive pas à sortir ce film émouvant de mon esprit. »			
5. « Ce gâteau d'anniversaire est le plus beau que j'aie reçu. »			
6. « Ne me dérange pas. Je suis en train de lire ! »			
7. « Ne me dérange pas. Je suis en train de rêver ! »			
8. « Pourquoi tout cela doit-il m'arriver ? »			

PLAN DE DISCUSSION : Quand se passe l'expérience ?

1. En ce moment, sens-tu tes chaussures ?
2. Tes chaussures font-elles partie de ton expérience ?
3. Tes chaussures peuvent-elles te sentir ?
4. Fais-tu partie de leur expérience ?
5. Si tu as un petit caillou dans ta chaussure, cela fait-il partie de ton expérience ?
6. Ton pied fait-il partie de l'expérience du caillou ?
7. Un caillou peut-il avoir une expérience ?
8. Un animal peut-il avoir une expérience ?
9. N'y a-t-il que les humains qui puissent avoir une expérience ?
10. Si tu écrivais l'histoire de ton expérience, serait-elle la même que l'histoire de ta vie ?

PLAN DE DISCUSSION : Avoir une expérience éducative

1. Comment aller à l'école pourrait-il ne pas constituer une expérience éducative ?
2. Comment une personne pourrait-elle être bien informée mais non éduquée ?
3. Comment pourrait-on avoir une bonne compréhension mais ne pas être éduqué ?

IDÉE DIRECTRICE 4 : L'éducation

4. Une personne pourrait-elle être arrivée à l'âge adulte sans avoir de notion des valeurs ?
5. Si tu ne peux jamais discuter de sujets scolaires en classe avec tes camarades, auras-tu une expérience éducative ?
6. Pourrais-tu avoir appris beaucoup de ton enseignant sans avoir eu pour autant une expérience éducative ?

EXERCICE : *Quand y a-t-il éducation ?*

Réponds à chaque question deux fois, la première pour répondre à la question « Est-ce que cela arrive généralement ? » Et pour la seconde « Est-ce que cela devrait se passer généralement ? »

	arrive généralement	n'arrive pas	ne doit pas arriver	devrait arriver	?

1. « J'ai appris beaucoup à la maison mais on ne m'y a pas enseigné grand-chose. »
2. « J'ai reçu beaucoup d'instruction à l'école mais je n'y ai pas appris grand-chose. »
3. « Mon éducation ? C'est surtout à la rue que je la reçois. »
4. « Je ne fais pas beaucoup de devoirs à la maison, vu combien j'étudie. »
5. « Avoir un boulot après l'école est la meilleure expérience et l'expérience est le meilleur enseignement. Telle a été mon expérience. »
6. « Il y a des gens qui peuvent apprendre n'importe où : à l'école et en dehors. »
7. « Il y a des gens qui ne peuvent apprendre nulle part : ni à l'école ni en dehors. »
8. « J'apprends en écoutant et en regardant les gens en qui j'ai confiance. »
9. « J'apprends en faisant moi-même ce que je vois faire par les autres. »
10. « On me dit : "Vis et apprends." Mais je n'ai pas envie d'apprendre. Je veux simplement vivre. »

IDÉE DIRECTRICE 5 : Justifier ses décisions

I. <u>Justifier des décisions</u> :

Quand on prend une décision, on essaie de la justifier par des raisons. Ces raisons soutiennent et renforcent la décision comme un pont suspendu soutient et renforce l'autoroute qui traverse un fleuve. La décision nous permet d'aller de l'avant dans la vie tout comme le pont nous permet de poursuivre notre voyage.

Noûs tente de justifier sa décision en passant en revue les considérations dont elle a tenu compte quand elle essayait de mettre de l'ordre dans ses idées. À propos de chacune d'elles, elle se demande si sa décision est appropriée.

On peut voir sa procédure comme une tentative de répondre à une série de questions comme celles-ci :

1. Tes émotions étaient-elles appropriées en fonction de la situation et ta décision est-elle en accord avec elles ?
2. Sur quelles vertus particulières ta décision te permet-elle d'agir ?
3. Quels idéaux particuliers ta décision te permet-elle d'approcher ?
4. Quelles valeurs particulières ta décision t'aide-t-elle à respecter et à partager ?
5. Comment ta décision t'aide-t-elle à renforcer ton caractère ?
6. Ta décision réalise-t-elle tes intentions les meilleures ?
7. Ta décision découle-t-elle des raisons que tu avais pour la prendre ?
8. As-tu voulu que ta décision soit originale ?
9. As-tu pris en compte toute alternative raisonnable ?
10. As-tu pesé les conséquences, le pour et le contre, de chaque possibilité ?
11. Dans ton jugement, as-tu tenu compte de toutes les règles générales, de tous les principes et autres critères ainsi que des circonstances particulières ?

EXERCICE : *Procédure de Noûs pour justifier sa décision*

Appliquez ce plan de questions à la procédure de Noûs. Jusqu'où pensez-vous qu'elle l'a suivie ? Pensez-vous qu'elle a justifié sa décision ?

II. Défendre des décisions

Habituellement, nous défendons nos décisions (1) en déclarant qu'il s'agissait d'une bonne décision, (2) en exposant l'argument qui nous y a conduits et (3) en montrant que les autres décisions, basées sur d'autres arguments n'étaient pas défendables.

Il existe un certain nombre de procédures logiques pour construire un argument réussi. Il y a tout d'abord l'approche **déductive** où notre prétention à avoir fait la chose qu'il fallait serait le résultat d'un processus logique selon lequel les raisons que nous avons utilisées seraient organisées de façon à n'aboutir qu'à cette déclaration. Un tel argument pourrait se présenter comme suit :

Prémisse 1 : Si l'ennemi était réellement ivre et endormi ce soir de Noël, alors le général devait traverser la rivière avec son armée et l'attaquer.
Prémisse 2 : L'ennemi était effectivement ivre et endormi.
Conclusion: Le général a eu raison de traverser et d'attaquer.

Il existe aussi une approche par **abduction** ou par hypothèse :

Hypothèse : Le général devait prendre sa décision d'attaquer.
Preuve : Beaucoup de rapports disaient que l'ennemi était ivre et endormi.
Conclusion : La meilleure explication de ce que devaient faire les troupes, c'est l'hypothèse que l'attaque devait se faire.

Et troisièmement, il y a l'approche **conductive** dans laquelle les raisons en faveur des conclusions sont assemblées, mais qu'aucun effort n'est fait pour montrer qu'elles impliquent **logiquement** la conclusion.

1. Des rapports d'espions disent que l'ennemi est endormi.
2. Ils ne s'attendent pas à une attaque le soir de Noël.
3. L'élément de surprise est important dans la guerre.

Conclusion : le général a pris la bonne décision.

Une autre justification encore c'est l'approche **éthique/historique** : les circonstances qui ont mené à la décision sont soigneusement examinées, jusqu'à ce que le contexte du choix ait été rigoureusement analysé et que la décision prise soit vue comme déterminée ou requise par la situation.

Il s'agit en fait du mode **littéraire** de justification et c'est celui-là que Noûs finit par utiliser. La décision est montrée comme le centre d'un vaste réseau de relations de sorte que chacune de ses relations, quand on l'examine, jette la lumière sur la nécessité de la décision. Les romanciers ont souvent cette approche plutôt que les méthodes vues plus haut parce que cette méthode littéraire se rapproche davantage de la texture réelle du processus de vie.

EXERCICE : Défendre nos décisions

Si tu avais à défendre les décisions suivantes, comment construirais-tu tes justifications ?

1. Pourquoi vas-tu à l'école que tu fréquentes ?
2. Pourquoi portes-tu les chaussures que tu portes ?
3. Pourquoi utilises-tu des majuscules en début de phrases ?
4. Pourquoi as-tu décidé de ne pas aller skier cet hiver ?
5. Pourquoi as-tu décidé de pardonner à ton ami de t'avoir donné un coup ?

IDÉE DIRECTRICE 6 : La cohérence

Walter se brosse les dents chaque jour. En cela il est cohérent.
Suzy se brosse les dents quelquefois. En cela elle est incohérente.
Albert ne se brosse jamais les dents. Il est cohérent.

Quand on déroge à une pratique régulière et uniforme, on est dit incohérent.

L'incohérence est à distinguer de l'autocontradiction. On se contredit quand on affirme et nie la même chose dans le même contexte.

Suzy qui se brosse les dents parfois mais pas tous les jours n'est pas contradictoire ; elle est seulement incohérente.

Le temps est souvent inconstant ; il n'est jamais contradictoire.

Une personne qui est généreuse certains jours et égoïste les autres jours est moralement inconstante, incohérente.

IDÉE DIRECTRICE 6 : La cohérence

PLAN DE DISCUSSION : L'incohérence

Examine les phrases suivantes pour voir s'il y a des exemples d'inconstance et souviens-toi que ce sont des sujets de discussion : une simple réponse oui ou non ne suffit pas.

1. « J'adore les livres, mais je ne trouve jamais de livres intéressants. C'est pourquoi je ne lis pas. »
2. « Je trouve stupides les programmes de télé. Mais il y a une chose que je vais dire en leur faveur : ils soutiennent l'intérêt. C'est pourquoi je regarde la télé tout le temps. »
3. « Les enfants ne disent que des stupidités. Puisque je suis un enfant, tout ce que je dis est stupide. N'accordez donc pas d'attention à ce que je viens de dire. »
4. « Je suis vraiment persuadé que les animaux ne peuvent penser : ce ne sont que des machines, c'est tout. Bien sûr, mon chien est exceptionnel. Il est obéissant, fait tout ce que je lui dis de faire et est gentil avec les enfants. C'est sûrement un chien intelligent. »
5. Marie n'aime pas les garçons. C'est pourquoi elle veut les faire se sentir mal. Mais pour les faire se sentir mal, elle doit sortir avec eux ; c'est pourquoi elle sort tout le temps avec des garçons.
6. Johnny admire son oncle qui réussit tellement bien. Mais il déteste le voir travailler tout le temps.
7. Le lait est bon pour la santé. Seuls les bébés boivent du lait et je ne suis pas un bébé. Je ne veux donc plus boire de lait !

EXERCICE : Trouver des incohérences

Dans les cas que voici trouve les cas qui, pour toi, sont incohérents et ceux qui ne le sont pas.

1. « En fait, je n'emprunte jamais rien à personne parce que si quelqu'un me prête de l'argent, je le rends toujours. »
2. « Je sais plonger et flotter et faire la nage du chien, mais je ne sais pas nager. »
3. « La raison pour laquelle je n'aime pas l'histoire, c'est qu'elle donne un tas de faits sans jamais rien expliquer. »
4. « Mesdames et Messieurs du jury, si quelqu'un vote contre mon client, il n'est pas correct. »

5. « Le médecin a raison : je suis en phase terminale. Et pourtant, je ne me suis jamais senti aussi bien. »
6. « Je ne suis qu'une petite fille qui a tout à coup beaucoup de succès. Où les gens vont-ils chercher que je suis ambitieuse ? »
7. « Je veux bien admettre que si, sur la terre, je pars d'un point précis et vais tout droit, je finirai par me retrouver au point de départ. Mais tout de même, je ne dirai pas que la terre est ronde. »
8. « Les couleurs du spectre que je trouve les plus belles sont les rouges : outremer, indigo et aigue-marine. »
9. « Silence ! Comment voulez-vous qu'on se concentre dans ce bruit ? Je ne veux plus rien entendre ! Et, croyez-moi, quand je dis une chose comme ça, je le pense. »
10. « Je trouve que les humains devraient réduire leur communication avec d'autres. C'est pourquoi, quand le téléphone sonne, je ne réponds pas. »
11. « C'est important d'apprendre par l'expérience. C'est pour ça que je dis que maintenant que le cheval a été volé, il faut fermer la porte de l'écurie. »
12. « Les résultats, c'est tout ce qui compte. Quand ils ne compteront plus, c'est que ce sera la fin du monde. »
13. « Les gens ne m'intéressent pas fort, mais j'aime l'humanité. »
14. « Je suis opposé à la tyrannie de la majorité mais je préfère la démocratie. »
15. « L'exception confirme la règle – sauf dans certains cas qui ne font que confirmer ce que je dis. »

PLAN DE DISCUSSION : La cohérence du raisonnement

Discutez des phrases suivantes :

1. « Mes parents sont marrants. Mon père est connu comme de gauche et il vote toujours à droite. Et ma mère réputée de droite vote toujours à gauche. »
2. « C'est sûr que mon oncle aime les enfants. Mais ils l'ennuient quand ils ne se comportent pas en adultes. »
3. « Si je fais mon devoir, ma cote baissera. Je ne le ferai donc pas et ma cote s'élèvera. »

4. « Si je pensais que sauter de cette fenêtre me blesserait, je ne le ferais pas. Mais je vais le faire. C'est donc que je ne pense pas que je vais me blesser. »
5. « Sûr que je suis végétarien. Mais pas le week-end. »
6. « Si les vœux étaient des chevaux, les gens pauvres feraient beaucoup d'équitation. Mais beaucoup de gens pauvres ne font pas d'équitation. Les vœux ne sont donc pas des chevaux. »
7. « Je déteste la malhonnêteté. Mais quand Gloria et moi nous nous aidons mutuellement à l'examen, ce n'est pas de la malhonnêteté : c'est de la coopération. »
8. « J'aime voir des gens qui coopèrent. Sauf aux examens, parce que là, c'est tricher. »

IDÉE DIRECTRICE 7 : La nature

Noûs parle avec confiance de la nature, presque comme si elle la connaissait très bien. Elle semble croire que les êtres humains sont tellement loin de la nature qu'ils n'en ont aucune connaissance et qu'ils ne savent même pas si oui ou non elle a des sentiments.

Quelle est cette ‹nature› dont ils parlent ? Une manière de comprendre ce mot, c'est que c'est tout ce qui existe, y compris les humains. On peut aussi comprendre qu'il s'agit de tout ce qui existe, excepté les humains. (Parmi les philosophes, Aristote et Hobbes penchent pour la première alors que Platon et Descartes penchent pour la seconde.)

Les partisans de la première opinion se considèrent comme faisant partie de la nature et croient qu'ils lui sont reliés comme des parties sont reliées au tout.

Les autres opposent les humains avec la nature comme si c'était une opposition entre un monde et l'autre, de sorte que les relations entre les deux sont très précaires.

Les humains ont leurs idées personnelles sur la nature. Par exemple, certaines personnes pensent que la nature est la somme de toutes les choses qui existent. Autrement dit, elles identifient les mots ‹nature› et ‹univers›.

Pour d'autres, la « nature » fait référence à l'essence d'une chose. Ils disent que c'est dans la nature du chien d'être ami des hommes.

Quant aux animaux, que croient-ils qu'est la nature ? Que veut dire Noûs quand elle dit qu'elle peut apprécier ce que la nature ressent ? La nature a-t-elle des sentiments ?

Rappelons ici que certains environnementalistes estiment que la nature a des droits et qu'elle doit être respectée en tant que personne. Certains la tiennent pour divine : elle doit donc être adorée.

PLAN DE DISCUSSION : La nature

Explique ces désaccords :

1. « Je sens que je fais partie de la nature. »
   « Dans la mesure où tu es un être humain, tu es en dehors de la nature. »
2. « J'adore la nature. »
   « Comment peux-tu ? Ce n'est pas un dieu ! »
3. « Ce qui est bon, c'est ce qui est naturel. »
   « Certaines des pires choses dans le monde sont naturelles. »
4. « Les humains n'ont absolument pas le droit de changer la nature. »

« Tout ce que font les humains est naturel. Ils ont donc le droit de faire ce qu'ils veulent. »

IDÉE DIRECTRICE 8 : Se libérer et être libre

Noûs nous dit qu'elle s'est trouvée libre quand elle a eu compris qu'elle avait diverses possibilités d'agir. Cette découverte est libératrice en elle-même parce que, comme girafe, elle ne pouvait faire que ce que font normalement les girafes : il n'y avait aucune alternative.

Le paradoxe (et ce n'en est pas un pour Noûs), c'est qu'elle se sent libre même quand elle choisit de retourner au zoo avec les girafes parce qu'elle le fait de sa propre volonté, sans y être forcée.

Nous pouvons néanmoins discuter si c'est ce que les gens veulent dire quand ils se disent libres. Si on choisit librement de ne pas être libre, on est libre quand on fait le choix mais l'est-on après ?

PLAN DE DISCUSSION : Que signifie le mot ‹liberté› ?

Discutez de l'utilisation du mot ‹libre› dans les cas suivants :

IDÉE DIRECTRICE 8 : Se libérer et être libre

1. Un naufragé aboutit sur une petite île déserte du Pacifique. « Bon ! Maintenant je suis libre de m'en aller quand je le voudrai. »
2. Une station-service annonce : « Air et eau libres ».
3. Des manifestants portent des pancartes sur lesquelles on peut lire : « Libérez tous les prisonniers de guerre ! »
4. En sortant de prison, l'homme s'est exclamé : « Aujourd'hui je suis un homme libre ! »
5. En démocratie, les gens sont libres.
6. Ce parachutiste a battu le record de chute libre.
7. Le poète : « Je n'aime pas les rimes, je préfère les vers libres. »
8. Elle déclare : « J'ai acheté ce sac au Japon. Mais c'était au free-tax. »
9. Nous avons bien examiné le bâtiment pour voir s'il n'y avait pas de termites.
10. Puisque notre voiture n'était pas impliquée dans l'accident, le policier nous a dit que nous étions libres de partir.
11. La main gauche du prisonnier était menottée tandis que sa droite était restée libre.
12. « Quand tu seras à la frontière, » dit un espion à un autre, « ne divulgue pas ton information. »
13. Nous avons apprécié leur manière libre et aisée de danser.
14. « Comporte-toi bien à cette soirée : ne sois pas trop libre avec les gens que tu vas rencontrer », dit la mère.
15. Certains enfants vont à l'école libre.
16. « Mieux nous sommes capables de bien penser, plus libres nous sommes de penser pour et par nous-mêmes », dit Joe.

EXERCICE : Sens différents du mot ‹libre›

Indique tes réponses (plus d'une si possible)

1. Quand tu fais quelque chose *librement*, le fais-tu (volontairement) (spontanément) (naturellement) (tout cela) (rien de tout cela) ?
2. Quand tu te trouves incapable d'agir *librement*, te sens-tu (coincé) (contraint) (pétrifié) (tout cela) (rien de tout cela) ?
3. Une personne qui a le droit de voter est (libre) (adulte) (affranchie) (citoyenne) (soumise à l'obligation de voter) ?

4. Une rivière qui coule librement vers la mer (ne doit pas trouver de barrage sur son passage) (n'est pas traversée par des ponts à péage) (descend la pente tout son chemin) ?
5. Si la corde d'un ballon à l'hélium se casse, le ballon est-il (libre) (non retenu) (flottant) (immobile) ?
6. Si la corde d'un cerf-volant se casse, le cerf-volant est-il (libre) (non retenu) (flottant) (immobile) ?
7. Si toutes les lois étaient abolies de sorte que tu pourrais faire ce qu'il te plaît mais que tu es paralysé, serais-tu (libre) (non libre) (coincé) (stable) (en incapacité) ?
8. Tu es prisonnier et on t'enlève tes menottes, es-tu (libre) (plus libre) (toujours pas libre) ?
9. Tu es un plongeur et quelqu'un détache ta bouteille d'oxygène, es-tu (libre) (déconnecté) (plus libre) (non libre) (moins libre) ?
10. Si tu te découvrais un pouvoir que tu ignores, te sentirais-tu (libre) (plus libre) (plus compétent) (surhumain) (supérieur) ?

IDÉE DIRECTRICE 9 : Les idéaux

Un idéal est une intention ou un but qui est considéré comme une forme de perfection. L'idéal, comme toute fin ou tout objectif, est relié aux moyens que l'on peut utiliser pour l'atteindre. Si ton but, c'est de dessiner un cercle parfait, tu peux l'atteindre en utilisant correctement ton compas. Si ton but ou ton idéal, c'est de courir un kilomètre en cinq minutes, l'atteindre dépendra de l'intensité de ton entraînement et si tu es déjà naturellement bon coureur. Si ton but, c'est d'être une personne juste, l'atteindre sera déterminé par le caractère juste ou injuste de tes activités.

Si tu as pour idéal d'être une personne vertueuse, tu dois d'abord préciser tes idéaux et formuler les moyens que tu vas utiliser pour les atteindre. Par exemple, il te faudra être <u>autocritique</u> de façon à pouvoir identifier les occasions où tu ne respectes pas tes idéaux. Tu devras être <u>autocorrectif</u> de façon à pouvoir corriger les déficiences découvertes. Le <u>self-control</u> te sera utile pour organiser efficacement ton effort pour devenir vertueux.

Certains idéaux qui sont inaccessibles peuvent malgré tout être tout aussi utiles par la guidance et la direction qu'ils nous donnent.

IDÉE DIRECTRICE 9 : Les idéaux

EXERCICE : Les idéaux

Dans cet exercice, relie par des lignes les postes de la colonne de droite à ceux de la colonne de gauche.

La colonne de gauche contient diverses pratiques ou activités. Celle de droite contient des idéaux par lesquels les pratiques ou les activités sont guidées.

Par exemple, la pratique de la *science* est guidée par un idéal de *vérité*.

Pratiques	**Idéaux**
1. art	a. rationalité
2. loi	b. bonté
3. médecine	c. invention
4. conduite morale	d. justice
5. langage et écriture	e. découverte
6. camaraderie	f. bonheur
7. exploration	g. beauté
8. expérimentation	h. communication
9. conduite raisonnable	i. santé
10. cohérence entre pensée et action	j. amitié

Remarque : il ne faut pas considérer la pratique comme équivalente à l'idéal, mais simplement comme moyen ou composante de la recherche de l'idéal.

EXERCICE : Idéaux et guidance de la conduite

Qu'est-ce qui guide le plus votre conduite ? Voici quelques possibilités. Rangez par ordre d'importance en donnant 1 à ce qui, pour vous, joue le rôle le plus important, puis 2, 3, etc.

– mes attitudes
– mes idéaux
– mes aspirations
– mes désirs
– mes appétits
– mes sentiments
– les règles qui me sont imposées
– les lois
– mes intérêts

– ce que je n'aime pas
– mes préférences
– les traditions que j'accepte
– la logique
– la science
– les points de vue de mes amis
– les points de vue de ma famille
– les points de vue de mes enseignants
– mon intelligence

Rédige ensuite un paragraphe pour justifier les notes que tu as données aux idéaux.

IDÉE DIRECTRICE 10 : L'amitié

Des gens peuvent être amis parce qu'ils se ressemblent et aiment la similarité ou parce qu'ils sont différents mais complémentaires et qu'ils sont heureux de cet enrichissement.

Les amis ont tendance à partager. (Pour Aristote, « la communauté est l'essence de l'amitié »). Ils s'échangent aussi les vertus en s'engageant dans des projets communs et en se découvrant le même schéma de vertu.

Non seulement les amis s'aiment, mais ils se veulent mutuellement du bien. (On veut pour son ami au moins autant de bien que pour soi-même.)

Amitié implique égalité : des gens d'âge, de sexe ou d'origine ethnique ou sociale différents peuvent être amis sans qu'une quelconque inégalité n'intervienne dans leur amitié.

PLAN DE DISCUSSION : Les relations amicales

1. Si des amis sont égaux, comment certains peuvent-ils être plus proches que d'autres ?
2. Des gens sont-ils amis à cause de leurs similarités ou à cause de leurs différences ?
3. Une personne peut-elle être amie d'elle-même ?
4. Parents et enfants peuvent-ils être amis ?
5. Professeurs et élèves peuvent-ils être amis ?
6. Les enfants plus jeunes et les aînés d'une même famille peuvent-ils être amis ?
7. Les amis peuvent-ils avoir des désaccords ?
8. Des amis peuvent-ils se battre ?
9. Pourquoi des amitiés se brisent-elles ?
10. Après une rupture, de gens peuvent-ils redevenir amis ?

Une question récurrente dans les discussions sur l'amitié, c'est si ce peut être une amitié à sens unique ou si elle doit être à double sens, mutuelle, réciproque.

Une seconde question courante, c'est : si deux personnes s'aiment, est-ce suffisant pour qu'elles soient amies ?

IDÉE DIRECTRICE 10 : L'amitié

EXERCICE : Que ressentent des amis l'un pour l'autre ?

1. Deux personnes qui s'aiment sont-elles amies ?
2. Et si elles sont amoureuses ?
3. Si elles se soucient l'une de l'autre ?
4. Si elles s'occupent l'une de l'autre ?
5. Si elles ont de la considération l'une pour l'autre ?

PLAN DE DISCUSSION : Amitié et souci de l'autre

I. Complétez la phrase suivante en choisissant une phrase des colonnes ci-dessous ou par une phrase qui vous est propre :

« Mes amis sont des gens -------------------- »

a. que j'aime	h. avec qui je me sens bien	o. ne me demandent rien
b. qui m'aiment	i. en qui j'ai confiance	p. ne se plaignent pas d'être utilisés
c. avec lesquels je sors	j. à qui je me confie	q. me sont familiers
d. dont je suis amoureux/se	k. amoureux de moi	r. que je connais
e. se confient à moi	l. ne me laissent pas tomber	s. comptent sur moi
f. ne m'en veulent pas	m. partagent mes intérêts	t. sont d'accord avec moi
g. dont je me soucie	n. se souciant de moi	

II. Voici un modèle de plan de discussion qui utilise la réponse à : « Mes amis sont des gens que j'aime. » Quand chaque élève a complété sa phrase à sa manière, demandez que la première personne pose à la deuxième des questions similaires, puis la deuxième à la troisième et ainsi de suite.

   a. Tu dis que tes amis sont des gens que tu aimes. *Chaque* personne que tu aimes est-elle ton amie ?
   b. Aimes-tu des gens qui ne sont pas tes amis ?
   c. *N'y a-t-il que* les gens que tu aimes qui sont tes amis ?
   d. Considères-tu comme amis des gens que *tu n'aimes pas* ?
   e. Souhaites-tu maintenant revoir la manière dont tu as complété la phrase ?

PLAN DE DISCUSSION : Qui peut être amis ?

1. Les animaux peuvent-ils être amis ?
2. Des gens peuvent-ils être amis avec des animaux ?
3. Pour être amis, faut-il avoir le même âge ?
4. Des gens *très* âgés et de *très* jeunes peuvent-ils être amis ?
5. Des gens peuvent-ils s'aimer beaucoup et malgré tout ne pas être amis ?
6. Des gens peuvent-ils être amis et malgré tout ne pas beaucoup s'aimer ?
7. De grands groupes de gens peuvent-ils être amis ?
8. Peut-on être ami avec soi-même ?
9. Si deux personnes qui se croient amies médisent l'une de l'autre, sont-elles réellement amies ?
10. Est-ce possible pour des amis de se mentir ?
11. Des amis peuvent-ils se blesser ?
12. Des amis sont-ils habituellement semblables ou peuvent-ils être très différents ?
13. En quoi les conversations que tu as avec tes amis sont-elles différentes de celles que tu as avec d'autres gens ?
14. De quelles sortes de choses des amis parlent-ils entre eux et que les autres gens ne peuvent comprendre ?
15. Quelle question aimerais-tu vraiment poser à propos de l'amitié ?

IDÉE DIRECTRICE 11 : Parole et langage

Un langage consiste en mots et en phrases liés par une grammaire et représentatifs d'une culture.

La parole comporte l'expression verbale et la prononciation du langage. Elle est une forme d'expression qui nous permet de communiquer aux autres nos pensées et nos sentiments. (La ‹langue des signes› n'est pas une forme de langage, mais une forme d'expression par d'autres moyens que la voix).

Des déclarations et affirmations peuvent se faire aussi bien en langage parlé qu'en langage écrit. L'écrit est donc un autre mode d'expression par lequel nous nous exprimons les uns aux autres nos idées et nos sentiments.

PLAN DE DISCUSSION : *Parole et langage*

1. Tu parles et tu écris avec des mots. Penses-tu avec des mots ?
2. Tu peux exprimer tes sentiments par des mots. Ressens-tu avec des mots ?
3. Certaines personnes se parlent à elles-mêmes. Pourquoi, penses-tu ?
4. Au lieu d'agir, certaines personnes parlent. Pourquoi, penses-tu ?
5. On peut émettre des sons qui ne font partie d'aucun langage. Est-ce possible de parler sans parler une langue ?

IDÉE DIRECTRICE 12 : La perfection

Quand nous disons de quelque chose que c'est parfait, c'est que nous trouvons que toutes ses parties s'accordent. Si elles ne s'accordent pas bien, nous pouvons avoir l'impression de quelque chose qui cloche.

La même chose est vraie quand on considère l'entièreté de sa vie. On peut constater que certaines choses que l'on a faites ne correspondent pas à l'ensemble ou à la perfection et sont incorrectes. Les concepts de perfection d'une part et de bien et mal de l'autre sont intimement liés.

Un auteur qui commence un livre peut avoir une idée très peu claire de ce que sera le livre une fois terminé. Petit à petit cependant, son impression de développement global prend forme et, à un certain moment, le sens global se met à contrôler chaque mot ou phrase qu'il ou elle ajoute. On peut même dire que l'impression d'ensemble prend le pas sur la paternité de l'œuvre. C'est pareil pour le développement du jeune. Le jeune enfant a probablement une idée obscure de ce que sera sa vie. L'adolescence constitue ce tournant où l'on commence à avoir un sens de qui on voudrait devenir et cette *identité idéale* commence à jouer un rôle de plus en plus grand en autorisant les actes qu'on se permet.

C'est cette conscience qui rend capables les jeunes adolescents de savoir que certains de leurs actes sont inappropriés pour la personne qu'ils veulent devenir. Cette prise de conscience est importante dans le développement de l'intégrité de la personne. Mais cela ne peut s'enseigner. Un enseignant peut cependant encourager les enfants à s'engager dans un certain type d'activités réflexives qui les aideront à développer cette prise de conscience.

PLAN DE DISCUSSION : La notion de perfection s'applique-t-elle à la vie d'une personne ?

1. Est-il correct de dire que l'idéal de la médecine, c'est de produire la *santé* chez le patient ?
2. Pourrait-on dire de même que l'idéal de l'économie c'est la *prospérité*, celui de la science la *vérité*, celui de l'art la *beauté* et celui de la stratégie la *victoire* ?
3. Pourrait-on dire que tout idéal représente une sorte d'activité humaine exempte de défauts ?
4. Pourrais-tu imaginer ta vie si tous les défauts possibles en étaient supprimés ?
5. Ce concept de vie idéale constituerait-il une sorte de perfection ?
6. Si tu pouvais concevoir ta vie comme tu voudrais qu'elle soit, cela t'aiderait-il à décider quelles activités tu exercerais et celles dans lesquelles tu ne t'engagerais pas ?
7. L'idéal de vie que tu as choisi pourrait-il être différent de celui que les autres se choisissent ?
8. Chacun pourrait-il développer son idéal de vie et considérer comme *bien* tout ce qui y contribue ?

IDÉE DIRECTRICE 13 : La réflexion

Il y a penser et penser à des choses. Penser à des choses, c'est réfléchir.

Que comporte une telle réflexion ? Quatre choses principales sont à prendre ici en considération.

Réfléchir signifie :

1. Envisager les choses non isolément mais en termes de leur **connexion** avec d'autres.
2. Envisager les choses dans leur **contexte** en les voyant comme partie de la situation dans laquelle on se trouve.
3. Envisager les choses en tant qu'effets de **causes** particulières.
4. Envisager les choses en tant que causes de leurs **conséquences**.

PLAN DE DISCUSSION : La réflexion

1. Peut-on apprendre quelque chose de nouveau et y réfléchir en même temps ?

2. Est-ce possible d'être membre de sa famille et, en même temps, de réfléchir au fait de faire partie de sa famille ?
3. Beaucoup de gens qui se trompent sont peu réfléchis. Ne se tromperaient-ils pas moins s'ils réfléchissaient un peu plus ?
4. Quand tu réfléchis, le fais-tu le plus souvent à propos de ce que tu es en train de faire ou de ce que tu as fait ou de ce que tu comptes faire ?
5. Verrais-tu mieux la véritable importance des choses si tu y réfléchissais ou si tu n'y réfléchissais pas ?

IDÉE DIRECTRICE 14 : « Connais-toi toi-même »

Noûs cite cette phrase de Socrate : « Connais-toi toi-même. »

Une raison pour laquelle les gens ne se comprennent pas, c'est qu'ils essaient de se tromper eux-mêmes, parfois consciemment et parfois pas.

Quoi qu'il en soit, se comprendre soi-même, c'est savoir pourquoi on pense ce qu'on pense, pourquoi on dit ce qu'on dit et pourquoi on fait ce qu'on fait, etc. C'est évidemment une entreprise très ambitieuse à laquelle on peut travailler, même si on ne la réalise pas.

PLAN DE DISCUSSION : Que veut dire se connaître soi-même ?

1. Si, dans la rue, tu as rencontré quelqu'un qui te ressemble très fort, penses-tu que c'était toi ?
2. Tes amis pourraient-il prendre cette autre personne pour toi ?
3. Comment es-tu sûr(e) d'être qui tu es ?
4. Te connais-tu mieux que les autres gens ne te connaissent ?
5. Connais-tu tes dents mieux que ton dentiste les connaît ?
6. Connais-tu tes yeux mieux que ton ophtalmologue les connaît ?
7. Connais-tu mieux que quiconque comment tes chaussures vont à tes pieds ?
8. Es-tu la seule personne au monde à connaître tes pensées ?
9. Y a-t-il quelqu'un qui peut exprimer mieux que toi tes propres pensées ?
10. Quand tu fais quelque chose, sais-tu toujours pourquoi tu le fais ?
11. Y a-t-il des moments où tu te demandes pourquoi tu as fait ce que tu viens de faire ?

12. Souhaites-tu parfois des choses que tu voudrais ne pas avoir souhaitées ?

EXERCICE : Pourquoi des gens tentent-ils de se leurrer ?

Dans les cas que voici, quels sont ceux qui se leurrent probablement ?

1. « Tous les gens m'adorent, mais ils ne veulent pas l'admettre et médisent toujours de moi. »
2. « Tout le monde est toujours très gentil avec moi, mais probablement qu'ils en remettent et je pense, qu'en réalité, ils me détestent. »
3. « Comment manger trois bananes et une quiche peut-il être relié à mon problème de poids ? »
4. « Je pense que je vais laisser tomber l'école, trouver un bon boulot, devenir riche et puis retourner à l'école. »
5. « Il n'y a rien de tel que les routines. Tout ce que je commence, je peux l'arrêter quand je veux. »

EXERCICE : Que peuvent comprendre les animaux ?

	comprend		
	sans doute	sans doute pas	?

1. « Quand je mets la pâtée du chat dans son assiette, il comprend tout de suite qu'il va avoir à manger. »
2. « Mon chien adore se coucher devant la télé. Il regarde les programmes et les comprend. »
3. « J'ai une dinde qui n'aime pas penser aux repas de Noël. Elle sait ce qui l'attend. »
4. « Mon chat se fait une grosse couche de fourrure en automne parce qu'il comprend qu'il aura très froid l'hiver. »
5. « Mon chat comprend le poisson qui est dans notre aquarium mais le poisson ne comprend pas mon chat. »
6. « Mon chat ne veut pas sortir quand il pleut parce qu'il comprend que la pluie va le mouiller et l'incommoder. »
7. « J'ai une mite. Elle est muette, mais la seule chose qu'elle comprend, c'est la laine. »
8. « Mon chien comprend les gens : il peut distinguer les bons des mauvais. »

IDÉE DIRECTRICE 15 : La persuasion

Persuader des gens, c'est leur donner une bonne raison ou un ensemble de raisons pour qu'ils croient ce que l'on souhaite qu'ils croient. Autrement dit, il faut leur donner un argument convaincant. Il est clair que la meilleure stratégie à utiliser pour chercher à persuader quelqu'un de croire quelque chose, c'est de lui montrer que c'est la vérité.

Supposons pourtant que vous vouliez persuader quelqu'un de faire quelque chose que, au moment même, il n'a pas l'intention de faire. Dans de telles circonstances, la meilleure solution serait probablement de lui montrer que le faire est dans son *propre intérêt*. Vous aurez ainsi trouvé une raison qui connectera l'intérêt personnel de la personne avec ce que vous voulez qu'elle fasse.

Vous avez en classe un élève qui veut constamment monopoliser la conversation. Vous avez beau lui demander d'être poli et de ne pas empiéter sur le droit de parler des autres, rien n'y fait. Vous décidez alors que le seul moyen de le convaincre de contrôler son langage, c'est de faire appel à son propre intérêt. Ce peut ne pas être facile à faire. Mais au moins, après un certain temps, vous trouverez sans doute l'occasion de montrer à cet enfant à quel point ce que dit quelqu'un d'autre peut lui être utile, combien il peut en apprendre et l'avantage qu'il y a pour lui à écouter ce que disent ses camarades. Il finira par comprendre.

EXERCICE : La persuasion

Supposons que vous ayez un frère qui ne croit jamais directement ce qu'on lui dit. Il veut toujours de bonnes raisons. Si vous voulez le convaincre des dix points que voici, que lui diriez-vous ?

1. Que regarder tous les jours la télévision jusqu'à minuit, ce n'est pas bon pour lui.
2. Que prendre régulièrement un bain ou une douche n'est pas mauvais.
3. Qu'il ne doit pas s'attendre en juillet à recevoir des cadeaux de Noël.
4. Que boire du lait est meilleur pour lui que boire de la bière.
5. Qu'on entre et sort d'une maison par la porte et pas par la fenêtre.

6. Que ce n'est pas approprié pour les enfants de fumer le cigare.
7. Qu'un vélo roule mieux si ses pneus ne sont pas plats.
8. Que c'est difficile de marcher quand le lacet de la chaussure gauche est attaché à celui de la chaussure droite.
9. Qu'il peut penser mieux s'il n'est pas sur sa tête.
10. Que demain sera un jour meilleur.

IDÉE DIRECTRICE 16 : Les obligations

Les obligations sont des choses qu'on attend de nous, même si nous pouvons choisir de ne pas les remplir et en assumer les conséquences.

Une forme importante d'obligation, c'est de devoir quelque chose à quelqu'un : autrement dit, des dettes. C'est une obligation légale. Il y a en outre les obligations politiques que l'on a comme citoyen, des obligations familiales en tant que membre d'une famille, etc. Noûs est très consciente de ses obligations sociales envers les autres girafes.

PLAN DE DISCUSSION : Les obligations

1. Y a-t-il des choses que tu dois faire absolument ?
2. Y a-t-il des choses que tu as absolument à ne pas faire ?
3. Y a-t-il des choses que tu es censé faire et que tu seras puni si tu ne fais pas ?
4. Si tu acceptes d'être puni parce que tu n'as pas fait telle chose, dois-tu encore la faire après avoir été puni ?
5. De quelles obligations peux-tu être déchargé et desquelles ne peux-tu pas l'être ?

IDÉE DIRECTRICE 17 : Les enseignants

Les enfants ont rarement l'occasion de discuter à l'école de leurs opinions en ce qui concerne les enseignants et l'enseignement.

Bien sûr, ils ont des idées à propos de leur propre enseignant(e), mais en ont-ils à propos de l'enseignement ? Ce serait intéressant de les connaître et de pouvoir en discuter.

IDÉE DIRECTRICE 18 : Concessions et compromis

EXERCICE : À quoi doit ressembler un enseignant ?

	d'accord	pas d'accord	?

1. Un enseignant doit être une sorte de parent de substitution.
2. Un enseignant devrait tout connaître.
3. Un enseignant ne doit pas s'occuper de certains élèves plus que d'autres.
4. Un enseignant devrait avoir une bonne dose d'humour.
5. Un enseignant devrait encourager les élèves à travailler au mieux.
6. Les enseignants devraient parler beaucoup d'eux-mêmes.
7. Les enseignants devraient fêter tous les anniversaires.
8. Les enseignants devraient être des auditeurs attentifs.
9. Les enseignants ne devraient jamais rabaisser les élèves.
10. Les enseignants ne devraient jamais donner de devoirs.

Une fois fini cet exercice, regardez les postes où vous avez été d'accord et rangez-les **du plus important au moins important.**

IDÉE DIRECTRICE 18 : Concessions et compromis

En discutant avec les enfants de ce que sera sa vie quand elle aura rejoint les girafes, Noûs fait une concession : ils pourront lui rendre visite. Il semble qu'elle ait déjà insisté auparavant sur sa vie privée afin de protéger sa proximité avec les autres girafes.

Elle a fait une concession, c'est-à-dire un compromis, au moins en partie. Lorsque des personnes ou des groupes de personnes sont en désaccord, il se peut que l'un des adversaires ne soit pas complètement acquis à l'opinion de l'autre. Dans ce cas, ils peuvent vouloir arriver à un compromis qui respecte l'intégrité des parties.

Les gens engagés dans un désaccord doivent comprendre qu'un compromis fait avec intégrité n'est pas une défaite humiliante.

Comprendre qu'un compromis peut être une solution honorable peut les rassurer.

EXERCICE : Concessions et compromis

La prochaine fois que vous aurez un désaccord ou une querelle, proposez que chacun fasse une concession et voyez si vous pouvez vivre avec le compromis qui en résulte. Si une concession ne suffit pas, essayez d'en faire deux.

IDÉE DIRECTRICE 19 : ‹Caring›

C'est un concept difficile à aborder[4], car il recouvre deux réalités : il y a une émotion qui s'appelle ‹caring› et qui est en gros *l'attention* et il y a ‹caring thinking› qui est la *‹pensée vigilante›*.

Ce sont deux choses différentes, mais qui se recouvrent tout comme la critique et la pensée critique sont deux choses différentes, mais qui se recouvrent. C'est la même chose pour la créativité et la pensée créative[5].

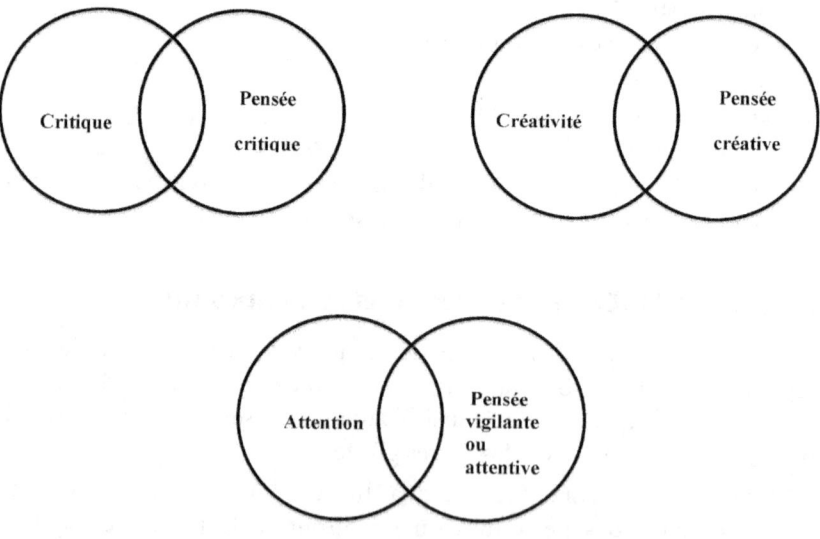

---

[4] Ndt : Et à traduire !
[5] Cf. Matthew Lipman, *À l'école de la pensée*, trad. fr. Nicole Decostre, Bruxelles, De Boeck, 1995–2006–2010.

De ces six activités, être attentif (ou vigilant) est la plus fondamentale. Elle est la réponse à qu'est-ce qui **compte** le plus. (S'occuper de ce qui compte, c'est être attentif. Être indifférent aux différences de valeur, c'est ne pas être attentif.)

PLAN DE DISCUSSION : Prendre soin de

1. Que veut dire Pixie par cette phrase : « Dans l'attention que nous avons portée à Noûs, nous et les girafes ne faisons qu'un. » ?
2. Dans quelles circonstances les humains et les animaux pourraient-ils former une seule communauté ?
3. Quelle relation compte le plus : se soucier de l'autre ou parler quand il s'agit d'unifier des groupes qui sont très différents ?

PLAN DE DISCUSSION : L'attention à l'autre, est-ce une vertu ordinaire ou une vertu maîtresse ?

Si nous comparons cette vertu à d'autres comme l'amitié, la citoyenneté, la justice, le respect, la responsabilité, la loyauté, etc., nous sommes amenés à penser à de possibles priorités. Se pourrait-il que ces autres vertus présupposent l'attention à l'autre, alors que l'attention à l'autre ne présuppose pas les autres vertus ?

Donc :

1. Peut-il y avoir amitié sans attention à l'autre ?
   Peut-il y avoir attention à l'autre sans amitié ?
2. Peut-il y avoir citoyenneté sans attention à l'autre ?
   Peut-il y avoir attention à l'autre sans citoyenneté ?
3. Peut-il y avoir de la justice sans attention à l'autre ?
   Peut-il y avoir attention à l'autre sans justice ?
4. Peut-il y avoir respect, responsabilité ou loyauté sans attention à l'autre ?
5. Peut-il y avoir attention à l'autre sans respect, ni responsabilité, ni loyauté ?
6. Que peux-tu conclure à propos de la relation entre attention à l'autre et ces autres vertus ?

F I N

www.ingramcontent.com/pod-product-compliance
Lightning Source LLC
Chambersburg PA
CBHW071402300426
44114CB00016B/2152